Wirtschaftsspionage
und Intelligence Gathering

Alexander Tsolkas · Friedrich Wimmer

Wirtschaftsspionage und Intelligence Gathering

Neue Trends der wirtschaftlichen Vorteilsbeschaffung

Mit 20 Abbildungen

PRAXIS

 Springer Vieweg

Alexander Tsolkas
Riedstadt, Deutschland

Friedrich Wimmer
Bad Feilnbach, Deutschland

ISBN 978-3-8348-1539-2   ISBN 978-3-8348-8640-8 (eBook)
DOI 10.1007/978-3-8348-8640-8

Die Deutsche Nationalbibliothek verzeichnet diese Publikation in der Deutschen Nationalbibliografie;
detaillierte bibliografische Daten sind im Internet über http://dnb.d-nb.de abrufbar.

Springer Vieweg
© Vieweg+Teubner Verlag | Springer Fachmedien Wiesbaden 2013

Einbandentwurf: KünkelLopka GmbH, Heidelberg

Gedruckt auf säurefreiem und chlorfrei gebleichtem Papier

Springer Vieweg ist eine Marke von Springer DE. Springer DE ist Teil der Fachverlagsgruppe Springer
Science+Business Media.
www.springer-vieweg.de

Dieses Buch widme ich meiner lieben Familie Olivia, Helen und Franziska Tsolkas.

– Alexander Tsolkas

Dieses Buch widme ich Christina, Samuel und der gesamten Familie Wimmer, sowie allen, die mich bei diesem Projekt unterstützt haben.

– Friedrich Wimmer

Vorwort

Friedrich Wimmer studierte Computer- und Mediensicherheit und anschließend Sichere Informationssysteme. Nach und nach formte sich bei Ihm die Idee, dass über vorrätig gehaltene Daten Wirtschaftsspionage betrieben werden kann. Vor allem zur Generierung von „Vorwissen" (z.B.: Trends, Geschäftsentwicklungen, Profiling) als Auftakt für Entscheidungen sind diese Datenbanken prädestiniert. Bei eingehenderer Recherche wurde ihm klar, dass dies ein kaum bis gar nicht thematisiertes Gebiet der Wirtschaftsspionage ist. Es zeigte sich ebenfalls, dass diese Daten nicht nur für Geheimdienste, sondern auch für weitere Akteure von Interesse sind.

Ein Workshop mit Siemens-Mitarbeitern aus der Abteilung Corporate Security, zwei Mitarbeitern des Bayerischen Landesamtes für Verfassungsschutz aus der Abteilung Spionageabwehr/Wirtschaftsschutz und einem KPMG-Mitarbeiter aus Österreich zeigte die Brisanz dieses Themas.

Alexander Tsolkas beschäftigt sich seit 1993 mit Informationssicherheit, IT- und operationellem Risikomanagement, Datenschutz und Unternehmenssicherheit. In vielen seiner IT-Projekte ist er mit unterschiedlichsten Anforderungen und Sachverhalten bei der Absicherung anfragender Unternehmen und Organisationen konfrontiert worden.

Seit dem Jahr 2002 beschäftige er sich zusätzlich zu den oben genannten Themen mit e-Discovery. In diversen e-Discovery-Fällen, in denen er analytisch, empirisch und forensisch beratend involviert war, entdeckte Alexander Tsolkas von Mal zu Mal mehr den eindeutigen Sachverhalt der Wirtschaftsspionage.

In vielen e-Discovery-Fällen in den USA wurde im Anschluss an einige Urteile bzw. auch bei einem Vergleich Recht verzerrt, um ausländische Unternehmen vornehmlich in den USA finanziell oder in Ihrem Image zu schädigen. Andere, nicht-amerikanische Unternehmen, wurden in den USA zu Recht verurteilt, wie z.B. auch verschiedene deutsche Unternehmen, die in Schmiergeldaffären verwickelt waren.

Ein Gespräch mit einem Sicherheitsexperten wurde als Interview in der Computerwoche im Security Expertenrat und später in SecTank[1] veröffentlicht. Der Arti-

---

1 SecTank ein bekanntes IT-Security Blog und ein auf Alexander Tsolkas eingetragenes Markenzeichen beim Deutschen Marken- und Patentamt.

kel heißt: „S.W.I.F.T[2]: Spioniere. Wirtschaftsdaten. International. Faktisch. Täglich"
und beschreibt, wie durch den Datentransfer der S.W.I.F.T-Daten von Europa in
die USA, wesentliche wirtschaftliche Zusammenhänge diverser Art durch Datenanalyse der Amerikaner herausgelesen werden können.

Weitere Anstöße erhielt Alexander Tsolkas in der Zeit als CSO der Schenker AG in
Essen, als die Amerikaner nach dem 11.9.2001 im Schlepptau von Safe Harbour
und dem Terrorismus C-TPAT und vieles andere einführten, um die Daten von zu
versendenden Transportgütern mindestens 24 Stunden vor Eintreffen der Fracht
auf amerikanischem Boden zu erhalten.

Zwei Jahre später erhoben die Amerikaner die Flugpassagierdaten aller Fluggäste,
und fingen in 2005 unangekündigt an, mobile Computergeräte bei der Einreise von
Nicht-Amerikanern am Immigration Officer Desk zu beschlagnahmen. Hinter ver-
schlossenen Türen wurde seitens der Amerikaner seit mehreren Jahren versucht
das Anti-Counterfeiting Trade Agreement (ACTA-Abkommen, SOPA, PIPA) international durchzusetzen. Das alles machte Alexander Tsolkas sehr skeptisch, und
er fing an, einen Zusammenhang in all den gesammelten Daten zu sehen. Für was
musste man so viele Daten erheben? Alles nur dafür, um einen Terroristen und
seine Gefolgsleute zu jagen? Es hatte genauso System, wie viele andere eingesetzte
Methoden der Wirtschaftsspionage.

Das vorliegende Buch soll Unternehmen auf diese Bedrohung aufmerksam machen und verständlich darlegen, welche Problemfelder derartige Datenhalden er-
öffnen.

Die Autoren danken dem Verlag Springer Vieweg herzlich für die super Unterstützung bei der Erstellung dieses Buches. Unser Dank gilt auch allen anderen, die
uns in jeglicher Form unterstützten. Danke!

Februar 2012   Alexander Tsolkas und Friedrich Wimmer

---

[2] SWIFT - Society for Worldwide Interbank Financial Telecommunication

Inhalt

1 Einleitung

1.1 Hintergrund

Die Wirtschaftsspionage hat seit dem Mauerfall zugenommen. Seit dem Zusammenbruch des ehemaligen Ostblocks und dem Ende des Kalten Krieges gab es einen Überfluss an amerikanischen und russischen Agenten. Die meisten russischen Agenten wurden arbeitslos oder (Militär-)Berater von unterentwickelten Drittländern, gingen entweder in die Politik (siehe Putin) oder betrieben Wirtschafts- oder Militärspionage im Auftrag Moskaus und im Auftrag von privaten Auftraggebern in aller Herren Länder.

Die amerikanischen Agenten hingegen wurden von Präsident Clinton zum größten Teil zu Wirtschaftsspionen gegen Deutschland und die Welt umorganisiert [109].

Die Visionen der Intelligence Services im Allgemeinen und der in Europa stationierten Three-Letter-Code Agencies, bzw. der amerikanischen NSA wurden neu definiert. Sollte kein militärischer Krieg mehr gewonnen werden können, so musste man die amerikanische Wirtschaft von dieser Zeit an auch auf anderen Gebieten mit Aufträgen versorgen und deren wirtschaftliche Vorteile sichern, nicht nur die der Rüstungsindustrie.

Nach einigen öffentlich gewordenen Fällen kochte das Thema Wirtschaftsspionage Ende der 90er Jahre hoch. Echelon wurde langsam „offiziell" und einige (vor allem Luftfahrt-) Manager gingen dazu über, nicht mehr per Telefon, Fax oder E-Mail zu verhandeln [135]. Wie in diesem Buch unter anderem erläutert wird, wurde diese „Lücke" des persönlichen Verhandelns als Schutz vor Wirtschaftsspionage nun durch das Sammeln von Bewegungsprofilen von den Geheimdiensten der USA als Problem erkannt und „geschlossen".

Deutschland wird nicht alleine durch die USA ausspioniert. Mit an der Spitze der Deutschland ausspionierenden Länder sind England, Frankreich, Russland, China, Indien, Brasilien, Japan, Mexiko, und mittlerweile auch Taiwan und Korea. Vietnam reiht sich langsam in die obige Gruppe ein. Beim Intelligence Gathering gibt es jedoch einen ungeschlagenen Spitzenreiter - die USA [109].

Das klassische Ausspionieren funktioniert noch immer in der Art und Weise, wie vor tausend und mehr Jahren. Ein eingeschleuster oder bezahlter Auftragnehmer liefert die wichtigen Informationen, die ein Auftraggeber benötigt. Diese Art und Weise ist immer noch die häufigste Form der Spionage. Eine Brute Force Attacke, d.h. der Einbruch und Diebstahl von Informationen in Büros der Opfer hat stark nachgelassen. Es passiert noch, aber es ist langsam „out".

Dafür hat Cyber Warefare bzw. Information Warfare [119] – unter anderem ein gezieltes Tool zur Wirtschaftsspionage und einer infrastrukturellen Kriegsführung mit noch weit größerer Auswirkung auf eine Gesamtwirtschaft im Internet – stark zugenommen.

Die derzeit aktuellste und modernste Version der Wirtschaftsspionage übertrifft alles, was es bisher gab. Im ihrem Buch „Die Schock-Strategie" [131] beschreibt Naomi Klein anhand von belegten Beispielen, wie man nationale Ereignisse schafft, anhand derer man globale Gesetze und Regeln für die Menschheit ändern kann. Was Frau Klein hier beschreibt, haben die Amerikaner seit „9/11" mehrmals ausgenutzt. Unter dem Deckmantel des Auffindens von Terroristen lassen wir in gutem Glauben alle möglichen Informationen und Daten, die wir früher alleine schon aus dem Bauchgefühl heraus nie geliefert hätten, fließen. Schließlich sind die deutsche und europäische Wirtschaft auf den amerikanischen Markt angewiesen. Eine Nicht-Befolgung würde den amerikanischen Markt verschließen. Die Amerikaner machen das nicht nur mit Deutschland, sie machen es mit allen Ländern so. Nicht nur die USA haben derartige Regulierungen, auch andere Nationen haben solche, bzw. zum Teil noch viel extremere. Diese Länder sind von Ihrer Kultur und ihrem Empfinden für Demokratie und Freiheit aber auch noch meilenweit von den USA oder anderen westlichen Ländern entfernt.

Und so liefern wir ohne groß darüber nachzudenken Datensatz über Datensatz unserem NATO-Verbündeten nach Amerika. Mittlerweile geschieht dies schon aus Gewohnheit, unaufgefordert gehen wir unserem Trott und der neuen Gegebenheit nach. In unsere IT-Systeme haben wir diese Geschäftsprozesse schon längst eingebaut und den Vorgang bzw. die Transaktionen automatisiert. Wir denken nicht mehr darüber nach, was wir an Daten liefern. Wir wissen nicht genau was mit den Daten geschieht. Wir bekommen fast nie eine Rückmeldung, es sei denn etwas Schwerwiegendes ist falsch gelaufen.

SWIFT, C-TPAT und viele andere Verfahren, die Daten liefern – „so viele Daten, die kann doch niemand auswerten…", hört man da oft.

Das ist leider völlig falsch. Diese „paar" Hundertmillionen Datensätze können nach einer ersten groben Filterung in einfachster Weise in einigen wenigen Tagen von den Amerikanern ausgewertet werden. Und genau das passiert auch. Wenn der geneigte Leser sich die Tabelle der Computersysteme der NSA im Internet anschaut, dann gibt es sehr viele Systeme des Hochleistungscomputertyps namens CRAY. Als Verbund, und mit vorgeschalteten Vektorrechnern leisten diese Systeme Unvorstellbares.

Es ist das Grotekeste, was sich die deutsche Wirtschaft vorstellen kann. Wir liefern unseren Spionen die Daten, um uns auszuspionieren, um uns insgesamt wirtschaftlich zu schaden, um uns speziell finanziell zu schaden, um uns Marktanteile abzujagen, um uns Marktzugänge durch Patentstreitigkeiten verwehren zu lassen und um unserem Image zu schaden.

Seit einigen Jahren verstärkt sich der Trend massiv, zielgerecht spezielle Daten zu sammeln und auch teilweise der Öffentlichkeit zugänglich zu machen. Staatliche Stellen speichern enorme Mengen an Daten, aber auch privatwirtschaftliche Unternehmen speichern diese auf Anweisung des Staates oder aus eigenem Interesse (z.B. für statistische Zwecke).

Weltweit werden Datenbanken über viele Bereiche einer wirtschaftlichen Tätigkeit von Unternehmen angelegt, deren Daten nicht mehr der Kontrolle der betroffenen Betriebe unterliegen. Von staatlicher Seite hat dieser Trend seit den Ereignissen des 11. September 2001 an Fahrt aufgenommen.

Anstatt dafür zu kämpfen und teilweise sinnlose Datenerhebungen wieder rückgängig zu machen, erlegen uns unsere Verbündeten immer mehr neue Verfahren auf, an die wir uns halten sollen – immer im Namen des Kampfes gegen den Terror. Cecilia Malmström, die schwedische Europaabgeordnete, ist unter anderem dafür verantwortlich, die Anfragen zu bearbeiten. Aber sie kann sich offensichtlich nicht gegen die USA durchsetzen.

Sind gespeicherte Daten für interessierte Kreise von hohem Wert, so stellt sich weniger die Frage, OB als eher WANN diese Kreise Zugriff auf diese Daten erlangen. Trifft dies in gewissem Umfang auch auf die Privatwirtschaft zu, so ist es staatlichen Einrichtungen, wie Nachrichtendiensten, nochmals um vieles leichter, auf diese Daten zuzugreifen.

Dabei ist der Zugriff der Inlands-Dienste weniger bedenklich, als der Zugriff durch ausländische Nachrichtendienste oder ausländische Unternehmen. Dennoch können in den Inlandsdiensten Doppelspione oder einfach korrupte Personen sitzen, die für Geld die Informationen an die ausländischen Dienste weitergeben.

Können durch diese Zugriffe, sei es von staatlicher Seite oder von Seite der Privatwirtschaft, Erkenntnisse gewonnen werden, aus denen sich ein wirtschaftlicher Vorteil ergibt, so entsteht der ausgespähten Volkswirtschaft oder dem Unternehmen im Gegenzug mit hoher Wahrscheinlichkeit ein Schaden.

Nicht nur DAX-Unternehmen sind betroffen. Sehr oft sind es kleine Mittelständler, die ein stark gefragtes Gebrauchsprodukt bzw. ein High-Tech-Produkt herstellen. Prozentual ist die zweite Gruppe der Unternehmen am häufigsten betroffen. Der wirtschaftliche Schaden ist um ein Vielfaches höher als der durch Wirtschaftsspionage in den DAX-Unternehmen entstandener Schaden.

Eine Form der Spionage ist die Konkurrenzspionage bzw. Konkurrenzausspähung (es werden beide Ausdrücke verwendet). Sie ist die häufigste Form der Spionage und die lukrativste. Wurde hierzu vor 30 Jahren noch klassisch spioniert, man erinnere sich an die Minikameras in diversen „James Bond-Filmen", so hat Intelligence Gathering diese Form stark verdrängt. Heute lässt sich der Spion von Welt die Daten liefern, binnen 24 Stunden, und dazu noch in dem Format, das er sich ausgedacht hat.

1.2   Zielsetzung

In diesem Buch soll durch theoretische Szenarien aufgezeigt werden, dass viele der Daten, die in Datensammlungen gespeichert sind, von Relevanz sind und zur Ausspähung genutzt werden können. Dazu werden stellvertretend für die gesamte Thematik vier Datenhalden ausgewählt und beschrieben. Auf diese aufbauend, werden Ausspähungsszenarien entwickelt, anhand derer untersucht wird, inwieweit die Daten der jeweiligen Datenbank zur Ausspähung genutzt werden können. Anschließend wird aufgezeigt, dass durch Verknüpfung der Datenbanken die Aussagekraft erhöht werden kann.

Zeigen die Szenarien, dass wirtschaftlich interessante Erkenntnisse gewonnen werden können, so ist es dringend erforderlich, dass Unternehmen beim Thema „Schutz vor Spionage" nicht nur interne Daten berücksichtigen. Auch sollte Gegenstand der Betrachtung sein, welche Daten über das Unternehmen extern und ohne gewolltes Zutun gespeichert werden. Des Weiteren muss eine Abwägung stattfinden, welche dieser Daten für das Intelligence Gathering wie genutzt und somit gegen das Unternehmen Verwendung finden können. Ebenso ist zu betrachten, wer die Akteure des Intelligence Gathering aus Sicht des Unternehmens sein können. Die in diesem Buch beschriebenen Szenarien sollen dabei den Unternehmen als Leitfaden bei der Analyse behilflich sein. Die Aufarbeitung dieses noch kaum thematisierten Gebietes soll dazu beitragen, es auf die Tagesordnung der zuständigen Stellen in den Unternehmen zu bringen und den Schaden für Unternehmen zu verringern.

1.3   Abgrenzung

Es ist nicht Ziel dieses Buches, Szenarien zu entwerfen, die jeden möglichen Aspekt berücksichtigen. Es sollen aber sehr wohl die Möglichkeiten dargelegt werden, welche die ausgewählten und beschriebenen Datenhalden bieten. Auch soll nicht jeder nur erdenkliche Fall erörtert, sondern ein verständlicher Überblick geschaffen werden, der geeignet ist, dieses Gebiet zu thematisieren. Die Szenarien bei der Verknüpfung von Datenhalden (siehe Kapitel 7) sind mit Bedacht gewählt und beschränken sich darauf, erste Möglichkeiten der Verknüpfung aufzuzeigen. Es soll das Konzept der Verknüpfung und dessen Mehrwert skizziert werden.

Eine ausführliche Thematisierung, wer auf die ausgewählten Datenhalden schon heute oder auch in Zukunft Zugriff hat oder erlangen wird, soll nur in einem eingeschränkten Rahmen erfolgen. Es soll daraus hervorgehen, dass ein Zugriff prinzipiell denkbar ist bzw. schon stattfindet. In diesem Buch wird die Hypothese zu Grunde gelegt, dass es nur eine Frage der Zeit ist, bis interessierte Kreise Zugriff auf Daten erlangen (siehe Abschnitt 1.1), falls diese nur interessant genug sind. Diese Annahme wird in regelmäßigen Abständen durch diverse Berichte in Tageszeitungen gestützt, die über unrechtmäßigen Zugriff auf elektronische Informationen berichten.

Es ist ebenfalls eine Klarstellung bezüglich der Unterscheidung zwischen legalen und illegalen Tätigkeiten zu treffen. Diese Thematik wird nur soweit erörtert, wie es dem Buch dienlich ist. Zum einem ist zu diesem Thema ausführliche Literatur vorhanden, zum anderen steht, wie im Titel schon angedeutet, das Intelligence Gathering im Mittelpunkt, welches mit legalen wie illegalen Tätigkeiten vollführt werden kann.

Den Autoren ist des Weiteren bewusst, dass die sozialen Netzwerke ebenfalls einen großen Fundus an Informationen bieten. Trotzdem wird auf diese nicht tiefer eingegangen, da die sozialen Netzwerke nicht in das Kerngebiet des Buches fallen. Sie werden allenfalls genannt, um einen Sachverhalt mit einem Beispiel zu hinterlegen. Es kann mit Sicherheit gesagt werden, dass mittlerweile alle bekannten US-Geheimdienste Zugriff mittels Standardabhörschnittstellen auf alle sozialen Netze wie z.B. Facebook, LinkedIn usw. haben.

2 Begriffsdefinitionen

Für manche in diesem Buch verwendeten Begriffe gibt es je nach Disziplin eigene Definitionen oder Interpretationen und somit kein einheitliches Verständnis oder eine allgemeingültige Definition. Im Folgenden wird die Terminologie, die in diesem Buch weiterhin Verwendung findet, festgelegt.

2.1 Daten, Informationen, Wissen

Wichtig bei der theoretischen Betrachtung der Begriffe Daten, Informationen, Wissen ist, zu verstehen, dass der Informationsgehalt vom Verständnis des Individuums und vom Kontext abhängig ist.

Im Gegenzug bedeutet dies auch, dass bestehender Information durch weiteren Kontext zu mehr Aussagekraft verholfen werden kann.

Ausgangspunkt zur Abgrenzung der Begriffe Daten, Informationen und Wissen ist eine Welt voller Zeichen und Signale. Daten bestehen aus einem oder mehreren Zeichen oder Signalen, welche im Zusammenhang gesehen einen sinnvollen Inhalt ergeben, also mittels einer Syntax verbunden werden. Auf dieser Ebene der Begriffshierarchie ist jedoch noch keine Aussage über den Verwendungszweck der Daten möglich. Abbildung 2-1 stellt die Begriffshierarchie dar (untere Kästen) und verdeutlicht diese mit dazugehörigen Beispielen (obere Kästen).

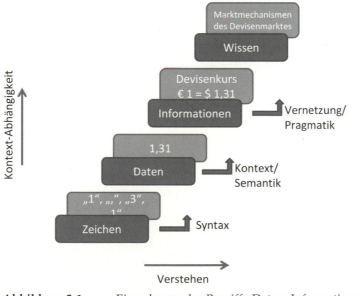

Abbildung 2-1: Einordnung der Begriffe Daten, Informationen und Wissen und dazugehörige Beispiele [1 S. 18].

„Informationen sind bedeutsame Daten für ein Subjekt" [2 S. 79]. Die Reduktion der Datenmenge ist das Ziel, um aus denjenigen Daten, die von Bedeutung sind, Informationen zu gewinnen. Informationen entstehen aus Daten also nur dann, wenn eine Relevanz gegeben ist. Umgekehrt werden Daten benötigt, um Informationen zu gewinnen. Durch einen gültigen Kontext ergibt sich die Relevanz. „Informationen sind eine Teilmenge von Daten, die aufgrund eines Kontextes (z.B. Nutzung für Unternehmung) selektiert, geordnet (im eigentlichen Sinne analysiert) und verfügbar gemacht werden" [1 S. 19]. Grundsätzlich kann Information als mit Kontext angereicherte Daten betrachtet werden.

„Davon zu unterscheiden ist das Wissen, das die von Menschen erfassten, verstandenen und verknüpften Informationen umfasst" [1 S. 19]. „Welche Daten zu welchen Informationen werden und welches Wissen daraus entsteht, ist zuallererst ein subjektiver Vorgang" [2 S. 80]. Fundament des Wissens ist das Verständnis von Informationsmustern und Strukturen, die hinter Informationen verborgen sind. Wissen kann durch Verknüpfung mehrerer Informationen erzeugt werden. Da das Wissen auch zeitliche Abläufe umfasst, sind auch gewisse Voraussagen möglich. Der Terminus „Erkenntnis" wird in diesem Buch als das Verstehen von Zusammenhängen erfasst und wird mit der Bezeichnung „Wissen" analog verwendet.

Zusammenfassend kann festgehalten werden, dass die eindeutige Abgrenzung der Begriffe Daten, Information[3] und Wissen schwer fällt, da dies zuallererst ein subjektiver Vorgang ist. Allerdings ist es möglich, eine Begriffshierarchie festzulegen. Ausgangspunkt sind dabei Zeichen und Signale, der Endpunkt bildet das Wissen[4]. Dabei steigen die Kontext-Abhängigkeit und das Verstehen je weiter in der Begriffshierarchie nach oben gegangen wird.

2.2   Intelligence

Intelligence ist ein breitgefächerter Begriff[5], der ursprünglich aus dem militärischen Sprachschatz stammt. Der militärischen Diktion folgend, wird Intelligence am treffendsten mit (Früh- bzw. Feind-) „Aufklärung" übersetzt. Durch „Aufklärung" des Feindes ist es dem Feldherrn möglich, seine Truppen in die richtige Ausgangsposition zu manövrieren bzw. durch einen Überraschungsangriff Vorteile für die eigene Truppe zu erringen [4 S. 3].

---

3 Die Definition der CIA (siehe unten) unterscheidet beispielsweise nicht klar zwischen Informationen und Daten.

4 Es findet sich Literatur, in der das Wissen nicht den Endpunkt markiert, sondern die „Wissenstreppe" weitergeführt wird. Siehe dazu [94 S. 32ff.].

5 Die Veröffentlichung [5] versucht, eine exakte Definition für Intelligence aus Sicht der CIA zu finden.

Die Aussage „Intelligence deals with all the things which should be known in advance of initiating a course of action" wurde durch die Clark Task Force der Hoover Kommission im Jahr 1955 getroffen und weist auf die Breite des Begriffes hin [5]. Der Auslandsnachrichtendienst der Vereinigten Staaten von Amerika, die Central Intelligence Agency (CIA), bietet folgende kurze Definition zu Intelligence an: "Intelligence is knowledge and foreknowledge of the world around us – the prelude to […] decision and action" [6 S. 15].

Die CIA definiert dabei einen Intelligence Cycle⁶, der in fünf Schritten den Vorgang des Intelligence beschreibt und in Abbildung 2-2 veranschaulicht wird.

Abbildung 2-2:   Darstellung des CIA Intelligence Cycle [7].

Der erste Schritt „Planning and Direction" ist das Management der gesamten Bestrebung. Dazu gehört das Identifizieren, welche Daten benötigt werden, um ein Intelligence-Produkt an einen Kunden zu liefern. Der zweite Schritt ist die „Collection"-Phase. Dabei steht das Sammeln von Daten und Informationen aus verschiedenen Quellen im Vordergrund. Es folgt die „Processing"-Phase in der die Daten zur Analyse aufbereitet werden. Darauf folgend werden die Daten und Informationen im „Analysis and Production"-Schritt soweit aufbereitet, dass diese Entscheidern vorgelegt werden können. Dies wird in [7] „finished intelligence" genannt. Es ist das fertige Produkt des Intelligence Cycle. Finished Intelligence⁷ kann verstanden werden als relevante und verwertbare Informationen, aus der Menschen Wissen aus Daten generieren, das wiederum für etwas benutzt wird.

---

6   Eine ausführliche Beschreibung des Intelligence Cycle ist unter [7] zu finden.

7   Hierbei handelt es sich nur um eine Hervorhebung eines bestimmten Aspektes des Begriffs Intelligence. Der Begriff Intelligence kann ebenfalls Finished Intelligence bedeuten.

Die Verteilung des Finished Intelligence erfolgt im fünften und letzten Schritt, in der „Dissemination"-Phase. Dabei wird dafür gesorgt, dass die gewonnenen Erkenntnisse an die richtigen Stellen gelangen. Da es sich beim Intelligence Cycle um einen Kreislauf handelt, ist der erste Schritt zugleich auch der letzte und der Kreislauf beginnt von neuem.

Zusammengefasst kann folgendes über den Intelligence Cycle festgehalten werden:

> "The Intelligence Cycle is the process by which information is acquired, converted into intelligence, and made available to policymakers. Information is raw data from any source, data that may be fragmentary, contradictory, unreliable, ambiguous, deceptive, or wrong. Intelligence is information that has been collected, integrated, evaluated, analyzed, and interpreted. Finished intelligence is the final product of the Intelligence Cycle ready to be delivered to the policymaker" [8].

2.3 Business Intelligence, Competitive Intelligence und Intelligence Gathering

Obwohl der Begriff Intelligence ursprünglich aus dem militärischen Bereich (siehe oben) stammt, wird dieser in weiteren Bereichen eingesetzt. In der Wirtschaft sind die Begriffe Business Intelligence und Competitive Intelligence vorherrschend. Eine eindeutige Definition ist bei diesen Begriffen nicht vorhanden. Laut [9 S. 67f.] liegt der Fokus bei Business Intelligence auf dem Verstehen aller Aspekte eines Unternehmens, den internen Vorgängen, wie dem externen Umfeld[8]. Competitive Intelligence bezieht sich auf externe Faktoren[9].

Die Society of Competitive Intelligence Professionals (SCIP) definiert Competitive Intelligence als „a necessary, ethical business discipline for decision making based on understanding the competitive environment" und fügt hinzu, dass Competitive Intelligence „the legal and ethical collection and analysis of information regarding the capabilities, vulnerabilities, and intentions of business competitors" ist [10 S. 4]. Das heißt, die SCIP schließt im Gegensatz zu den gängigen Definitionen von Intelligence bei deren Definition von Competitive Intelligence ausdrücklich alle illegalen Tätigkeiten aus. Intelligence wird meist (siehe oben) wertfrei definiert, d.h. der Begriff schließt keine Möglichkeiten, auch illegale, aus.

---

8   Dabei wird in [9] angemerkt, dass der Begriff Business Intelligence auch in einem engen Sinne benutzt wird, wobei sich die Definition dann nur auf die internen Vorgänge eines Unternehmens bezieht.

9   In [95 S. 21] wird die gegenteilige Meinung vertreten. Competitive Intelligence beschäftige sich mit internen und externen Komponenten, während sich Business Intelligence nur auf interne Vorgänge fokussiere.

Dies gilt insbesondere für den vorgestellten Intelligence Cycle. Dieser dient, obwohl nachrichtendienstlichen Ursprungs, weiteren Intelligence-Disziplinen als Grundlage. Um bei Intelligence die Phase des Sammelns von Daten und Informationen besonders hervorzuheben, wird der Begriff „Intelligence Gathering" verwendet. Dabei wird nicht der Terminus „Information Gathering" verwendet, obwohl die zweite Phase des Intelligence Cycle mit „gathering of raw information from which finished intelligence will be produced" beschrieben wird. Dies deutet darauf hin, dass dieser Begriff nur das Augenmerk auf die Collection-Phase legen und nicht die anderen Phasen komplett außen vor lassen will. Dies zeigt auch folgende Definition: "intelligence gathering – Collection of intelligence on other units or forces by own units or forces" [11].

Zusammenfassend kann festgehalten werden, dass der Begriff Intelligence Gathering das Augenmerk auf die Phase des Sammelns von Daten und Informationen im Intelligence Cycle legt, ohne die anderen Phasen außer Acht zu lassen.

2.4   Spionage, Wirtschaftsspionage und Konkurrenzausspähung

Wirtschaftsspionage ist definiert als „die staatlich gelenkte oder gestützte, von Nachrichtendiensten fremder Staaten ausgehende Ausforschung von Wirtschaftsunternehmen und Betrieben" [12 S. 334]. Abzugrenzen ist Wirtschaftsspionage von der Konkurrenzausspähung (auch als Industriespionage, Betriebsspionage oder Konkurrenzspionage bezeichnet), bei der ein Unternehmen durch einen Konkurrenten (bzw. eine Einzelperson) ausgespäht wird [12 S. 334]. Spionage wird allgemein als eine systematische, zwischenstaatliche Informationsbeschaffung, über politische, militärische, wirtschaftliche, wissenschaftliche sowie gesellschaftlich relevante Fakten, mit in der Regel verdeckten (geheimdienstlichen) Mitteln und Methoden, beschrieben [13 S. 150].

Auch in der Rechtsprechung gibt es Unterschiede. Bei der Wirtschaftsspionage sind das Bundesamt für Verfassungsschutz und die Landesämter für Verfassungsschutz nach den einschlägigen gesetzlichen Bestimmungen (geheimdienstliche Agententätigkeit gemäß § 99 StGB im Fall des Verrats von Staatsgeheimnissen als Landesverrat gemäß § 94 StGB) zuständig. Bei der Konkurrenzausspähung ist es Sache der Unternehmen selbst, geeignete Maßnahmen zur Unternehmenssicherheit bzw. Konzernsicherheit zu treffen. Die Konkurrenzspionage ist ebenso „nur" ein Verstoß gegen §17 UWG (Verrat von Geschäfts- oder Betriebsgeheimnissen).

2.5   Entscheiderindex und Funktionale Wichtigkeit

2.5.1   Entscheiderindex

Der Entscheiderindex wird in diesem Buch als eine Zahl zwischen 0 und 100 definiert, die angibt, wie hoch die Entscheidungsbefugnis dieser Person in einem Segment (z.B. Unternehmen, Sparte, Abteilung, Gruppe) eingeschätzt wird. Je höher der Wert, desto mehr Entscheidungsbefugnis hat diese Person in einem Segment. Ein Wert von 100 besagt, dass diese Person Entscheidungen alleine treffen kann. Der Wert wird im Zusammenhang eines Segmentes definiert. Beispielsweise kann ein und dieselbe Person in einer Gruppe den Wert 100, auf das Segment Unternehmen bezogen aber nur den Wert 3 erreichen. Aus Gründen der Verständlichkeit wird in unserem Buch immer das Segment Unternehmen behandelt, außer es wird an einer Stelle expliziert etwas anderes erwähnt.

2.5.2   Funktionale Wichtigkeit

Die Funktionale Wichtigkeit beschreibt, wie wichtig eine Person für das Funktionieren eines Segmentes (z.B. Unternehmen, Sparte, Abteilung, Gruppe) ist. Daraus folgt auch die Abhängigkeit eines Segmentes von dieser Person. Ein Ausfall dieser Person ruft erhebliche wirtschaftliche Schäden oder eine starke Einschränkung der Funktionsfähigkeit eines Segmentes hervor.

2.5.3   Kennzahl der funktionalen Wichtigkeit

Die Kennzahl der funktionalen Wichtigkeit ist eine Zahl, welche die Funktionale Wichtigkeit (siehe oben) in einem Zahlenwert auszudrücken vermag. Diese Kennzahl kann beispielsweise analog zum Entscheiderindex aufgebaut werden. Es sind aber auch andere Skalen denkbar. Der Wert muss im Zusammenhang eines Segmentes definiert werden. Bleibt das Segment unerwähnt, so beziehen wir uns immer auf das Segment Unternehmen.

3 Spionage

Der folgende Witz dient zur Einleitung in dieses interessante Thema.

Frage: „Was kopieren Chinesen, wenn sie schon alle Produkte auf der Welt kopiert haben?"

Antwort: „Ihre eigenen!"

Das folgende Szenario soll unsere Leser zum Nachdenken anregen.

Der Leser möge sich bitte vorstellen, dass in absehbarer Zukunft, wenn es kaum mehr Bargeld gibt, das fließt, und jeglicher Geldverkehr unter Aufsicht steht und nachvollzogen werden kann, es zu folgender Situation kommen könnte.

Eine Frau hat eine private Urlaubsreise in die USA gebucht. Die Reise ist schon lange komplett bezahlt, der Reiseantritt wird in ein paar Tagen stattfinden. Die Frau hat auch ihr Taschengeld für den Urlaub gesichert. Durch sozio-ökonomische Faktoren in der Wirtschaft und die aktuelle berufliche und private Situation der Dame, steht ihr Girokonto ein paar Tage vor Abflug nur noch 500 Euro vor der Grenze ihres Dispositionskreditlimits.

Die US-amerikanische Behörde bzw. deren zuständiger Immigration-Officer schreibt nach einer vor jeder Einreise standardisierten Bonitätsabfrage des Kontos der Reisewilligen an die Dame, dass deren Einreise aufgrund ihrer finanziellen Situation seitens der USA nicht genehmigt werden könne. Das Risiko wäre den Vereinigten Staaten zu groß, dass sie dem Sozialsystem der USA durch Krankheit oder andere Risiken zur Last fallen könnte. Die Reise könne nur noch genehmigt werden, wenn die Dame per Express (jedoch spätestens 24 Stunden vor Einreise) eine Reisekaution von 10.000 Euro auf ein Konto der USA überweisen würde, die sie nach der Reise wieder gutgeschrieben bekäme. Andernfalls wäre eine Einreise verboten.

3.1 Was war?

Seit dem Verschwinden der Mauer haben die Schäden der deutschen Wirtschaft durch Wirtschafts- und Konkurrenzspionage die 600 Milliarden Euro-Marke bei Weitem überschritten. Eine genaue Zahl gibt es leider nicht, denn die Schadensberechnung ist nicht trivial. Die Dunkelziffer ist extrem hoch. Immer noch. Die Einen rechnen mit direkten Schäden und berücksichtigen die Folgeschäden nicht, die Anderen rechnen mit beiden Werten, jedoch falsch. Wieder andere rechnen durchaus richtig, doch gehen z.B. von völlig falschen Marktanteilverlusten aus.

Hätte Siemens in den sechziger Jahren den Personal Computer erfunden, und wäre zu diesem Zeitpunkt Siemens durch IBM ausspioniert worden, hätten die Deutschen vermutlich mit einem Schaden und entgangenen Gewinn von nicht einmal 10.000 DM gerechnet, für den Fall, dass IBM die Patente in den USA eingereicht hätte. Damals nahm man an, dass es für PCs keinen Markt gäbe. Das Beispiel soll deutlich machen, wie wir uns bei eingetretenen Schäden auch heute noch stark verrechnen.

Im Schnitt beträgt der gesamtwirtschaftliche Schaden durch Wirtschaftsspionage laut offiziell verfügbaren Erhebungen ca. 20 Mrd. Euro pro Jahr, inklusive eines hypothetisch kalkulierten Anteil an Dunkelzifferschäden, der jedoch nie bewiesen wurde. Unternehmen, die ausspioniert wurden, geben es in den meisten Fällen nicht bekannt.

Ein interessantes Phänomen ist, dass von Wirtschafts- bzw. Konkurrenzspionage betroffene Unternehmen denken, ein Imageproblem zu haben, würde der Vorfall an die Öffentlichkeit treten. Doch das Phänomen ist nicht nur in der Wirtschaftsspionage der Fall. Dr. Klaus Peter Kossakowski [120] beschrieb in seinem Buch „IT-Incident Response Capabilities" schon 1998 die Dunkelziffer in Bezug auf Informationssicherheitsvorfälle.

So beschreibt Kossakowski die Anzahl der für einen Einbruch getesteten Systeme mit 100 % oder 38.000 Computersysteme im Jahr 1995. Es liegen derzeit keine neueren Zahlen vor, jedoch möchten die Autoren auch nur auf das Verhältnis aufmerksam machen, was sich bis heute nicht wesentlich geändert haben wird. Davon gab es 24.700 gelungene Einbrüche, oder 65 %. Erkannt wurden davon 988 Einbrüche oder 2,6 %, und gemeldet wurden davon wiederum 267, also nur 0,7 %. Man möge davon ausgehen, dass das Missverhältnis in der Konkurrenzspionage prozentual ähnlich gelagert ist.

In 2008 registrierte das Bundeskriminalamt 407 polizeilich bekannt gewordene Delikte von Betriebsspionage (+25 Prozent gegenüber 2007), bei denen Betriebs- und Geschäftsgeheimnisse von internen oder eingeschleusten Mitarbeiter verraten wurden [121]. Doch die Dunkelziffer liegt weitaus höher. Das Bundeskriminalamt [122] gibt für 2009 folgende Zahlen an: Es wurden 5 Fälle von Wirtschaftsspionage gemeldet (Angriffe gegen unseren Staat) und Verfahren eingeleitet, und 548 Fälle der Konkurrenzausspähung (Konkurrenzspionage).

Jedes Jahr steigen die Fälle der Konkurrenzspionage um 10 %. Dies stellte eine Studie von Sicherheitsdienstleister Corporate Trust [123] gemeinsam mit dem Büro für angewandte Kriminologie und dem Handelsblatt bei einer Umfrage von 700 deutschen Unternehmen fest.

Der Datendiebstahl findet zu 15 % durch unrechtmäßiges Eindringen in EDV-Systeme durch Konkurrenzunternehmen oder deren Auftraggeber statt (Hacks). Unterstützend bieten Geheimdienste in den besagten Ländern bereitwillig ihren Unternehmen ihr Know-How an. In jedem fünftem Fall, so die Umfrage, konnten Spione die Mitarbeiter dazu bringen, ihnen die vertraulichen Informationen zu überlassen.

Nach einer Untersuchung der Unternehmensberatung PriceWaterhouseCoopers [124] kommen etwa zwei Drittel aller Wirtschaftsspionagefälle nur durch Zufall an das Tageslicht. Für 2010 lagen neue Zahlen des BKA zum Thema Wirtschaftsspionage für unser Buch leider noch nicht vor.

Ein paar weitere interessante Zahlen stellte die Bitkom 2008 [125] bereit. Auf die Frage: „Wie reagieren Unternehmen auf das Auskundschaften von Betriebsgeheimnissen" gab es folgendes Ergebnis:

- 4 % wenden sich an Sicherheitsbehörden
- 4 % kontaktieren externe Experten
- 44 % reagieren überhaupt nicht
- 28 % lösen das Problem intern
- 20 % beheben Schwachstellen

Ein Interview mit dem damaligen Leiter des Verfassungsschutzes in Nord-Rhein-Westfalen, Herrn Dr. Hartwig Möller, mit der Überschrift: „Deutsche Firmen sind weiterhin Ziel aggressiver Wirtschaftsspionage" soll dieses verdeutlichen:

Herr Dr. Möller, wie groß ist überhaupt das Risiko für eine Firma, ausspioniert zu werden?

Viele kleine Firmen schätzen die Gefahr leider zu gering ein. Sie halten sich für zu unwichtig, als dass sie jemand ausspionieren könnte. In Wahrheit aber kann jedes erfolgreiche Unternehmen Ziel einer Wirtschaftsspionage sein oder von Konkurrenten ausgespäht werden. Besonders gefährdet sind Marktführer, Hightech-Firmen oder innovative Maschinen- und Anlagenbauer.

Wer steckt dahinter?

Nach dem Ende des Kalten Krieges haben sich viele Geheimdienste neue Aufgaben suchen müssen. Sie sind jetzt oftmals im Auftrag von Regierungsorganisationen und staatlichen Unternehmen in Deutschland als Wirtschaftsspione aktiv, vor allem, wenn sich in ihrem Heimatland privatwirtschaftliche und staatliche Interessen nicht voneinander trennen lassen.

Wo können Firmen in Gefahr geraten?

Eigentlich überall: im eigenen Betrieb, auf Messen, auf Geschäftsreisen. Uns wurde zum Beispiel schon häufig der Diebstahl von Notebooks aus Hotelzimmern gemeldet. Aufpassen sollten Firmen auch nach einem Einbruch im Betriebsgebäude. Die Täter wollen über gestohlene Computer oftmals nur an wertvolles Firmen-Know-how kommen.

Wie gehen die Täter vor?

Sie nutzen vor allem Sicherheitslücken in der EDV und Schwächen der Mitarbeiter. Auf Messen und bei Betriebsbesichtigungen schöpfen die Spione durch intensives Nachfragen offen Informationen ab, sie gehen Joint Ventures mit Mittelständlern ein oder kaufen sogar das Unternehmen auf.

Dieses Interview wurde vom Innenministerium in NRW [126] veröffentlicht.

3.1.1   Die bekanntesten Abhörstationen der Welt

Bad Aibling (ehemals Teil des Echelon-Systems, das von den Amerikanern in 2002 aufgegeben und in abgespeckter Form an Deutschland in 2003 übergeben wurde), Memex, Ford Meade, Geraldton Station, Menwith Hill, Waihopai Station, Camp Yakima, Sugar Grove, Shoal Bay Station, Asuncion Station, Bamaga Station, Tangimoana Station, Misawa Station sind die Orte, in denen die bekanntesten Abhöreinrichtungen der Welt stehen. Viele weitere Abhörstationen finden sich auch in anderen Ländern wie z.B. Alaska, Kalifornien, Guam, Kwajaleein und den Philippinen.

Vermutlich haben viele Deutsche schon einmal das Wort ECHELON gehört. Es handelt sich dabei um ein weltweit arbeitendes Kommunikationsabhörsystem, das durch anteiliges Zusammenwirken der USA, des Vereinigten Königreichs, Kanadas, Australiens und Neuseelands im Rahmen des UKUSA-Abkommens funktioniert. Das System oder Teile davon trugen, zumindest für einige Zeit, den Decknamen „ECHELON". Einer der Hauptüberwachungsposten für Europa befindet sich in Menwith Hill, Yorkshire, Vereinigtes Königreich.

Deutschland hat seit 2003 eine eigene Abhörstation in Bad Aibling, die als Fernmeldeweitverkehrsstelle (FmWVStBw) der Bundeswehr getarnt ist. Selbst der Rest der Welt fragt sich, wie Deutschland eigentlich spioniert? Wir Deutschen spionieren scheinbar nicht, außer ein wenig in Bad Aibling. Wir haben sowieso die besten Ideen, gehören zu den Exportweltmeistern in Punkto High-Tech; so schnell wie wir erfinden und entwickeln, ist das alles kalter Kaffee, was andere bei uns ausspioniert haben, bis sie es bauen können. Außerdem sind wir offen, freundlich, unterstützen die ganze EU mit Politik und finanziellen Mitteln, spielen gerne Fußball, also warum sollte man uns ausspionieren wollen?

Sind wir zu selbstsicher? Sind wir zu überheblich uns selbst gegenüber? Wir laufen immer noch mit den Gedanken umher, es gäbe keine schwarzen Schwäne. Wollen wir das nicht sehen, was andere Länder bei uns praktizieren, oder haben wir keine Lösung dagegen?

Bad Aibling war die größte Abhörstation der Amerikaner auf deutschem Boden. Hier saugten die Vereinigten Staaten bis Ende 2002 per Satellit die Telefonate mit Ihrer/Ihrem Liebsten ab, wenn neben all den schmeichelnden romantischen Worten auch nur eines fällt, auf das die Filterlisten (Blacklist und Whitelist) der Amerikaner reagierten, z.B. Airbus, Enercon, U-Boot, Waffen, Terror, Bin Laden oder 9/11. Mitgeschnitten wird es. Ob, wann und vor allem von wem es ausgewertet wird, ist offen und nicht eindeutig bekannt. Mit Sicherheit werden alle Informationen eines Geheimdienstes auch an Dritte weitergegeben bzw. verkauft, oder gehandelt.

Spionage heißt auch einem Feind Informationen bereit zu stellen, wenn der Ausspionierte gegenüber dem Informationsnutzer einen Schaden erleidet, aber der Spionierende einen großen Vorteil davon hat, oder eine andere Information dafür bekommt. Dann liefern die USA auch Informationen an Taiwan, was in deutschen Unterseebooten nicht so gut sein soll, wie in den amerikanischen U-Booten. Dann ist es erst einmal egal ob man dem gleichen Bündnis angehört, das sich NATO nennt. Den großen Deal möchte jeder gerne selbst machen, egal wie.

Die deutschen Three-Letter-Code Agencies durften vor dem Übergang der Bad Aiblinger Station in deutsche Hand gelegentlich den Datenabfall der Amerikaner in Bad Aibling mitbenutzen, aber die Hoheit auf die Station bei uns hatten die Amerikaner, und sie haben aus Bad Aibling heraus massiv Wirtschaftsspionage gegen deutsche Unternehmen betrieben [109].

Satellitengestütztes Abhören von Massendaten, Abhören von Mobiltelefonen und ganzen Mobilfunkzellen, Wanzen, Richtmikrophone für das gezielte Abhören aus großer Distanz, Telekommunikationsdaten abhören, E-Mails abfangen, Anrufe mitverfolgen, Bildverfolgung, und on-line Tracking per Infrarot-Wärme, müheloses Knacken von Sicherheitsschlüsseln von Verschlüsselungssoftware und gezieltes ausspionieren von einzelnen PCs. Was wir in den Kinos sehen, das gibt es auch.

Selbst verschlüsselte Mails oder Computersysteme sind nicht sicher. Nachrichtendienste in aller Welt können jegliche Verschlüsselung, und speziell die Public Key Verschlüsselung knacken. Auch PGP ist unsicher. Diese Meinung über das Verfahren der Public Key-Verschlüsselung kursiert ohnehin unter den Krypto-Experten. Public Key-Kryptographie ist ein kleiner funktionaler Vorteil in der Schlüsselverwaltung, aber die angewandte Technik ist nicht sicher, wenn der Schlüssel noch so lang ist. Die Nachteile eines asymmetrischen Verschlüsselungsverfahren sind, dass eine hohe Rechenzeit benötigt wird und dass die Nachricht für jeden Empfänger einzeln verschlüsselt werden muss. Die Public-Key Verschlüsselung beruht auf unbewiesenen Annahmen. Es ist durchaus möglich, dass man eines schönen Tages einen Algorithmus entdeckt, mit welchem man in kurzer Zeit Zahlen faktorisieren kann. Auch kann niemand ausschließen, dass man alle Einwegfunktionen mit ausreichender Rechenleistung und Rechenzeit nicht irgendwie umkehren kann, auch bei 400-stelligen Schlüssellängen. RSA ist also nur so lange sicher, wie die Unfähigkeit existiert, größere Zahlen in einigermaßen vernünftiger Zeit zu faktorisieren. Die Public Key Verschlüsselung ist auch anfällig gegenüber Man-in-the-middle-Angriffen. Bei den symmetrischen Verschlüsselungsmethoden ist man erst ab dem AES-Advanced Encryption Standard einigermaßen sicher. Derzeit sind noch viele Produkte, die diesen Standard nicht haben, im Einsatz. Der Direktor von RSA hat bereits 1996 auf einer CSI (Computer Security Institute)-Sicherheitskonferenz in St. Louis, USA vorgeführt, wie man durch einfaches röntgen einer Festplatte den Schlüssel auf der Festplatte finden kann, den man dann gezielt cracken kann. Einen 128 DESPK-Schlüssel knackte er daraufhin in 35 Minuten. Geheimdienste wie die NSA setzten in den 90er Jahren viele Hard- und Softwarehersteller, die Verschlüsselungsprodukte entwickelten und vertrieben stark unter Druck und warben mit dem Angebot, diese Art der Software auch exportieren zu dürfen, wenn ein Hintertürchen eingebaut würde. In den USA fallen Verschlüsselungsprodukte in die Exportkategorie der geheimen Waffen. Ein Export ist somit nicht erlaubt. Firmen, die die Software exportieren dürfen, haben ein Umsatzplus, das nicht unerheblich ist. Bei den meisten Produkten wurde der Source Code verändert. Laien stellen das nicht fest, in den meisten Fällen stellen das nicht einmal Profis fest. Hintertürchen gibt es in nahezu jeder größeren Software. So kam in 2011 das erste Mal der Verdacht auf, dass im SCO-Unix-Betriebssystem Hintertürchen eingebaut wurden. Ein ehemaliger CIA-Berater packte bei SCO aus und es gelangte an die Öffentlichkeit. Das wurde seitens des Herstellers dementiert und heruntergespielt.

In den 90er Jahren sagten Mitarbeiter aus dem BMWI selbst, dass man sich mit Microsoft die NSA/CIA ins Haus holt. Aus Angst vor Klagen lies das BMWI davon ab, solche Meldungen zu veröffentlichen. Aber ausgesprochen wurde es mehrfach öffentlich. Microsoft wäre auch in der Lage, Profile zu ziehen. Durch den Registrierungsprozess für ein Produkt hat Microsoft z.B. bei Privatpersonen oder kleineren Unternehmen die personenbezogenen Daten. Die Softwarelizenz z.B. für Word ließe eine Rückverfolgung eines erstellten Word Dokumentes zu, da in den Metadaten von Word der Lizenzschlüssel eingebaut ist, der wiederum auf die personenbezogenen Datensätze deutet.

Intel wurde bezichtigt, dass die Prozessoren in der Lage wären durch deren Seriennummer den Nutzer über eine Art „Cookie" zu identifizieren, jedes Mal, wenn sich ein Benutzer ins Internet einloggen würde. Intel wurde von einer amerikanischen Verbraucherberatung verklagt, gab klein bei und baute eine Funktion ein, die dem Benutzer überlies, ob er das Feature des Broadcasts der Seriennummer ausschaltete.

Mittlerweile gibt es Firmen, die Softwarecode herstellen, der nur 12 Kbyte groß ist und der in der Lage ist, geheime private Schlüssel von den damit infiltrierten Computersystemen auszulesen. Man muss nichts anklicken, keine E-Mail öffnen, der Besuch einer Webseite genügt, und der Code wird über Port 80 übertragen und nistet sich im Betriebssystem-Kernel ein. Diese Art der Infektion nennt man Drive by Download. Man merkt nichts. Und es müssten schon sehr viele solcher Programme installiert sein, damit man durch eine Defragmentierung einer Festplatte und der Freigabe von Clustern über die 1 %-Marke kommt (man bedenke wie groß heute Festplatten sind). Früher war es immer ein guter Trick und ein Indiz nachzuschauen, ob man Trojaner oder fremde Programme auf seinem Rechner hatte, wenn mehr als 1 % der sichtbaren Cluster einer Festplatte sich nicht defragmentieren lies. Wenige nicht zu defragmentierende Cluster waren nicht schlimm, aber viele in meist Reihenformation sind ein deutlicher Indikator für Rootkits oder andere Malware.

Vor kurzem ist man auf einen neuen Computertrojaner gestoßen, der alle Sicherheitsvorkehrungen überwindet. Dem Trojaner gelingt es, ein ganzheitlich gepatchtes WIN 7-Betriebssystem zu infiltrieren, wenn ein USB-Stick unter Windows geöffnet wird, auf dem der Schadcode gespeichert ist. Das unterscheidet sich in massiver Art und Weise von bisher üblichen Attacken via USB-Stick, bei denen per Autostart-Befehl nach der Infektion automatisch Schadcode ausgeführt wird. Letzteres lässt sich mit entsprechenden Vorsichtsmaßnahmen entdecken und verhindern. Die neue Methode hingegen arbeitet völlig im Stealth Modus. Der Schadcode ist in einer *.lnk-Datei gespeichert, welche die vom System her bekannten Verknüpfungen darstellen, die man als WIN 7-Anwender vom seinem Desktop her kennt. Es genügt, den USB-Stick im Explorer zu öffnen. Wenn dieser das Icon anzeigt, wird der Schadcode ausgeführt. Das Programm installiert zwei Rootkit-Treiber im Kernel des Systems. Diese Treiber verbergen vor dem Anwender alle weiteren Aktivitäten des Trojaners, der dann unbemerkt den Rechner ausspionieren kann. Die in diesem Schadcode hinterlegte Professionalität zeigt eindeutig, dass es sich um ein Werkzeug zur Konkurrenzspionage oder anderen Spionageaktivitäten handelt.

Dirt [109] ist der Name eines ähnlichen Schadcodes aus den USA, der vor einigen Jahren auch ohne USB-Stick Computersysteme infizierte und die geheimen Schlüssel der Verschlüsselungssoftware auf Computern entwendete. Damit mussten Geheimdienste keine Schlüssel knacken, sondern entwendeten sie einfach auf dem Computersystem des Opfers und verwendeten die Schlüssel danach beliebig nach Bedarf. Die zusätzliche Manipulation der Softwarehersteller, Hintertüren in Verschlüsselungsprogramme einzubauen, eröffnete paradiesische Zustände für Geheimdienste.

Im November 2011 wurde aufgedeckt, dass die Firma DigiTask einen gesetzeskonformen Bundestrojaner im Auftrag des BKA erstellt hat. Dieser wurde seitens des BKA getestet und verwendet. DigiTask baute in den Trojaner sogenannte „forbidden features" ein, die gesetzeswidrige Zusatzfunktionen zur Spionage bereitstellen, die nach der normalen Installation des gesetzeskonformen Trojaners einfach hinzu installiert werden können.

In vielen gedruckten Dokumenten kann nachvollzogen werden, welcher Drucker (vor allem bei Farblaserdruckern) das Dokument gedruckt hat. Dies erfolgt beispielsweise anhand eines Musters in den ersten Buchstaben oder kleinen gelben Punkten an bestimmten Stellen des gedruckten Dokuments. Es macht nur einzelne wenige Bildpixel aus, was man aber mit dem bloßen Auge nicht – und nur unter starker Vergrößerung – erkennen kann. Die Seriennummer des Druckers ist durch das Pixelbild eindeutig aus einer Tabelle des Herstellers zu identifizieren.

Wirtschafts- und Konkurrenzspionage gibt es auf vielen Messen. Messen sind ein Tummelplatz für Spione. Die Internationale Automobilausstellung in Frankfurt, bei der sich chinesische und koreanische Besucher mit der Kamera unter ein Fahrzeug legen und viele Bilder vom Unterboden schießen oder Videos drehen, steht hoch im Rang.

In Deutschland ist das Spionagenetz der Chinesen gut und flächendeckend organisiert. Die unterste Ebene sind die Studenten und Praktikanten. Die zuständigen Agenten aus den Reihen der Studenten und Praktikanten müssen einmal pro Monat in den für sie zuständigen Konsulaten erscheinen, um ihren Führungsoffizieren alle wichtigen Ereignisse zu berichten. Für die Stadt Köln ist das chinesische Konsulat in Bonn zuständig, für die technologisch besonders wichtige Region Erlangen-Nürnberg ist das chinesische Konsulat München zuständig [127, 128, 129].

Die am Anfang dieses Kapitels genannten Abhöreinrichtungen sind grausame Realität, was die Spionage betrifft, und sie werden mehr denn je genutzt. Wie spioniert wird, ist vielseitig. Im Folgenden nur einige wenige Beispiele von Wirtschafts- und Konkurrenzspionage, die bisher geschehen sind. Bei den Beispielen wird auch auf den persönlichen Erfahrungsschatz des Autors Alexander Tsolkas zurückgegriffen.

3.1.2   Spionagefälle

Bei der größten deutschen Informationssicherheitsmesse it-sa in 2010 gingen ca. 7500 Besucher ein und aus. Ein Besucher, ein IT-Administrator, besucht den Messestand des Blogs SecTank. Er erkennt den Autor, spricht ihn an und fragt ihn, ob er sich in folgendem Sachverhalt auskennen würde? Einer seiner Windows-Server, die an das zentrale Internet Gateway angeschlossen sind, sendet jedes Wochenende ca. 16–20 Megabyte an Daten ins Internet.

„Ja", teilte der Autor dem verunsichert sprechenden Herrn mit, „Windows-Server machen so etwas auch regelmäßig, wenn man sie dazu konfiguriert". Windows Update und die Updates aller anderen Anwendungen könnten Daten, wenn eingeplant, am Wochenende ins Internet senden. Allerdings irritierte den Autor die hohe Anzahl an Megabytes der gesendeten Daten.

Kein Server sendet 20 MB Queries ins Netz, um dann x-MB Downloads als Updates zu erhalten. Angesprochen darauf versicherte der Administrator, die Update-Funktion wäre sogar ausgeschaltet. Das machte wirklich neugierig. Auf die Frage „was stellt Ihre Firma denn her?" erzählte der Herr, dass sie einer von drei spezialisierten Hersteller in der Welt für Nanotechnologie wären. Der Autor teilte ihm mit, dass er ohne es zu überprüfen, wetten würde, dass sie „abgesaugt" würden. „Abgesaugt" fragte er mich irritiert? „Ausspioniert, wenn der Ausdruck lieber ist."

Dann fragte er, was man tun könne? Der Autor schlug ihm vor, erst einmal nichts zu verändern und parallel dazu ein produktives Zweitsystem aufzubauen. Die

Benutzer werden 1:1 auf das neue System ausgerichtet, im Originalsystem dann noch weitere Honeypots platziert, mit noch neueren, fiktiven Produkten und Zeichnungen, die mehr Science Fiction sind, um noch mehr zu ködern. Die Benutzer bleiben auf dem alten System angemeldet, als würden sie ganz normal darauf weiterarbeiten. Parallel dazu schleust man einen Social Engineering Spezialisten ein, z.B. als neuer Postverteiler im Unternehmen.

Sollte der CIO das Budget dafür nicht freigeben, könnten wir noch ein führendes Unternehmen in einem Hochtechnologiebereich verloren haben, und dessen Arbeitsplätze dazu – ein weiteres Unternehmen nach dem Windradhersteller Enercon in Norddeutschland.

Solche Fälle gibt es zuhauf. Chinesische Putzfrauen entpuppten sich 2008 als Informatikerinnen – spezialisiert auf Softwareentwicklung – in einem deutschen Softwarehaus in NRW, das SAP-Zusatzmodule für Krankenhäuser entwickelt. Die Krankenhäuser sparen mit der Software pro Jahr im Schnitt 30 Mio. Euro. Der Firmenumsatz des Softwarehauses stieg binnen kürzester Zeit auf über 80 Mio. Euro. Die Chinesen sparen ebenso viele Entwicklungskosten in kürzester Zeit, in dem der Software-Entwicklungscode per Wireless LAN, dessen Router direkt am Verteilerswitch des Gebäudes sitzt, und dessen Antenne in einer wasserfesten Tupperware Box direkt neben dem angelegten Fischteich im gartenähnlichen Atrium des Gebäudes, ganz knapp unter der Erde, die gewünschten Informationen für die Chinesen in den Äther sendet. Natürlich war das Wireless LAN aus der Tupperware-Dose mit einem Sicherheitsschlüssel geschützt, nicht dass das jeder abhören könnte. Der Hersteller, bis dahin konkurrenzloser Marktführer, wundert sich indes, dass seine prognostizierten Umsätze nicht erreicht werden, sondern sogar massiv abnehmen, bis er erkannte , dass es mittlerweile einen zweiten Hersteller gibt, der viel billiger anbietet.

Computersysteme wurden in den 70er Jahren aus Westdeutschland in die DDR geschmuggelt. Es ging um Technologietransfer. Das ganze hatte keine Konsequenzen. Der BND deckte es auf [107 S.130]. Der Autor hatte nach dem Mauerfall, als er bei EDS Electronic Data Systems Deutschland GmbH im Rechenzentrumbetrieb an Großrechnersystemen auf MVS-XA arbeitete, damals schon gewundert, dass die alten Hasen bei EDS einen Lehrgang besuchen mussten, um das damals nagelneue Betriebssystem MVS-ESA zu erlernen, und die übernommenen Ex-DDR-Leute von Robotron nicht. Damals machten wir allerdings immer nur viele dumme Stasi-Witze über die Kollegen aus dem Osten. Aber sie sagten ganz klar, dass sie es schon kennen würden und man sich die Lehrgangskosten sparen könne. MVS-ESA kam aber erst eine Woche vor dem Lehrgang auf den Markt und die Ex-Mitarbeiter von Robotron waren in dieser ersten Woche nicht auf einem Lehrgang.

Israelis können noch dreister sein als Amerikaner, was Spionage angeht. So hackten sich Israelis in die Zentralcomputer des Atomwaffenlabors Los Alamos in den USA ein. Man schrieb das Jahr 1988. Es ging um Informationsbeschaffung über neue US-Atomwaffenzünder. Der Hacker-Angriff hatte keine besonderen Konsequenzen. Die Hacker flüchteten nach Israel, einer wurde festgenommen, es gab jedoch nie eine Verbindung zum israelischen Geheimdienst. Vermutlich wurden die Pläne in israelischem Kinderspielzeug realisiert [107 S. 137].

BP verklagte Thyssen 1990 wegen Korruption bei einem Millionenauftrag zur Gas- und Ölförderung in der Nordsee. Das ganze wurde durch das Abhören von Faxen des Gewinners der Ausschreibung bekannt [107 S. 92].

1990 wurde bei Siemens der Export von Embargo-geschützen Technologien an Libyen vom deutschen BND aufgedeckt. Das Ziel war die Aufdeckung eines Embargobruches seitens Siemens [107 S. 110].

1992–1993 wurde die Adam Opel AG durch den spanischen Manager Ignacio Lopez und drei seiner Mitarbeiter im Auftrag von Ferdinant Piech für den VW-Konzern ausspioniert. Piech interessierte sich für Informationen aus der Forschung, vor allem für Informationen aus dem Einkauf, Daten für das Opel Werk in Zaragoza, Kostendaten verschiedener Modellreihen von Opel, Projektstudien, einen neuen Kleinwagen (Agila und Meriva), Sparstrategien des Konzerns – was man als guter CEO eben benötigt an Informationen. Lopez verwendete dazu viele GM-Unterlagen und übergab die Unterlagen an VW. Lopez und Piech wurden durch die NSA in Bad Aibling bei einer unverschlüsselten Videokonferenz zwischen Detroit und Wolfsburg ertappt. Was Herr Piech aus dem ganzen Datenmüll von Lopez wirklich gelernt hat, ist, dass man alle Videokonferenzen verschlüsselt, was bei VW nunmehr Policy ist.

In den letzten Monaten des Falles Lopez war der Autor Leiter der Informationssicherheit der Adam Opel AG und musste 1999 immer noch nachträglich für die US-Staatsanwaltschaft Akten komplettieren über die Zugriffe, die Lopez bei Opel/GM-Europe und GM auf alle Computersysteme von Opel und denen von EDS – Electronic Data Systems für GM bereitgestellten Applikationen hatte. Das war eine Sisyphusarbeit , da Event Management Systeme wie NetIQ's Security Log Manager oder ArcSight ESM noch nicht weit verbreitet waren. Lopez musste bei VW abdanken, VW hat 100 Millionen an GM als Wiedergutmachung im Vergleich gezahlt und musste 7 Jahre lang Ersatzteile von GM abnehmen für umgerechnet 1 Mrd. US-Dollar. Ein Strafverfahren gegen Herrn Lopez wurde gegen Zahlung von 400.000 DM eingestellt.

1993 verlor ein zum Siemenskonsortium gehörender, deutscher ICE-Hersteller den Auftrag, Hochgeschwindigkeitszüge an Südkorea zu liefern, zugunsten Alcatel-Alsthom, die den französischen Hochgeschwindigkeitszug TGV bauen. Abgehört hatte der französische Geheimdienst DGSE. Die Telekommunikationsverbindungen von Siemens in Seoul wurden abgehört. Dadurch hatte das britisch-französische Konsortium einen Verhandlungsvorteil [108].

Der Windradhersteller Enercon aus Norddeutschland war von 1992 bis 1996 in mehrere Spionagefälle verwickelt. Ein sehr guter Bericht darüber ist in Udo

Ulfkottes Buch Wirtschaftsspionage [109] enthalten. Enercon wurde durch die NSA, durch Kenetech Windpower, durch einen Oldenburger Ingenieur und auch dänischen Gutachter abgehört. Die diversen Operationen galten mehreren Zielen. Einmal meldete Kenetech ein Patent in den USA vor dem Inhaber von Enercon Aloys Wobben an und legte damit Enercons Pläne zur Eroberung des US-Marktes auf Eis. Für neuere Modelle von Windrädern zur Stromerzeugung der Firma Enercon wurde eine Anlage durch eine Delegation von Kenetech fotografiert und in den USA nachgebaut. Enercon bekam Recht und gewann die Klage. Hier gab es durch Discovery-Verfahren und Gutachterkosten für Enercon einen Schaden von mehreren hundert Mio. DM.

Bei BASF wurde einmal folgender Spionagefall aufgedeckt: Ein Vertriebsmann wollte Informationen einer Verfahrensbeschreibung für die Produktion von Hautcremerohstoff der BASF weitergeben. Es hatte keine Folgen, da es aufflog [110].

Das japanische Handelsministerium war zwischen 1995 und 1996 gleich zweimal Opfer von Spionage durch die CIA und die US-Regierung. Es ging einmal um die Verhandlung über Importquoten für US-Wagen auf dem japanischen Markt. Das Computersystem des Handelsministeriums wurde gehackt. Das Ziel war, dass der amerikanische Unterhändler Kantor beim niedrigsten Angebot einwilligt, was er „in deed" tat. Und einmal ging es um Informationen von Emissionsstandards von japanischen Autos [111].

1997 führte ein CIA-Agent getarnt als US-Botschafter freundschaftliche Gespräche mit dem Leiter des für den arabischen Raum (Schwerpunkt Iran) zuständigen Referates im BMWI. Hintergründe waren der Berliner Mykonos-Prozess, die Hermeskredite bzgl. Iran Exporten und die Aufstellung deutscher Unternehmen, die High-Tech-Produkte an den Iran liefern. Der Fall diente der Informationsbeschaffung. Der Beamte wandte sich an deutsche Sicherheitsbehörden, die den amerikanischen Stellen signalisierten, eine CIA-Operation sei unerwünscht. Der CIA-Agent wurde daraufhin abgezogen [112].

In der ersten Klasse der Air France wurden Wanzen der DGSE platziert. Gespräche reisender Geschäftsleute wurden aufgezeichnet bzw. mitgehört. Das Ziel war die Informationsbeschaffung. Folgen sind hier nicht bekannt geworden. Im Bundeswirtschaftsministerium wird ein Agent beim Ausspionieren von Informationen über High-Tech-Produkte erwischt und ausgewiesen [111].

Volkswagen wurde Opfer der Spionage, indem eine Kamera im Erdboden nahe der Teststrecke Ehra-Lessien versteckt wurde, die Bilder von neuen Fahrzeugprototypen an der Teststrecke machte und übermittelte. Für VW ein Millionenschaden. Witzig dass dies ausgerechnet 1996 geschah, mitten in der Klage GM gegen Lopez. Reiner Zufall [113]. Von 1996–1999 wurde die DASA vom russischen Nachrichtendienst ausspioniert. Zum Einsatz kamen zwei Deutsche im russischen Auftrag. Es ging um den Verkauf und die Weitergabe rüstungstechnologischer Unterlagen eines Münchner Wehrtechnik-Unternehmens. Gesucht wurden

Informationen über Lenkflugkörper, Panzer- und Flugabwehr-Waffensysteme. Die beiden wurden von einem Gericht wegen – unter militärischen Gesichtspunkten – „nicht besonders schwerem" Verrat verurteilt. Dies gelte auch für den wirtschaftlichen Schaden, stellte das Gericht fest [114].

Bei Airbus wurde seitens der Amerikaner durch die NSA die Faxe und Telefonate zwischen den Verhandlungspartnern über Flugzeuggeschäfte zwischen Airbus und der saudi-arabischen Fluglinie abgehört. Es diente der Informationsweitergabe an die US-amerikanischen Konkurrenten Boeing. Hier schlossen die Amerikaner nach dem Vorfall das Geschäft ab [115]. Eine Maßnahme seitens der Geschäftsführung von Airbus war darauf hin, dass solche Informationen nur noch durch persönliches Erscheinen eines Airbus Mitarbeiters bei der Fluglinie diskutiert werden.

Die CIA/NSA haben einen Korruptionsfall in der Ära Clinton aufgedeckt. Ausgeschrieben seitens Brasiliens wurde ein Milliardenauftrag zur Überwachung des Amazonas per Satellit. Es ging um genau 1,4 Mrd. Dollar. Der französische Thomson-Alcatel-Konzern sollte den Auftrag bekommen. Da Korruptionsgespräche abgehört wurden, drängte Clinton zur Neuvergabe des Auftrages an Raytheon [107 S. 91].

Die französische Polizei verhaftete 2005 eine junge Chinesin, die beim Autozulieferer Valeo als Spion arbeitete und neue, noch nicht auf dem Markt befindliche Modelle ausspionierte. Die 22-jährige Frau namens Whuang Lili wurde als geistig brillant und außerordentlich kompetent von ihren Vorgesetzten gelobt. Sie spricht mehrere Sprachen, darunter Deutsch, Arabisch und Spanisch.

Sie fiel einem Mitarbeiter auf, weil sie oft in ihrem Büro mit ihrem Laptop unterwegs war. Sie verbrachte mehr Zeit vor dem Computer als für die Erledigung der ihr zugewiesenen Arbeit eigentlich notwendig war. Die Polizei untersuchte die Festplatte ihres Computers, um festzustellen, was sie bisher an ihrem Arbeitsplatz in einem Vorort von Paris ausspionieren konnte. Die Frau bestritt hartnäckig alle Anschuldigungen. Sie gilt als eine Art chinesisches Wunderkind, sie besitzt Abschlüsse in Mathematik, Physik und Flüssigkeitsmechanik.

Bei der Hausdurchsuchung fand die Polizei sechs Computer und zwei Festplatten mit großer Speicherkapazität mit als geheim klassifizierten Unterlagen. Besonders schlimm für andere Autohersteller ist die Tatsache, dass die Spionin Blaupausen von in der Planung befindlichen neuen Automodellen weitergeben konnte, die Valeo vorlagen. „Sie war ein guter kleiner Soldat." meinte einer der Polizisten.

Auf Anzeige von Valeo hin wurde sie festgenommen. Valeo macht sich gegenwärtig große Hoffnungen auf den chinesischen Markt und will Partnerschaften mit chinesischen Firmen eingehen. Wie riesig der Schaden sein musste, zeigt der Umstand, dass man die Frau trotzdem anzeigte. Normalerweise werden solche Fälle unter den Teppich gekehrt, um die Chinesen nicht zu verstimmen [116].

Im Juni 2009 sollen „Einbrecher" in der Berliner Ausländerbehörde und in zwei Bürgerämtern mehr als 5000 Blanko-Exemplare von vorläufigen Reisepässen, Visa- und Aufenthalts-Erlaubnisse sowie Dienstsiegel und Stempel „gestohlen" haben. Damals sei durch die Ermittler der deutsche Bundesnachrichtendienst (BND) eingeschaltet worden. Achtzig dieser Dokumente seien demnach bisher im „internationalen Reiseverkehr festgestellt", wenn auch scheinbar nicht sichergestellt. Ein Deutscher türkischer Herkunft im Alter von dreißig Jahren ist inzwischen angeklagt worden. Laut dem zitierten Bericht gingen „Fahnder" davon aus, dass die Dokumente auf ominöse Wege in den Untergrund des Nord-Irak gelangt sein könnten. Von „Schläfern" sei die Rede. Diese Information habe das Landeskriminalamt (LKA) Berlin von einem seiner Informanten, der sich als Mittäter der ganzen Aktion „offenbart" habe, so der Bericht. Dieser habe berichtet, seine Bande sei von der türkischen Inlands-Spionage „Milli Istihbarat Teskilati (MIT) unterwandert" gewesen. Ob dieser „Informant" und Mittäter selbst beim MIT ist, wurde nicht genannt. Die Berliner Staatsanwaltschaft verweigerte den Berichten zufolge jede Aussage zur Sache.

Der Atomkonzern EDF spionierte in 2009 Greenpeace aus. Hierbei wurde gegen den leitenden Angestellten des Sicherheitsdienstes des Staatskonzern EDS, Pierre Francois, durch die Staatsanwaltschaft Nanterre bei Paris ein Ermittlungsverfahren eingeleitet. Sie verdächtigt Francois, Beihilfe dazu geleistet zu haben, den Computer des ehemaligen Chefs Yannick Jadot der Umweltschutzorganisation Greenpeace Frankreich, auszuspionieren. Pierre Francois hat die Sicherheitsfirma Kargus Consultant beauftragt, Informationen über Atomkraftgegner einzuholen. Zwischen 2004 und 2006 schloss der EDF-Sicherheitsdienst mit Kargus zwei Verträge ab. Ein Hacker von Kargus Consultant klinkte sich daraufhin 2006 in den Computer von Jadot ein. Der Hacker hat inzwischen gestanden, in das Computersystem von Greenpeace eingedrungen zu sein [117].

In 2009 hat Kolumbien seinen Nachbarn Venezuela ausspioniert. Nach Informationen El Aissamis, dem Innenminister Venezuelas, hatten die kolumbianischen Geheimdienstmitarbeiter das Ziel, strategische Informationen zusammenzutragen und die politische Destabilisierung in Venezuela zu fördern. Dabei sollten nach Angaben aus Caracas militärische Daten ebenso gesammelt werden wie Informationen über die Bewegungen von Präsident Hugo Chávez und anderer hochrangiger Funktionäre seiner Regierung. Ein weiteres Ziel sei die Bestechung von venezolanischen Regierungsmitarbeitern gewesen.

In 2009 kam durch die Presse an die Öffentlichkeit, dass Hartmut Mehdorn, der Deutsche-Bahn-Chef, es in Auftrag gegeben, geduldet und unterstützt hat, zwischen 2005 und 2008 mehr als 150.000 E-Mails seiner Mitarbeiter auszuspionieren. Die E-Mails wurden gezielt gefiltert und untersucht. Auch wurden unliebsame oder zum Streik aufrufende E-Mails von Gewerkschaftlern und allen anderen Konzernmitarbeitern, die Mehdorn missliebig waren, gelöscht. Es gab gezielte

Zugriffe durch die Bahnadministration im Auftrag der Geschäftsleitung auf Rechnersysteme von Angestellten, um diese gezielt nach Dokumenten zu untersuchen.

Der Autor war zwischen 2002 und 2007 Schenker CSO (Corporate Security Officer) und saß mit fünf weiteren Sicherheitsleitern der Bahnkonzernunternehmen und der Revision im Sicherheitsgremium der Bahn und war mit der Schenker AG der größte Repräsentant im Sicherheitsgremium.

Er kündigte im Juni 2007 aus dem Schenker-Konzern, der noch nicht vollständig bei der Bahn integriert war. Der Fall Mehdorn war, was Abhörmaßnahmen und Eingriffe in auch Privatsphären anging, derart massiv, was man den Veröffentlichungen in der gesamten deutschen Presse auch gut entnehmen konnte.

Im Sommer 2010 surrten im iranischen Atomkraftwerk Bushehr die Alarmglocken. Der Grund: kein Defekt, kein Erdbeben, sondern Stuxnet, ein extrem aggressives Computervirus zum Fernsteuern von Industrieanlagen. Gleichzeitig liefen im Westen die Telefone heiß, denn noch nie war es einem virtuellen Schädling gelungen, derart sensible Bereiche anzugreifen. Was, wenn das in einem deutschen Atomkraftwerk passieren würde? Die Cyberkriminalität hatte durch Stuxnet eine ganz andere Dimension bekommen. Gegen diese Art von gezielten Angriffen konnte sich ein Land nur sehr schwer wehren. Willkommen in der Realität, in der kein Staat, kein Unternehmen und keine Privatperson mehr sicher war. Mittlerweile hat die NATO sogar ein eigenes Cyberwar-Zentrum in Tallin, Estland, eingerichtet. Auch in Deutschland wurde eigens eine Taskforce zur Abwehr digitaler Angriffe geschaffen, sozusagen als Firewall der Bundesrepublik. Aber allein aus China stehen der Kampftruppe rund 30.000 hochprofessionelle Tastaturklopfer gegenüber.

Was war passiert?

Wie die New York Times Anfang 2011 berichtete, deuten Hinweise darauf hin, dass Stuxnet offenbar ein Gemeinschaftsprojekt von USA und Israel war, um die Atomwaffenpläne des Iran zu sabotieren. Ob nun Bushehr (Atomkraftwerk) oder Natanz (Uran-Anreicherungsanlage) das primäre Angriffsziel war, ist nicht abschließend geklärt. Es gibt durchaus Hinweise, dass mehrere Einrichtungen gleichzeitig getroffen werden sollten.

Demnach hatte Siemens Anfang 2008 mit dem Idaho National Laboratory (INL) zusammengearbeitet, um Sicherheitslücken in deren Systemen zu identifizieren. Dabei handelte sich laut New York Times seitens Siemens um einen Routineprozess, um das Produkt gegen Cyberattacken abzusichern. (Das Idaho National Laboratory gehört zum amerikanischen Energieministerium, das seinerseits für das Atomwaffenprogramm der USA verantwortlich ist.) Es ging um Siemens „Process Control System 7" (PCS-7)-Steuergeräte und dessen Programmier-Software „Step 7", ein Steuerungs- und Automatisierungssystem. Es werden damit beispielsweise Sensoren abgefragt, Prozesse aufgrund von Ereignissen angestoßen und somit ganze Industrieanlagen gesteuert. Jene getesteten Systeme wurden später durch den amerikanischen Geheimdienst als Schlüsselkomponente in Irans Atomanlagen bestimmt.

Die Israelis hätten Stuxnet in den vergangenen beiden Jahren umfassend getestet, schrieb die New York Times unter Berufung auf mit der Situation vertraute Geheimdienst- und Militärexperten. Der Dimona-Komplex in der Wüste Negev, ein Atomkomplex, dessen Existenz nie offiziell bestätigt wurde, soll als Testgelände gedient haben. „Um den Wurm zu analysieren, muss man die Maschinen kennen", sagte ein amerikanischer Spezialist für Nuklear-Intelligence gegenüber der Zeitung. „Der Grund warum der Wurm funktionierte, war, weil ihn die Israelis ausprobiert haben."

Die politischen Wurzeln des Projekts sind laut New York Times in den letzten Monaten der Bush-Administration zu finden. Im Januar 2009 hatte George W. Bush eine verdeckte Operation autorisiert, um elektrische Systeme und Computersysteme von Natanz zu unterwandern, der größten Uran-Anreicherungsanlage des Iran. Barack Obama beschleunigte den Prozess.

Da Computersysteme inzwischen vieles steuern, angefangen von Banktransaktionen bis hin zum Energieversorgungsnetz, war Washington schon Jahre zuvor ob möglicher Schwachstellen der nationalen Computersysteme beunruhigt. Anfang 2008 hatte das United States Department of Homeland Security eine Kooperation mit dem INL gegründet, um den PCS-7 Siemens-Controller zu untersuchen. Im Juli 2008 stellten Siemens und das INL eine Präsentation der Schwachstellen der Steuerungssoftware zusammen, die auf einer Konferenz in Chicago veröffentlicht wurde.

Der Hamburger Sicherheitsexperte Ralph Langner war einer der ersten, der Stuxnet untersuchte. Dabei vertrat dieser die Meinung, dass es bei Stuxnet nicht darum ging, eine Nachricht zu überbringen oder die Durchführbarkeit eines Angriffs zu belegen, sondern es darum ging, Ziele zu zerstören und zwar mit äußerster Entschlossenheit.

Er fand heraus, dass der Schädling nur aktiv wurde, wenn er eine bestimmte Konfiguration von Steuergeräten vorfand, die beispielsweise Prozesse steuern, die so nur in einer Zentrifugen-Anlage vorkommen. „Die Angreifer achteten sorgfältig darauf, sicherzustellen, dass nur ausgewählte Ziele beschädigt wurden".

Beispielsweise kann in einem Code-Abschnitt nachvollzogen werden, dass Stuxnet Befehle zu 984 miteinander verbundenen Maschinen senden soll. Als internationale Inspektoren Natanz Ende 2009 besichtigten, fanden sie heraus, dass die Iraner exakt 984 Maschinen stillgelegt hatten, die im vorherigen Sommer noch ihren Dienst verrichteten.

Auch unterschied Stuxnet anhand der Konfiguration, welche Aktionen er zu treffen hatte. Waren beispielsweise mehr Frequenz-Konverter einer iranischen Firma verbaut als von einer finnischen Firma, startete eine andere Serie von Ereignissen, als bei der umgekehrten Konstellation.

Die Funktionsweise von Stuxnet lässt sich in drei Phasen einteilen.

In der ersten Phase verteilt sich Stuxnet über verschiedene Sicherheitslücken und Träger wie USB-Sticks oder über das Internet.

Ist ein Computer infiziert, versucht Stuxnet in der zweiten Phase bei einer bestehenden Internetverbindung einen Kontrollserver (Command & Control Server) zu kontaktieren und bei Bedarf eine neuere Version von sich selbst herunterzuladen. Außerdem wird versucht, weitere Computer und Wechselmedien zu infizieren. So können auch Computer erreicht werden, die nicht direkt über das Netzwerk oder das Internet erreichbar sind.

In der dritten Phase, die nur bei Computern zum Tragen kommt, auf denen die Siemens Steuersoftware läuft, bleibt Stuxnet erst einmal inaktiv und zeichnet im Hintergrund Sensorsignale bei normalem Betrieb auf. Dabei ist auch die vorgefundene Konstellation, wie weiter oben beschrieben, von Bedeutung. Laut Langner kommt ein doppelter Sprengkopf zum Einsatz. Einerseits werden die Maschinen derart beschleunigt, dass die drehenden Rotoren in den Zentrifugen beginnen, unrund zu laufen und sich somit selbst zerstören. Andererseits sorgt Stuxnet in einer Art Man-In-The-Middle-Attacke dafür, dass die Sensorsignale angezeigt werden, die auf einen normalen Betrieb hindeuten. Somit wird System und Personal vorgetäuscht, alles liefe reibungslos. Mittels der falschen Sensordaten werden Sicherheitsroutinen im System umgangen, die normalerweise eine Notabschaltung veranlassen, um eine Selbstzerstörung zu verhindern. Auf Stuxnet folgten Duqu und DNS-Changer.

Ein anderer Fall in 2010 bei der Rieder Faserbeton-Elemente GmbH spielte sich wie folgt ab: Die Mitarbeiter des Unternehmens in Kolbermoor trauten ihren Augen nicht. Während eines Rundgangs im Produktionsbereich hatte ein Gast aus China eine Minikamera am Gürtel befestigt und Videoaufnahmen gemacht, obwohl ihm dies vorab ausdrücklich untersagt worden war. Nach Ende der Tour haben Rieder-Mitarbeiter die aufgezeichneten Sequenzen im Rahmen eines Projektgesprächs geprüft. Ergebnis: Das Videomaterial enthielt wichtige Informationen, die man für einen Nachbau von Rieders hochmodernen Glasfaserplatten hätte nutzen können. Zum Einsatz kamen die Rieder-Produkte bei der Gestaltung der Stadionhülle für das neue Soccer-City-Stadion im südafrikanischen Johannesburg, wo das Eröffnungsspiel zur Fußball-WM 2010 stattfand. Vor Gericht kam der auf frischer Tat ertappte chinesische Geschäftsmann noch glimpflich davon. Im Dezember 2009 verurteilte ihn das Landgericht München II zu einer Bewährungsstrafe von eineinhalb Jahren. Zudem nahm er seinen Vorwurf gegen den Rieder-Betrieb zurück, dass ihm dort eine Falle gestellt worden sei, und überwies als Entschädigung 80.000 Euro.

Beim Google-Hack Anfang 2010 wurden mehr als einhundert Unternehmen Opfer des sogenannten Aurora-Spionageangriffs, die unter anderem eine nicht bekannte Schwachstelle (Zero-Day-Schwachstelle) im Microsoft Internet Explorer verwendete. Unbekannte Täter hatten seit Ende 2009 über mehrere Monate hinweg gezielte Angriffe auf die IT-Sicherheit von in der Mehrzahl amerikanischen Unternehmen geführt. In mehr als 30 Fällen ist es den Angreifern gelungen in die Computersysteme der Unternehmen einzubrechen. Die betroffenen Unternehmen (Google, Yahoo, Symantec, Juniper Networks, Northrop Grumman, Dow Chemicals u.a.), von denen viele durchweg standardisierte und durchaus sehr moderne Sicherheitsmaßnahmen und Vorkehrungen einsetzen, waren verblüfft, dass diese nichts nutzten. Das verhält sich wie das Ergebnis im CSI/FBI Computer Crime and Security Survey aus dem Jahr 2003. Darin wurde befunden, dass 99 % aller Unternehmen Virenscanner einsetzen, und 89 % berichten dennoch über Infektionen.

Die Aktion wurde in China gestartet. Dabei war jede einzelne Attacke auf die geschädigten Unternehmen zugeschnitten, was sich maßgeblich von bisher bekannten Cyberattacken auf Unternehmen unterschied. Hierbei war nicht mehr Masse (Massenmails, Portscans usw.) vorranging, sondern wie bei Stuxnet, der gezielte Angriff. Die Angriffe hatten drei Phasen:

- Social Engineering/Social Hacking – es wurden Mitarbeiter ausspioniert, und zum Teil die bekannten Methoden des Social Engineerings angewandt, um an Passwörter zu gelangen.
- IT-Infrastrukturanalyse – man spähte die in den betroffenen Unternehmen eingesetzte Hard- und Software sowie die Infrastruktur der IT aus und suchte darin gezielt Sicherheitslücken und Schwachstellen, die man für jeden einzelnen Angriff ausnutzen konnte.
- Einbruch in die Systeme – alle gesammelten Informationen wurden genutzt, um in die Rechnersysteme der Unternehmen einzubrechen.

Sommer 2011. Ruppert Murdochs „News of the World" wurde in einen der größten Abhörskandale nach den Vorfällen bei der Deutschen Bahn und der Telekom in Deutschland verwickelt, diesmal ein rekordverdächtiger Fall aus dem Land der Lionhearts und noch größer im Ausmaß als die Fälle bei uns. Der Skandal ging schon Anfang 2000 los. Ein Jahrzehnt des Abhörens von VIPs, einer außergewöhnlichen Liga von Gentlemen und auch bekannten weiblichen Persönlichkeiten. Immer wieder wurde News Corp, einer Tochter der „News of the World" vorgeworfen, das britische Königshaus abzuhören.

Seit 2011 ist die Londoner Polizei und Scotland Yard darin verwickelt. Wegen Fehluntersuchungen in 2005 wurden in 2011 Konsequenzen gezogen, was zu ersten Rücktritten geführt hat. Man erwarte keine großartige Aufklärung des Medienspektakels. Zu viele VIPs wurden abgehört, niemand in England außer der Staatsanwaltschaft hatte ein Interesse, dass während Verhandlungen vor Gericht alles in den Medien breitgetreten wird. Immerhin sind auch Gespräche über Steuerhinterziehungen und anderen kriminellen Straftaten abgehört worden. Man rechnet damit, dass es so ausgeht wie bei Mehdorn. Ein paar Rücktritte, ein paar Bewährungsstrafen, „that's it".

Ein anderer Fall, wie z.B. das Ausspionieren des Transrapids in China war kein Spionagefall, wie es in den Medien zu dieser Zeit dargestellt wurde. Nachdem die Chinesen mehrere unterschiedliche Versionen des Wartungshandbuches in Papierform bekamen, verlangten sie immer nur die aktuell gültige Version des Handbuches. Siemens verteilte ab diesem Zeitpunkt die Wartungshandbücher per Internet-Zugriff über das Siemens Extranet an die Chinesen. Nur leider war ein Zugriff des Extranets innerhalb des Siemens Netzwerkes falsch verlinkt bzw. die Zoning-Policy des Internet Information Servers von Siemens falsch eingestellt, so dass nicht die zum Wartungshandbuch gehörenden Übersichtszeichnungen on-line zugänglich waren, sondern die Detailzeichnungen der jeweiligen Bauteile. Das Ganze war ein einfacher Konfigurations- und Administrationsfehler von Siemens. Siemens lieferte somit den Chinesen die Baupläne des Transrapids selbst.

3.1.3   Im Stich gelassen durch die Politik

Nun muss man sich die Frage stellen, was unternimmt unsere Politik dagegen? Wir haben in Deutschland mittlerweile einige Verfassungsschützer, die sich um diese Fälle kümmern sollen. In Baden-Württemberg, in Bayern, NRW und mittlerweile auch in Hessen und anderen Bundesländern sind unsere Hochburgen des Verfassungsschutzes gegen Wirtschaftsspionage. Aber es sind nur ein wenig mehr als eine Hand voll Leute. Es sind gerade einmal genug Spezialisten, um die neuen Fälle von Wirtschaftsspionage aufzunehmen. Sie dringen selten bis zur Quelle vor. Und das Thema Intelligence Gathering wurde noch gar nicht berührt. Es ist des Weiteren an der Zeit, eine Diskussion anzustoßen, ob eine Trennung der Zuständigkeiten bei der Wirtschafts- und Konkurrenzspionage (siehe Abschnitt 2.4) noch zeitgemäß ist. Oft wird erst sehr spät klar, um welche Form der Spionage es sich eigentlich handelt. Die Wirtschaft muss bei der Abwehr dieser zunehmenden Gefahr effizient unterstützt werden.

Doch nennen wir es, „sie helfen gerne", damit sich Firmen besser schützen, sie gehen Spy-Fällen nach und finden eventuell sogar die Lücke. Führt die Lücke dann allerdings z.B. in die USA, zur NSA, ganz nach oben, und unterstützt die NSA einen US-amerikanischen Hersteller, der Patentschutz für ein High-Tech- Produkt angemeldet hat, das ein deutscher Hersteller erfunden hat, der leider und dummerweise noch keine Patente eingereicht hat, so gibt es hier nicht unbedingt befriedigende Lösungen und Resultate. Im Gegenteil, wie der beschriebene Fall Enercon in Abschnitt 3.1.2 zeigt.

In einer Klage nach geltendem Patentrecht gewinnt im obigen Beispiel der Konkurrent von Enercon namens Kenetech. Und eine US-amerikanische Institution, das ITC, soll als oberster Weltgerichtshof der Wirtschaft entscheiden, was Recht ist, doch dummerweise gehört diese Organisation zum Wirtschaftsministerium der

USA und entscheidet in der Hauptverhandlung mehrerer Klagen gegen den deutschen Hersteller.

Dann sind deutsche Unternehmen von deutschen Politikern im Stich gelassen. Da hilft auch Angela Merkels Freiheitsmedaille, die sie von Barack Obama überreicht bekommen hat, nichts. Niemand der Damen und Herren fliegt in die USA zu einem Herrn Clinton oder Obama und legt ein gutes Wort für den geprellten deutschen Hersteller ein. Man möchte die guten Beziehungen nicht gefährden.

Firmen, die Klagen in den USA und Patentrechtstreitigkeiten durchgemacht haben und Ihre Produkte nicht mehr in die USA einführen dürfen, obwohl sie das Produkt erfunden haben, können ein Lied davon singen. Es werden ganze Märkte einfach von den USA beschlagnahmt. Für die USA und viele andere ist Deutschland und viele weitere europäische Länder wie z.B. Österreich eine Spielwiese, was Wirtschaftsspionage angeht. Mit der Spionage fängt alles an, aber die Effekte sind noch weit größer.

Fabrikterminologisch gesprochen sind Deutschland, Österreich und Co. für die Wirtschaftsspionage ein Greenfield – eine grüne Wiese, die man sich gestalten kann, wie man möchte [119].

Viele nisten sich bei uns ein und nutzen oftmals unsere Gleichgültigkeit aus. Wir unterstützen unsere wirtschaftlichen Kontrahenten sogar noch, in dem wir ihnen in Bad Aibling noch ein paar Strippen mehr von der Telekom anschließen, damit wir aus dem von den USA für uns bereitgestellten Datenabfall noch ein paar Schlagworte im Sinne von Terror oder einer bevorstehenden Intifada in Köln-Dellbrück aus dem Datensalat filtern können [109].

Deutsche Behörden sind nicht immer hilfsbereit, gerade dann nicht, wenn Interessenskonflikte mit anderen Diensten bestehen. Man lese gerne auch andere Autoren, die bekannte Bücher über Wirtschaftsspionage geschrieben haben, die den Sachverhalt der Nicht-Hilfsbereitschaft dieser Behörden (z.B. im Fall Enercon) auch erlebt haben [109]. Verfassungsschützer in Deutschland können für informative Zwecke manchmal nicht einmal Budget aufbringen, um eine Dienstreise mit Übernachtung in Deutschland durchzuführen. Oft scheitert die Hilfe aus Budgetmangel, weil noch ein Flug oder noch eine Übernachtung nötig wäre. Das ist zum Teil eine sehr schlechte Situation.

 Der Ansatz von Minister a.D. Brüderle ist besser. Der damalige Wirtschaftsminister Brüderle initiierte 2011 die Task Force Informationssicherheit in der Deutschen Wirtschaft. Dankenswerterweise konnte Alexander Tsolkas Wirtschaftsminister a.D. Brüderle zu dieser Task Force am 29.3. 2011 interviewen:

Sehr geehrter Herr Minister Brüderle, was hat Sie dazu bewegt die Task Force Informationssicherheit in der deutschen Wirtschaft zu gründen?

Elektronische Geschäftsprozesse nehmen immer stärker zu. Deshalb gewinnt die Sicherheit in solchen Geschäftsprozessen immer mehr an Bedeutung. Vor allem kleine und mittelständische Unternehmen, die nach aktuellen Studien akute Sicherheitsprobleme haben, müssen auf die Herausforderungen des digitalen Zeitalters vorbereitet werden. Unzureichende Sicherheitsvorkehrungen beim Einsatz von Systemen der Informations- und Kommunikationstechnologie (IKT) schlagen sich nicht nur in Datenverlusten nieder. Die IKT ist ebenfalls zum Einfallstor für Wirtschaftssabotage und -spionage geworden. Hier droht erheblicher Schaden. Die Task Force habe ich eingerichtet, um das Bewusstsein von Unternehmen für Gefahren im Zusammenhang mit der Nutzung von IKT zu schärfen. Auch soll die Task Force Angebote zur Hilfestellung erarbeiten. Vor allem kleine und mittelständische Unternehmen sollen hierdurch beim sicheren Einsatz von IKT-Systemen unterstützt werden. Die Task Force ist nach bisherigen Planungen auf zwei Jahre angelegt.

Was unterscheidet diese Task Force maßgeblich von der Initiative Ihres Kollegen De Maizière, als er noch im Innenministerium war? Warum fährt Deutschland zweigleisig?

Die Task Force ist ein Teil der Cyber-Sicherheitsstrategie, die unter der Federführung des Bundesinnenministeriums erarbeitet wurde und die die Bundesregierung beschlossen hat. Sie soll vornehmlich die IT-Sicherheit in der Wirtschaft stärken. Das nationale Cyber-Abwehrzentrum und der nationale Cyber-Sicherheitsrat hingegen sind in erster Linie Instrumentarien für die öffentliche Verwaltung.

Wie sieht Ihre Vision zum Endausbau dieser Informationssicherheits-Task Force aus? Was sehen Sie in 2 Jahren?

Die Task Force ist eine gemeinsame Initiative des Bundeswirtschaftsministeriums, der IT-Sicherheitswirtschaft und der kleinen und mittleren Unternehmen. Als Dachmarke soll die Task Force bereits bestehende IT-Sicherheitsinitiativen bündeln, um mit gemeinsamer Kraft kleine und mittlere Unternehmen wirkungsvoll zu erreichen. Vertreter von Wirtschaftsverbänden und bereits aktiven IT-Sicherheitinitiativen begleiten und beraten die laufenden Prozesse der Task Force. Hierzu wurde ein Steuerkreis eingerichtet. Wichtige Themen werden in Arbeitsgruppen gemeinsam diskutiert und Lösungsansätze erarbeitet. Derzeit lassen wir einen IT-Sicherheitsnavigator erstellen, der einen Überblick über Hilfsangebote zu IT-Sicherheit bieten soll. Außerdem ist ein IT-Sicherheitscheck geplant, mit dem das IT-Sicherheitsniveau gemessen und bestehende Lücken identifiziert werden können. Wir streben an, innerhalb von zwei Jahren mit gemeinsamer Kraft ein IT-Sicherheits-Beratungszentrum für kleine und mittlere Unternehmen einzurichten.

Sich an die Wirtschaft zu wenden, ist sicherlich der bessere Ansatz, als der Gewählte von Herrn Minister De Maizière. Die Wirtschaft hat Geld, die Staatskasse ist leer. Denken Sie, die Wirtschaft wird sich initiativ und finanziell daran beteiligen? Haben Sie eine aussichtsvollere Startposition als Ihr Kollege?

Das Thema IT-Sicherheit in der Wirtschaft und die Aktivitäten der Task Force sind bisher auf reges Interesse bei der Wirtschaft gestoßen, die sich sehr engagiert am eingerichteten Steuerkreis und den Arbeitsgruppen beteiligt.

Wenn die Wirtschaft, also die DAX-Unternehmen, aber vor allen der Mittelstand, den Sie ja speziell mit Ihrer Partei politisch vertreten, sich finanziell beteiligt, wie viele Euros spendieren Sie aus Ihrem Budget über welchen Zeitraum dazu?

Bei der Task Force geht es uns – wie schon gesagt – vor allem um Bewusstseinsschärfung und konkrete Hilfestellungen für kleine und mittlere Unternehmen. Die Kosten, die damit verbunden sein werden, sind überschaubar.

Das Wirtschaftsministerium hat gerade beachtliche Ausschreibungen laufen, zu Cloud Computing, zu sicheren Produkten für die Informationssicherheit, Ihre Task Force u. m. Sie sind bereit viele Millionen Euro als Fördergelder zu investieren. Da lacht das Informatiker-Herz. Erhoffen Sie sich einen neuen Boom deutscher Informationssicherheitsprodukte?

IT-Sicherheitsprodukte stoßen weltweit auf eine lebhafte Nachfrage. Analysten gehen davon aus, dass der internationale Markt für IT-Sicherheitsprodukte in den nächsten Jahren kontinuierlich wachsen wird. Auch in Deutschland hat IT-Sicherheit eine bedeutende Marktgröße erreicht. Indem wir kleine und mittelständische Unternehmen motivieren, IT-Sicherheitsprodukte und IT-Dienstleistungen vermehrt einzusetzen, wollen wir auch den nationalen IT-Sicherheitsmarkt fördern.

Glauben Sie wir importieren zu viel IT? Hardware, Software? Fast alles kommt aus China, Taiwan, den USA, Korea zieht gleich. Das eine oder andere Produkt hat schon eine Hintertür, das wir importieren. Einer der letzten europäischen Firewall-Hersteller, die Phion AG aus Innsbruck, ist von Barracuda Networks aus den USA gekauft worden. Das einzige, das wir noch herstellen, ist gute Software, dank IDS Scheer (bzw.), der Software AG und SAP. Ist es auch wieder Zeit für Hardware, wie zu den Bestzeiten von Infineon und Siemens?

Deutsche IT-Sicherheitsanbieter verfügen über hervorragende technologische Kompetenzen und ein hohes Maß an Spezialisierung – auch im Bereich der Hardware, wie etwa bei Firewalls oder Verschlüsselungstechnik. Sie genießen – auch im Ausland – einen sehr guten Ruf. Ihre Technologie gilt als verlässlich und neutral. Nationale IT-Hersteller – ganz gleich, ob es sich um Software oder Hardware handelt – liegen mir vor allem wegen ihrer Vertrauenswürdigkeit am Herzen. Denn ihr kommt bei Fragen der Sicherheit eine große Bedeutung zu.

Worin sehen Sie die größte Bedrohung durch Cyber Warfare?

Der Staat, die Wirtschaft und die Bevölkerung in Deutschland sind in einer immer stärker vernetzten Welt darauf angewiesen, dass die Informations- und Kommunikationstechnik und das Internet verlässlich funktionieren. Wenn aufgrund eines Cyber-Angriffs das Internet nicht mehr geht, können die technische, wirtschaftliche und administrative Leistungsfähigkeit und damit die gesellschaftlichen Lebensgrundlagen Deutschlands erheblichen Schaden nehmen.

Bei einer Umfrage im Mittelstand gab ein Geschäftsführer eines 700 Mann-Unternehmens auf die Frage: „Wie setzen Sie den Datenschutz in Ihrem Unternehmen um?" die Antwort: „Das macht mein 16 jähriger Neffe, der versteht mehr von Computern als ich". Beunruhigt Sie das?

Im Bereich IT-Sicherheit haben vor allem kleine und mittelständische Unternehmen Nachholbedarf. Das ist einer der Gründe, warum wir uns entschlossen haben, die Task Force einzurichten. Kleine und mittelständische Unternehmen sind – genauso wie Großunternehmen – oft ein beliebtes Ziel für Wirtschaftskriminelle, nicht zuletzt wegen der unzureichenden Sicherheitsvorkehrungen. Der Erfolg vieler kleiner und mittelständischer Unternehmen beruht oftmals auf innovativen und einzigartigen Patenten oder einer werthaltigen Kundendatenbank. Die gilt es zu schützen.

Sie motivieren gerade die Wirtschaft. Dies ist eine wichtige Quelle. Was ist mit den Hochschulen? Wir haben in Deutschland einige richtig gute Professoren für Informatik, speziell Informationssicherheit. Genannt seien Prof. Scheer, Prof. Wahlser, Prof. Freisleben, Prof. Pohl, Prof… etc., es gibt massenhaft gute Leute bei uns… Wie bringen Sie Forschung und Wirtschaft zusammen?

Die Task Force „IT-Sicherheit in der Wirtschaft" arbeitet auch eng mit Hochschulen zusammen. Vertreter aus der Wissenschaft wirken maßgeblich an Forschungsvorhaben mit und sind ebenfalls im Steuerkreis vertreten. Sie setzen wichtige Impulse für die weiteren Schritte der Task Force.

Es gibt mittlerweile zu Cyber Warfare auch viele Initiativen von Privaten und Vereinen. Möchten Sie diese mit einfangen?

Die Task Force möchte als Dachmarke die Bemühungen bereits bestehender IT-Sicherheitsinitiativen bündeln. Sie verfügen über wertvolle Erfahrungen bei der Unterstützung von Unternehmen beim sicheren Einsatz von IKT-Systemen, die sie in jahrelanger Tätigkeit gesammelt haben. Wir arbeiten daher sehr gerne und eng mit den Initiativen zusammen.

Wie ist Ihr Privat-PC zuhause abgesichert?

Ich benutze meinen Computer ständig, auch für Bankgeschäfte. Deswegen achte ich aber sehr darauf, dass aktuelle Virenschutzprogramme installiert sind. Außerdem wechsle ich meine Passwörter regelmäßig.

Ich bedanke mich für das Interview und wünsche Ihnen zur Eröffnung der Task Force am 29.3. 2011 in Berlin gutes Gelingen und großen Erfolg. Gott stehe der deutschen Wirtschaft und ihren jährlich > 150.000 Patenten bei.

Herr De Maizière startete in seiner Position als Minister des Inneren beim BSI 2011 neben Minister Brüderle eine weitere Initiative. Es ist eine Anti-Cyber-Warfare-Truppe, die beim BSI – Bundesamt für Sicherheit in der Informationstechnik aufgehängt ist und aus insgesamt sechs neuen und zwei Mitarbeitern vom Verfassungsschutz (BfV) besteht. Das ist quasi Deutschlands Antwort auf 30.000 Cyber-Warriors aus China und den mittlerweile immer mehr werdenden Amerikaner, die in 2010 schon anfingen, tausende Abgänger von Universitäten für Cyber Warfare-Aktivitäten einzustellen und weiter auszubilden. In den USA soll bislang die 5000-Mitarbeitermarke überschritten sein. Laut Aussage des zuständigen Leiters der amerikanischen Cyber Warrior Abwehrzentren hätte selbst die Supermacht USA derzeit keine Chance gegen Cyberangriffe z.B. aus China, was man auch am Beispiel von Google erkennen konnte. Dennoch werden Ressourcen – wie die in den USA – durchaus von Ihrem Ausbildungsstand und Ihrem Intellekt in kurzer Zeit fähig sein, noch schlimmere Dinge als Stuxnet zu entwickeln.

Eine Frage, über die die Leser einmal zum Schluss dieses Kapitels nachdenken sollten, ist: Würden Sie einen Engländer einstellen, der sich als Sicherheitschef in Ihrer Firma bewirbt, und in seinem Lebenslauf angibt, er wäre 15 Jahre beim MI6 gewesen, dem Britischen Intelligence Service, und wäre in punkto Sicherheit ziemlich fit?

Es gibt Personaler in Deutschland, die freuen sich, und nehmen ihn wegen seiner Berufserfahrung und Ausbildung mit Kusshand für die Aufgabe. Einige Zeit später wird das Unternehmen abgesaugt, der Engländer ist auf und davon, der Personalchef sitzt resigniert im Sessel und schüttelt den Kopf.

„Das hätte niemand von ihm gedacht." „Er war immer so nett und so humorvoll." „Es war schon auffällig, dass er immer so früh auf der Arbeit war und dann noch so spät, wenn alle anderen bereits heimgegangen waren."

3.1.4 Der Verfassungsschutz und die Wirtschaftsspionage/ Konkurrenzausspähung

Die Wirtschaftsspionage und die Konkurrenzausspähung nehmen vor dem Hintergrund der Globalisierung in der Wirtschaft und einer völlig neuen weltpolitischen Konstellation stetig zu. Die Bundesrepublik steht aufgrund Ihrer mitunter einzigartigen wirtschaftlichen Leistungsfähigkeit sowie aufgrund des hohen Niveaus unserer Forschung im Rampenlicht der Weltbühne. Unsere potente und stabile Wirtschaft sorgt für die innere Stabilität des Staates. Aus diesem Grunde hat die Spionageabwehr eine große Aufgabe und ist als staatliche Maßnahme gegen unerlaubten Wissenstransfer aus deutschen Unternehmen und Behörden, bzw.

militärischen Einrichtungen, etabliert. Der Schutz der Wirtschaft wirkt der Konkurrenzausspähung sowie der Militärspionage entgegen.

Die Aufgabengebiete unseres Verfassungsschutzes sind vielseitig und beinhalten die Beobachtung und Analyse von Operationen fremder Nachrichtendienste und die Beratung und Sensibilisierung deutscher Unternehmen und Forschungseinrichtungen.

Andere Staaten haben ein großes Aufklärungsinteresse und spionieren aus diesem Grund in den Bereichen Wirtschaft, Wissenschaft und Technik. Doch nicht nur Staaten haben ein reges Interesse, sondern auch die Unternehmen fremder Staaten interessieren sich für das Know-How unserer Wirtschaft. Gesetzesüberschreitungen fremder Unternehmen in ihren Analysen, wie im Gesetz gegen unlauteren Wettbewerb (UWG) festgelegt, bezeichnet man als Konkurrenzausspähung (bzw. Betriebs- und Industriespionage). Die Konkurrenzausspähung ist im Allgemeinen eine kurzfristigere Form der Spionage als die Wirtschaftsspionage.

Leider gibt es bei der Wirtschafts- und Konkurrenzspionage kein einheitliches Muster, was das Bedürfnis als Grund der Spionage eines Staates gegen unser Land und unsere Wirtschaft als Regel beschreibt. Zum einen kommt es darauf an, ob das Land, das spioniert, ein unterentwickeltes Land, ein Land mit technologischem Rückstand oder ein hochtechnologisches Land ist (siehe dazu auch Abschnitt 4.1). Zum anderen ist die Frage, was das Land in der Phase des Spionierens nötig hat, d.h. was seine Bedürfnisse zum Zeitpunkt des Spionierens sind. Zu guter Letzt stellt sich noch die Frage, welche operativen Möglichkeiten das Land zum Zeitpunkt der Spionageaktivitäten hat.

Als Faustregel gilt, dass ein Land mit Technologierückstand mehr bei uns auf den Gebieten der Produkt- bzw. wirtschaftsnahen Forschungsergebnissen spioniert. Andere Länder, die höher industrialisiert sind, sehen es mehr auf wirtschaftliche bzw. wirtschaftspolitische Strategien ab.

Fast alle Länder auf der Welt betreiben Spionage. Sehr oft wird der Begriff Spionage auch durch das schönere Wort Aufklärung ersetzt. Aufklärung dient den Staaten dazu, sozialökonomische, politische bzw. weltwirtschaftliche Entscheidungen für ihr Land zu planen, bzw. zu treffen. Neben den zugänglichen Informationsquellen werden Methoden der verdeckt gewonnenen Fernmeldeaufklärung und des Nutzens von verfügbaren Satelliten und anderer massiver Abhörtechnik eingesetzt. Menschen werden dazu ebenfalls eingesetzt.

Von den angesprochenen Ländern haben einige die dedizierte Aufgabe, die Wirtschaft ihres Landes unmittelbar zu unterstützen, indem sie für die Wirtschaftsbetriebe ihres Landes die Informationen beschaffen, die diesen nur mit erheblichen finanziellem Aufwand zugänglich wären.

Es gibt Auslands- und Inlandsdienste. Normalerweise gibt es eine Arbeitsteilung zwischen beiden Diensten. In vielen Ländern haben jedoch beide die gleiche Aufgabe.

Eine Auflistung der wichtigsten Nachrichtendienste in der Welt findet der interessierte Leser im Anhang A.

Wirtschaftsspionage und Profileration (d.h. Beschaffung von Produkten, Technologien und Know-How zum Auf- und Ausbau von Massenvernichtungswaffen bzw. deren Trägertechnologien) gehen immer öfter Hand in Hand. Besonders kritisch sind Produkte die für „dual-use" in Betracht gezogen werden können, also Produkte, die sowohl zivil als auch für militärische Dienste eingesetzt werden können.

Westliche Länder betreiben Wirtschaftsspionage. Beweise für eine systematische Wirtschaftsspionage gibt es laut der Aussage des Bundesamtes für Verfassungsschutz nicht. Allerdings sind genügend Fälle in Abschnitt 3.1.2 aufgelistet, die Wirtschaftsspionage westlicher Dienste seit vielen Jahren beschreiben. Warum unsere Verfassungsschutzbehörden immer noch nicht diese Mutmaßung bestätigen können, wundert die Autoren ein wenig und das ist völlig untertrieben, denn es lässt uns eigentlich den Kragen platzen. Allen voran die USA, gefolgt von UK und Frankreich betreiben systematisch Wirtschaftsspionage. Fällt die Herstellung von Rüstungsgütern unter Militärspionage, so wird auch dies angestrebt. Natürlich möchten Engländer und Franzosen lieber ihre eigenen Waffensysteme in die Welt exportieren und verkaufen. Die Wirtschaftsunternehmen der USA, UK und Frankreich profitieren stark von ihren Geheimdiensten.

Mitarbeiter des MI5/MI6 beispielsweise, deren Verträge ausgelaufen sind, setzen sich sehr oft an die Spitze, d.h. in die bzw. in die Nähe der Geschäftsführung von vielen britischen privaten Unternehmen. BP (British Petroleum) ist ein Beispiel. Aber auch im Rest der Welt finden wir viele Abgänger des Geheimdienstes Ihrer Majestät in hohen Positionen, so z.B. in japanischen Banken. Ob all diese „ehemaligen" Ihrer Heimat bzw. heimatlicher Unternehmen Informationen aus den Unternehmen, in denen sie angestellt sind, zuspielen, kann nur gemutmaßt werden. Da einer der Autoren aber persönlich zwei ehemalige britische MI6-Leute kennt, seitdem sie in der Privatwirtschaft sind, haben sie ihm die Antwort nicht klar bestätigt, aber einer umschrieb es nett: „Sometimes I do, sometimes I don't".

Arbeitsmethoden, die Geheimdienste an den Tag legen, sind:

- die offene Informationsgewinnung
- die konspirative verdeckte Nachrichtenbeschaffung
- Informationsquellen anzapfen, hacken, einbrechen

Heutzutage sind viele, auch sensible Informationen offen zugänglich. Zeitschriften und Fachpresse, Diplomarbeiten und Dissertationen, Produktbeschreibungen und Produkthandbücher, öffentliche Bibliotheken, unentgeltliche und entgeltliche Datenbanken im Internet, auf Messen, ja das Internet selbst zeigt einem Agenten schon, wo er suchen muss. Die Webseiten der meisten Unternehmen sprudeln und prahlen nur so von ihren neuen Produkten, ihren Innovationen und ihrer hochmodernen Technik.

Bei konspirativen Aktivitäten zur Beschaffung von Informationen täuschen die Dienste ihre wahren Absichten und versuchen, z. B. unter der Tarnung der Mitarbeit als Geschäftsleute, Journalisten, Diplomaten oder gar Politiker an spionagetechnisch interessantes Material zu gelangen. Zusätzlich erfolgt die verdeckte Informationsbeschaffung in Deutschland durch geheime Mitarbeiter, die als Agenten für eine Aufklärungstätigkeit angeworben wurden, oder es werden Nachrichtendienstmitarbeiter eingesetzt, die unter einer falschen Identität als so genannte „Aliens" in Deutschland eingeschleust wurden. Die Informationsbeschaffung mit menschlichen Ressourcen wird komplementiert durch moderne Technik, die bei der Fernmelde- und elektronischen Aufklärung sowie als Kommunikationsmittel bei der Lenkung der Agenten eingesetzt wird.

Grundsätzlich wird zwischen der offenen und der geheimen Beschaffung unterschieden.

Zur offenen Beschaffung gehören:

- Auswertung von frei verfügbaren Informationsquellen, Internet, Datenbanken
- Auswertung von auskunftspflichtigen Informationsdatensätzen für bestimmte Länder (hier USA: S.W.I.F.T, C-TPAT, Passagier- und Aufenthaltsdaten bei Einreise u.v.m.) – Intelligence Gathering (siehe Kapitel 5)!
- Besuch von öffentlichen Veranstaltungen
- Studiengänge und wissenschaftliche Projekte
- Social Engineering

Zur geheimen Beschaffung gehören:

- Einsatz von Agenten
- Abhören von Telekommunikation
- Einbruch in EDV-Systeme
- Spionage/Informationsbeschaffung durch Nicht-Agenten gegen Bezahlung
- Ankauf von Informationen von anderen Geheimdiensten
- Tausch von Informationen mit anderen Geheimdiensten

Social Engineering (SC) ist eine sehr gut funktionierende Methode, die die offene Beschaffung unterstützt. SC ist eine Beeinflussung von Menschen mit dem Ziel, unberechtigt an Daten oder Dinge zu gelangen. Social Engineering spioniert als erstes das persönliche Umfeld desjenigen aus, der Opfer von SC werden soll und der Informationsbeschaffung dienen soll (Behalten Sie dieses Detail im Hinterkopf, wenn Sie Kapitel 6 lesen!). Wird Social Engineering angewandt, um Authentisierungsinformationen zwecks Anmeldung an ein EDV-System zu erlangen, spricht man auch von Social Hacking. Dazu gibt sich jemand als Helpdesk aus und verunsichert einen EDV-Mitarbeiter so lange, dieser würde z.B. das ganze Netz blockieren, bis der Anwender in Panik und Angst dem angeblichen Supporter sein Passwort und seine UserID mitteilt (Phreaking). Social Engineering ist ein weites Feld, über das man alleine ganze Bücher füllen könnte. Moderne und teilweise automatisierte Formen des Social Engineerings sind:

- Phishing
- Spear Fishing (eine Art des gezieltes Phishings gegen ein spezielles Individuum oder spezielles Unternehmen)
- Dumpster Diving (gezieltes Durchsuchen von Unternehmensmüll nach verwertbaren Informationen)

Somit sind wir auch bei einem der größten Gefahrenpotentiale angekommen, nämlich dem Menschen.

3.1.4.1 Mensch

Alle Technik nutzt nichts, wenn der Mensch nicht mitspielt. Sicherheit und Sensibilisierung für Sicherheit kann nur erreicht werden, wenn folgende Reihenfolge der Wichtigkeit von Objekten von allen anerkannt werden:

- Mensch
- Prozess
- Technik

Bei den Gefahrenpotentialen steht der Mensch ganz oben. Er ist die größte Gefahrenquelle aber auch die größte Verlässlichkeit, wenn er mitspielt. Dem Mensch folgt der Prozess. Ein Geschäftsprozess ist ein festgelegter Ablauf von Interaktionen zwischen Menschen, Technik und Gütern oder Dienstleistungen, die normalerweise einer Vereinfachung und Standardisierung der Geschäftsabläufe. Diese werden ausgearbeitet, festgelegt und sind dann erst einmal mehr oder weniger starr, d.h. nicht so leicht veränderbar. Somit liegen in den Prozessen nach gängiger Praxis des operationellen Risikomanagements eine endlose Anzahl von Bedrohungen und Risiken. Die Technik belegt den letzten Rang der Wichtigkeit. Wenn die Mitarbeiter (der Mensch) richtig geschult und die Prozesse etabliert sind, dann ist es nur noch eine Kleinigkeit, ob zum Schutz der EDV das Antivirusprogramm A oder B eingesetzt wird. Technik birgt viele Risiken durch Fehler und ist verhältnismäßig austauschbar, Prozesse sind schwieriger auszutauschen. Fest etablierte Mitarbeiter, die einen guten Job machen, sind sehr schwer austauschbar. Manche in der Wirtschaft meinen genau das Gegenteil, weil ihnen der Erfolg und das viele Geld über den Kopf gewachsen sind. Einige Manager, die große DAX-Unternehmen steuern, gehen mit ihren Mitarbeitern schlimmer um, als mit ihren Dienstwagen. Das sollte beachtet werden, denn nichts ist schlimmer als ein unzufriedener Mensch. Unzufriedene Menschen werden schnell zum Innentäter oder verraten nach dem Jobwechsel, auch trotz einer Vertraulichkeits- und Datenschutzerklärung, ihrem neuen Arbeitgeber die wichtigen Dinge.

Es ist allgemein in Fachmedien nachzulesen, dass im Ausmaß der Wirtschaftskriminalität die größte Gefahr von eigenen Mitarbeitern ausgeht. Dies zeigt, dass die „klassische" Arbeitsweise, das Anwerben eines mit guten Zugängen ausgestatteten Firmenangehörigen, nach wie vor eine sehr effiziente Methode für fremde Nachrichtendienste (und Konkurrenzunternehmen) darstellt, um an Insiderinformationen zu gelangen. Viele Unternehmen verlieren viele Informationen an Dritte sowie die Kontrolle über ihr Wissen durch Outsourcing und externe Mitarbeiter, bzw. auch durch Leiharbeiter.

3.1.4.2 Prozess

Prozesse stellen ein mittelschweres Gefahrenpotential und Risiko für Informationsabflüsse aus Unternehmen durch Wirtschafts- bzw. Konkurrenzspionage dar. Zum einen ist das Etablieren eines Geschäftsprozesses sehr teuer, komplex und aufwendig. Zum anderen bieten Geschäftsprozesse durch immens viele Schnittstellen ebenso Zugang zu anderen wichtigen Informationen bzw. zu ganzen Prozessketten und Abläufen in einem kompletten Unternehmensbereich. Andere wichtige Informationen sind z.B. Zuliefererdaten, Kundendaten und Kostendaten.

Die einzelnen Informationsbereiche (Zuliefererdaten, Kundendaten, Kostendaten) zu kennen, d.h. diese z.B. durch Hacken von Datenbanken zu gewinnen, bringt nicht ganz den Vorteil wie diese Informationen in einer Symbiose mit dem Geschäftsprozess zu kennen (aus Informationen wird Wissen, siehe Abschnitt 2.1).

Ein Absaugen von Prozess-Knowhow erspart einem spionierenden Unternehmen immens viele Kosten und Ressourcen, die es nicht aufbringen muss, um das Gleiche im betriebswirtschaftlichen Sinne zu erreichen. Wie der Verfassungsschutz Nordrhein-Westfalen statistisch ermittelt hat, liegen die Schäden für einen mittelständischen Betrieb mit 700 Mitarbeitern, der nur fünf Produkte erstellt, im zweistelligen Millionen Euro-Bereich. Diese Summe soll für das Herausarbeiten aller Produktionsabläufe und Geschäftsprozesse durch Spionage eingespart werden.

3.1.4.3 Technik

Die heutige Technik ermöglicht uns vieles. Sie erleichtert uns ebenso vieles, z.B. die Spionage durch unser Erstellen, Abfragen und Speichern von riesigen Datenmengen in elektronischer Form – Intelligence Gathering. Unsere heutigen Kommunikationstechnologien ermöglichen uns Informationen in Wort, Schrift und Bildern in Millisekunden bis ans andere Ende der Welt zu senden. Spionage durch die Verwendung des Internets kennt keine zeitliche Einschränkung und ist damit eine der effektivsten und kosteneffizientesten Methoden, um Informationen zu erlangen.

Diese Methode ist auch völlig unkritisch für den Angreifer, da dieser sich viele tausend Kilometer entfernt in einem anderen Rechtssystem aufhalten kann. Zudem ist das Entdeckungsrisiko eines Angriffs bzw. Einbruchs in vielen – insbesondere mittelständischen – Unternehmen durch veraltete EDV-Technik sehr gering.

Eine sehr große Herausforderung heutiger Unternehmen im Zeitalter des Internets ist es, seine sensiblen EDV-Systeme massiv gegen Angriffe von innen und außen zu schützen, da der Unternehmenserfolg heute hochgradig davon abhängen kann. Sensible Datenbestände und die firmeninterne Kommunikation – auch über Landesgrenzen hinweg – sind im Allgemeinen und im Speziellen bei einer Anbindung an das Internet sehr gut zu schützen. Meistens sind es nur 5 % der Gesamtdatenmengen eines Unternehmens, die den Technologiefortschritt gegenüber anderen Unternehmen ausmachen. Und diese 5 % an Daten sind besonders intensiv zu schützen.

Wenn Verschlüsselungsprogramme geknackt, E-Mails mitgelesen, Transaktionen abgefangen und manipuliert werden können, was bedeutet dann „sehr gut zu schützen"?

Ein Mittelweg ist anzustreben. Ein Mittelweg, der hochschutzbedürftige Güter des Unternehmens knallhart absichert, in dem Maße, wie diese potentiell Ziele von Angriffen sein können. Für Objekte niedrigeren Schutzbedarfs sollte der Aufwand aus Kostengründen geringer gehalten werden. Ansonsten wären die Gesamtkosten für die Sicherheit zu hoch. Eine Checkliste zeigt, wie man sich gegen Spionage präventiv schützen kann (siehe Abschnitt 8.3 und Checkliste in Abschnitt 8.3.1).

Jede IT-Infrastruktur hat Schwachstellen in der Hard- und Software, z.B. nicht erkannte Zero-Day-Schwachstellen, die für einen Angriff ausgenutzt werden können, und unterliegt damit Bedrohung und Risiken, im Allgemeinen bekannt als Gefährdungen.

Mit programmierter Schadsoftware sind Menschen in der Lage, Authentifizierungsinformationen, Netzwerkinfrastruktur- und Detailinformationen, alle Formen und Typen von gespeicherten Daten und damit auch Dokumente zu erlangen, meist als Kopie. Schlimmer ist es, wenn durch Fremdzugriff mittels Schadsoftware Daten zerstört werden. Geringfügige Veränderungen können sogar noch weitaus kostspieliger und gravierender in der Auswirkung sein. Bei geringfügigen Veränderungen ist die Fehlersuche immens aufwendig. Fehler können beispielsweise bei kritischen Infrastrukturen, wie z.B. Krankenhäusern, Menschenleben kosten.

Der Trend zur Spionage durch Infiltrierung der Technik geht immer stärker in die Richtung eines gezielten Angriffs auf ein Opfer, bei dem Techniken eingesetzt werden, die maßgeschneidert für diesen einzigen Angriff sind. Das ist wesentlich teurer aber auch wesentlich zielführender. Diese Angriffe erfolgen meist als Kombination von Social Hacking, der Ausspähung von IT-Infrastruktur, und dem schließlich und endlich einzubringenden Schadcode zwecks Infiltrierung der IT-Systeme durch Ausnutzung von existierenden Sicherheitslücken. Von daher erscheint die Technik in der Reihenfolge als das Letzte der schutzwürdigen drei Objekte Mensch, Prozess und Technik.

Parsingfunktionen von Sicherheitssoftware auf IT-Systemen, wie den Virenscannern oder Intrusion Detection- bzw. Intrusion Prevention-Systemen sind fehlerhaft. Diese sind auch als Module für Web Application- und normale Firewalls erhältlich. Läuft das Parsing in unsicheren Umgebungen ab, sind alle Hersteller dieser Art Sicherheitstechnik ungeschützt gegen Angriffe auf die Parsing-Umgebung (wie es von der Firma n.runs AG in 2007/2008 mehrfach für alle großen Antivirus-Software-Hersteller bewiesen wurde). Damit ist es relativ egal, welchen Virenscanner, welches IDS oder IPS man einsetzt.

Alle signaturabhängigen Systeme wie Virenscanner oder IDS/IPS, die eine einge-baute Heuristik haben, verwenden die Funktion des Parsings alleine schon aus Performance-Gründen. Der Schaden des in unsicherer Umgebung ablaufenden Parsings ist bei allen Scannern und Herstellern vorhanden, hier geht es nur noch darum, die Technik des geringsten Übels auszuwählen [132].

Wenn wir beim Thema Spionage und Computertechnik sind, so kommen wir vom Stadium der wahllosen Massenangriffe (Phishing-Massen-E-Mails) über gezielte Angriffe, wie weiter oben beschrieben, zum Intelligence Gathering. Wo findet in der IT Intelligence Gathering am häufigsten und intensivsten statt? Wer nun an Outsourcing oder Cloud Computing dachte, der hat richtig gedacht. Ähnlich wie beim Intelligence Gathering durch staatliche Institutionen, die sich Informationen durch neue Regularien in der Weltwirtschaft senden lassen, von S.W.I.F.T-Daten oder C-TPAT-Logistikdaten, so sammeln Outsourcing-Provider oder Cloud Com-puting-Anbieter alle Daten in ihren Rechenzentren. Es gibt Cloud Computing Pro-vider, die speichern auch alle Daten nur in den USA. Bei einigen wenigen kann man aussuchen, ob man in einem europäischen RZ speichern möchte, oder in ei-nem US-Rechenzentrum. Nichtsdestotrotz gibt es dennoch Anbieter, die sich an-geblich gegen Area Desaster schützen und auch die Backups ihrer europäischen RZ in die USA senden.

Aber auch bei amerikanischen Anbietern, die vorgeben, ihre Daten in Europa zu speichern, ist man nicht unbedingt sicher, wie vor kurzem Microsofts britischer Direktor Gordon Frazer anlässlich der Markteinführung von Microsofts Office 365 in London erklärte. Laut ZDNet müssen Cloud-Anbieter wie Microsoft US-Strafverfolgungsbehörden Zugriff auf von Kunden gespeicherte Daten gewähren, wenn es sich um ein US-Unternehmen oder um Tochterunternehmen eines US-Unternehmens handelt. Diese Unternehmen müssen die Gesetze der USA befol-gen. Das gelte vor allem für den Patriot Act, der US-Strafverfolgern weitreichende Zugriffsrechte auf Daten gibt. Wenn möglich würden die Kunden über die Her-ausgabe von Daten informiert. Dies sei aber nicht immer der Fall, weil in den USA das FBI mit einem National Security Letter (NSL) eine Art Redeverbot für den Be-treffenden aussprechen könne. Es sei dann auch nicht möglich, zu erklären, dass man einen NSL erhalten hat. Es gibt weiterhin Berichte, dass die National Security Letter in den letzten Jahren recht großzügig verteilt wurden. Der geneigte Leser sollte dieses Puzzlestück in Hinblick auf die Kapitel 6 und 7 im Hinterkopf behal-ten. Die Tragweite der beschriebenen Szenarien wird einem erst richtig bewusst, wenn man bedenkt, dass mit dem Siegeszug der Smartphones ein direkter Hype bei der Sammlung standort-/personenbezogener Daten (Standort, Rufnummer der SIM-Karte, die Seriennummer des Geräts, wann ein Anruf zu welcher Rufnummer getätigt wird, ...) im Stile von Apple, Google und Co. (meist US-Unternehmen!) ohne große Aufregung bei den Nutzer losgebrochen ist.

Wir bringen den neuen Nutznießern unsere Unternehmensdaten frei Haus und zahlen noch für deren Dienstleistungen. Was mit den Daten auf amerikanischem Boden passiert, darüber lässt sich nur spekulieren. Doch schon ein Spiegel Spezial berichtete in den neunziger Jahren, dass der Outsourcing-Riese EDS (Electronic Data Systems) in der Lage sei, zu „profilen". Schließlich wäre man mit der Verarbeitung der Daten von vielen tausenden von Kunden vertraut und in der Lage, auszuwerten, welche Kunden einen Opel Kadett fahren würden, der in die Jahre gekommen wäre, die auch Kunde von der Citygroup/Targobank wären, und welchen man einen kostengünstigen Kredit unterjubeln könnte für den neuen Opel Astra A. In dem Artikel wurden viele Beispiele mit sehr guten Zusammenhängen dargestellt. EDS dementierte. Tsolkas saß damals als Mitarbeiter und Senior Information Security Analyst in der Sicherheitsabteilung der EDS Deutschland GmbH und administrierte die Zugriffe. Der Autor konnte nichts dergleichen feststellen. Über die Großrechner liefen solche Auswertungen damals nicht, denn Zugriffe von anderen Customer Codes im Sicherheitssystem ACF2 auf Datei High-Levels wären uns sofort aufgefallen. Aber machbar wäre das in jedem Fall gewesen, da alle Daten gut sortiert vorlagen, und die Systemprogrammierung schon Backdoors hatte, um ohne Sicherheitssystem auf die Daten zugreifen zu können. Mit Cloud Computing kommen wir in das IT-Zeitalter, in dem massiv Wirtschaftsspionage und Konkurrenzspionage auftreten werden. Dazu fällt dem Autor ein reales Beispiel ein. Tsolkas musste einmal für einen Kunden, eine hessische Staatsbank, eine Risikoanalyse des schwedischen Anbieters einer Projektmanagement-Plattform durchführen, mit der man webbasierend Projekte über die ganze Welt verteilt durchführen kann. Alles was man benötigt, ist mehr als ausreichend vom Anbieter erhältlich.

Viele Features wurden in Hochglanzbroschüren beschrieben. Auf dem Papier war alles vorhanden, es fehlte nichts.

Dennoch gab es Fragen. Wie viele Mitarbeiter haben Zugriff auf die Datensätze? Sind diese verschlüsselt? Wie sind diese verschlüsselt? Wer hat Zugriff auf die Schlüssel?

Es stellte sich heraus, dass es für alle Kunden des Anbieters einen Schlüssel gab, d.h. die ganzen Plattenpools waren mit einem einzigen Schlüssel verschlüsselt, deshalb behauptete der Anbieter immer wieder, man könne aufgrund der Verschlüsselung nicht einzelne Dokumente recovern. Von den ca. 12 Mitarbeitern, die er nannte und die Zugriffe auf den Verschlüsselungsschlüssel hatten, gab es 4 externe Mitarbeiter, Aushilfen, die vertraglich auf Geheimhaltung verpflichtet waren.

Dass Schweden seit 2008 massiv Wirtschaftsspionage betreibt, durch Parlamentsbeschluss, und dass die Daten in Schweden gespeichert wurden, waren einige der Schwachstellen. Es gab noch mehrere Anmerkungen, über operationelle Sicherheitsschwachstellen des Dienstleisters. Sicherheit und Sicherheitsschein, das ist ein Unterschied, den es in Zukunft wirklich wert sein wird, herauszuarbeiten. „Man wiege sich in Sicherheit" bedeutet nicht zwangsweise, auch Sicherheit permanent und dauerhaft als Qualitätsmerkmal abrufen zu können.

Cloud Computing und Wirtschaftsspionage sind Themen, mit denen sich Tsolkas und Zilch in ihrem nächsten Buch Cloud Computing Security, das 2012 bei Springer Vieweg erscheinen wird, intensiver beschäftigen werden. Dennoch, Cloud Computing steht massiv unter dem Verdacht, der Wirtschaftsspionage zu dienen. Nicht umsonst versuchen sich schlaue Köpfe an Universitäten zu Karlsruhe (FZI) daran, auf Festplatten Informationen auf die Art und Weise zusammenhangslos zu verteilen und zu speichern, dass nur die Software die Datenzusammenhänge erkennen kann, ein Mensch mit seinem Computer wird dies in Zukunft nicht mehr können. Man entwickelt eine Art RAID-Technologie für einen gegenteiligen anderen guten Zweck, als den bisherigen. Die Betonung liegt jedoch auf „Zukunft". Und bis „Zukunft" fließt noch viel Wasser den Rhein hinunter. Und sicher ist auch noch nicht, dass diese neue Technologie nicht schnell umgangen werden kann.

In jedem Fall häufen wir viele wertvolle Informationen an – meiner Meinung nach – falschen Stellen an. Wir geben viel zu viele Informationen und Hoheiten an diejenigen ab, die uns versprechen, billiger sein zu können, als wir es selbst wären, und lügen uns des Öfteren lächelnd ins Gesicht. Viel zu viele Informationen geben wir in die Obhut Dritter. Und dann passiert das, was nicht passieren darf: American Express, Sony, Google, Amazon, Paypal, Yahoo, AOL, Deutschlands Behörden und viele mehr. Die Informationen gelangen durch Hacks an die Öffentlichkeit.

So passiert es auch in der Wirtschafts- und Konkurrenzspionage. Aber ohne lautes Geschrei. Wir bekommen nur in den seltensten Fällen etwas davon mit.

Genauso wichtig wie der Blick auf Computersysteme sind Blicke auf Telekommunikationsanlagen, drahtlose Verbindungen und mobile Geräte, deren Präsenz immens zugenommen hat. Die TK-Anlage ist ein System, das man zur kriminellen Informationsbeschaffung gut nutzen kann. Somit gibt es in ihr einige Funktionen, deren Risiken man ausnutzen kann, um an die gewünschten Informationen zu kommen. Darunter fallen:

- Automatischer Rückruf – hier: meist Modemeinwahl in eine EDV-Anlage
- Das Abhören von Lauthören bzw. Freisprechen in Räumen oder Automobilen
- Der Aufbau von Verbindungen Dritter durch Aufschaltung in Konferenzschaltungen (vorausgegangen sein könnte ein Social Hack mit dem Ziel an die Einwahlnummer und die Konferenz-PIN zu kommen)
- Das physische Aufschalten auf das einzelne Telefonkabel am Verteiler oder der Logik der TK-Anlage

- Das Abhören von Funktelefonanlagen
- Das Manipulieren der TK-Anlage selbst, und z.B. das Einbringen von neuen Geräten mit besonderen Aufgaben
- Das Hacken der Anlage mit dem Ziel, Administrationsrechte zu erhalten und das Aufzeichnen von Gesprächen an dafür eigens vorgesehenen Aufzeichnungsschnittstellen veranlassen
- Ausnutzen von Remote Access auf die TK-Anlage

Drahtlose Verbindungen stellen ein weiteres Risiko dar, die von Spionen und Social Engineers gerne zu Spionagezwecken genutzt werden. Ob bei einer Zugfahrt, an Bahnhöfen, an Flughäfen, bei Starbucks – immer mehr Menschen werden heute über das unsichtbare Medium mit Ihren Firmen oder privaten IT-Systemen bzw. Provider verbunden. Dieser Erweiterung um der Mobilität willen bietet jedoch auch Dritten wie Geheimdiensten, Hackern oder der Konkurrenz Zugangspotentiale zu diversen IT-Netzwerken und daran angeschlossene Systeme.

Die Leichtigkeit, mit der Drahtlosverbindungen angegriffen werden können, ist vielen Menschen noch nicht so recht bewusst. Aus diesem Grund gibt es immer wieder Meldungen in den Medien, die darüber berichten, dass sogar Funknetzinfrastrukturen von Unternehmen undicht sind und Informationen durchsickern lassen. Ein Beispiel war 2002 ein unsicheres Funknetz von General Motors Europe in Luton/England, über das alle Executive-Gehälter des Unternehmens in Europa ins Internet gestellt wurden. Ein riesiger finanzieller aber im wesentlichen Imageschaden, als Auszüge der Gehälter in der Tageszeitung in Luton abgedruckt wurden.

Die anfälligsten Standards der Funknetze sind:

- WLAN – Wireless LAN
- Bluetooth-Schnittstelle
- DECT-Standard
- Funktastaturen und Mäuse
- Mobiltelefone/Smartphones

IuK-Endgeräte (USB-Sticks, Mobiltelefone, Smartphones, PDAs, Blackberry, Laptops und Tablet-PCs, iPhone und iPad) stellen Risiken dar. Hilfreich für die mobile Außenwelt eines Unternehmens und seine Mitarbeiter, machen sich wenige Gedanken darüber, was passieren kann, wenn jemand das Gerät entwendet, und sich Zugang in ein Unternehmensnetzwerk verschafft.

Akut gefährdet sind Smartphones. Diese sind heute auf dem Sicherheitsstand, wie es die Computer im Jahr 1999 waren. Bei Handys mit dem Betriebssystem Android gilt Alarmstufe Rot. Weil dieses Betriebssystem relativ neu ist, sind in diesem viele Fehler ab Werk eingebaut. Die Fehler sind noch nicht alle beseitigt. Das heißt, dass die Software den eigenen Lücken noch ständig hinterher läuft und Cyber-Piraten Angriffspotential bietet. Wie risikoreich das sein könnte, belegen Zahlen zur Handynutzung. 88 % aller User speichern sensible Daten auf ihrem eigenen – oder dem

Firmenhandy, mehr als 70 % der Inhaber nutzen es für Online-Banking. Für Hacker ist es ein leichtes, zu virtuellen Bankräubern zu werden. Aber auch einfache Handy-Gespräche können mitgeschnitten werden. Man benötigt nur ein Gerät mit dem ein „gefaktes" Netz erstellt wird, wo sich das Mobiltelefon der Zielperson dann automatisch einloggt. Mittels Loopantenne kann das Abhörspiel beginnen, funktioniert aus mehr als 100 Metern Entfernung und kostet rund 450 Euro auf ebay.com. In der Wirtschaft ist dieses Bedrohungsszenario Realität. Das belegt der jüngste Fall in England der Zeitung „News of the World". Im Auftrag britischer Boulevard-Blätter sollen tausende Mobiltelefone von Politikern, Prominenten und anderen für die Presse interessanten Personen abgehört worden sein. „News of the World" hörte laut Presseberichten auch die E-Mails und das Telefon des sozialistischen Politikers Tommy Sheridan und seines Anwaltes ab.

In vielen Großkonzernen besitzen Firmenvorstände spezielle Verschlüsselungs-Handys wie das Modell Siemens S35, das für Gerhard Schröder für den G8-Gipfel vom Siemens und Daimler entwickelt wurde. Weiterhin sind bei einigen Großkonzernen (speziell bei denen, die für das Militär produzieren, wie z.B. Daimler) die Verhandlungsräume vor Lauschangriffen abgeschirmt.

Unser Verfassungsschutz berät die deutschen Unternehmen gerne. Empfehlen kann der Autor hier Herrn Wilfried-Erich Karden vom Verfassungsschutz (VfS) in Nordrhein-Westfalen in Düsseldorf. Er ist einer mit der größten Erfahrung im Bundesgebiet. Dementsprechend schlecht bekommt man ihn auch zu Gesicht. Alternativ wählen Sie bitte die Württemberger und Bayern vom VfS in Deutschland.

Das Portfolio erschließt sich über die Prävention und Warnung der Unternehmen vor potentieller Wirtschaftsspionage, bis hin zur Beratung und speziellen Trainings. Der VfS geht Vergehen nach und versucht die Quelle zu finden, bzw. die Lücke zu stopfen.

3.1.5   Situation deutscher Unternehmen im Ausland

Man konnte bisher in diesem Buch einiges lesen über Spionagefälle und Spionagemethoden auf deutschem Boden. Nun wird es Zeit über die Gefährdungen deutscher Unternehmen in einer globalisierten Wirtschaftswelt zu schreiben. Damit sind nicht nur ausländische Standorte gemeint, sondern auch vieles, was zu einer globalisierten Wirtschaft gehört, wie Dienstreisen, Projektaufenthalte im Ausland, TDY-Aufenthalte und mehr.

Risiken, die im und durch das Ausland auf die Unternehmen und deren Mitarbeiter einwirken, sind vielfältig. Terror, Kidnapping und Entführung, Naturkatastrophen, Krieg und Putsch, sowie Spionage durch das Gastland können für Mitarbeiter und Zulieferer an der Tagesordnung sein. Dabei kommt es in den meisten Fällen zu einer Wissensabwanderung von A nach B.

Es kommt stark darauf an, in welchem geographischen Breiten man sich aufhält, und welche Staatsform in dem Land vorherrscht. Risiken, die nur im außereuropäischen Ausland (z.B. Türkei) auf die Unternehmen und deren Mitarbeiter einwirken, können sich anders als in Kuba, China, Venezuela oder gar Nord-Vietnam verhalten. In Diktaturen kann es schneller zur Ausnutzung der Rechtslage gegen Unternehmen oder deren Mitarbeiter kommen, als in anderen Staaten, die, nennen wir es „mit fairen Mitteln spionieren", wie z.B. die USA oder Brasilien. Hier bleiben auch meistens, aber nicht immer, Freiheiten gewahrt. Auch Prozesse sind angeblich fair. Umso wichtiger ist es, die wirklich bösen und sehr bösen Länder zu kennen.

Anbei eine Liste der noch aktuellen Diktaturen in der Welt aufgeteilt nach Regionen [118].

Westen	Belarus	Kuba
Naher Osten	Bahrain	Kuwait
	Iran	Saudi-Arabien
	Jemen	Jordanien
	Oman	Syrien
	Katar	Vereinigte Arabische Emirate
Asien	Afghanistan	Kasachstan
	Usbekistan	Aserbaidschan
	Tadschikistan	Turkmenistan
	China	Nordkorea
	Vietnam	Laos
	Myanmar	Russland (hybrid)
	Türkei (hybrid)	Irak (hybrid)
Nordafrika	Ägypten	Libyen
	Tunesien	Algerien
	Marokko	Mauretanien
Westafrika	Gambia	Guinea-Bissau
	Guinea	Cote d'Ivoire
	Burkina Faso	Togo
	Niger	Nigeria
Zentral- und Ostafrika	Tschad	Sudan
	Eritrea	Dschibuti
	Äthiopien	Zentralafrikanische Republik
	Äquatorialguinea	Demokratische Republik Kongo
	Kamerun	Gabun
	Ruanda	Angola
	Simbabwe	Swasiland

3.2   Was ist?

Wenn man sich vor Augen hält, „was war?", so ist die Frage nach dem „was ist?"
relativ einfach zu beantworten. Multipliziert man „was war?" mit dem Faktor 10,
ist man ca. beim „was ist?". Das reicht allerdings noch nicht, denn die Qualität der
Spionage, des Abhörens und vor allem der IT-gestützten Angriffe hat dramatisch
zugenommen.

Früher hat der unachtsame IT-Benutzer eine E-Mail von einem unbekannten Ab-
sender geöffnet. In der E-Mail gab es einen Link, welcher entweder mit einem Trojaner oder Virus verseucht war. Der neugierige Benutzer klickte auf den Link, und
schon war es passiert. Rechner adé.

Heute funktionieren die Angriffe auf IT-Systeme ein wenig anders. Der oben beschriebene Trick ist immerhin schon so alt, und dennoch fallen immer noch IT-
Benutzer auf ihn herein. Es gibt jedoch mittlerweile ausgetüftelte Angriffe, die
nicht mehr so plump sind. Drive by Download ist eine Methode. Dabei muss man
nur   die   verseuchte   Webseite   browsen,   und   schon   starten   Hintergrund-
Schadprogramme über Active-X oder Java, die man nicht beeinflussen kann, wenn
man dem Browser die Ausführung solcher Codes erlaubt hat, und infiltrieren den
Rechner. Man merkt nichts, und meint, man hätte eine neue und äußerst informative Webseite gefunden. Denn mit Informationen oder mit Produkten zu Dum-
pingpreisen werben diese Webseiten sehr oft.

Das Phishing ist auch cleverer geworden. Anfänglich arbeiteten Phishing-Krimi-
nelle noch mit billigen Webseiten, auf denen man förmlich schon durch die Qualität der Webseite (Bitmaps, Logos, etc.) erkennen konnte, dass es nicht die Webseite
des Anbieters ist, die man sonst immer gesucht hat. Heute setzen Phisher die gleichen teuren Programme zur Gestaltung von Webseiten ein, von denen eine einzelne Lizenz ca. 10.000 Euro und mehr kostet. Phishing Webseiten sehen meist noch
besser aus als ihr Original. Phishing kann sehr lukrativ sein, von daher investiert
Phisher von Welt heute bekanntlich besser in sein Unternehmen, als zu Zeiten, als
er noch Spammer war und Spammails für tausendstel Cent pro E-Mail-Adresse
abrechnen   konnte   und   die   Mega-Maildatenbank   registrierter   realer   E-Mail-
Adressen im Internet suchte.

Es gibt viele neue Namen und neue Angriffsvarianten. Das ist bisher nichts um-
werfendes Neues. Vieles ist neu verpackt, funktioniert nun auch auf 64 Bit-
Prozessoren und erstrahlt in neuem Hochglanz, ist aber kalter Kaffee. Ob Botnet-
Kanone, die mit zig Kanonenrohren einen einzigen unschuldigen armen Rechner
im Internet abschießt, oder ein gewiefter Social Hack im Kombination mit einem
Personal Phishing, der die Daten von Millionen Benutzern klaut. Das alles hätte
auch schon vor 10 Jahren passieren können, und es ist auch passiert. Das ist noch
nicht wirklich beunruhigend.

Wirklich beunruhigend ist heutzutage, dass die Qualität eines Angriffs immens (potenziert) zugenommen hat. Ein wesentliches Merkmal, das uns IT-Sicherheits-experten derzeit sehr nervös macht.

Um bis vor fünf Jahren ein mittelgroßes Industrieunternehmen gut abzusichern, genügte es, einen Einstiegsaudit durchzuführen, der einen nach Standards ge-normten generellen Fragenkatalog als Basis hatte. Das konnte ITSEM (nach ITSEC) sein, ein aus den Common Criteria entwickelter Standardfragekatalog, BS-17799-1 und -2, DIN ISO 2700x oder BSI Grundschutz. Mit allen Katalogen war man früher bei einer Sicherheitsüberprüfung des Unternehmens schon ein ganzes Stück wei-ter.

Weiterhin nahm man sich meist selbst entwickelte Fragenkataloge zu spezifischen Plattformen zur Hilfe und überprüfte nun alle Schichten eines Security Maturity Models oder auch Sicherheitsreifegradmodell genannt. Dies funktionierte als Fra-ge-Antwort-Spiel ganz gut. In wichtigen Fällen überprüfte man die Konfigurati-onsparameter des Netzes, der Betriebssysteme, der Anwendungen, man checkte Datenbanken und Inhalte und sogar das ISMS (Information Security Management System) wurde überprüft. Dann noch die Prozesse zu den wichtigsten Schnittstel-len der Sicherheit (z.B. Personal), ein Schuss Compliance-Check und … fertig.

Stimmt die Sicherheit bei der Sicherheit und macht man nicht den Bock zum Gärt-ner? Man untersuchte insbesondere noch die Firewalls und IDS/IPS – wenn vor-handen – auf die Rulesets und Policies und dann wurde man meist noch um ein/zwei Penetrationstests gebeten, für eine besonders kritische Kunden- oder Vor-standsapplikation. Das war es. Alles ausgewertet, Reports geschrieben, Korrek-turmaßnahmen vorgeschlagen, und schon konnte man beruhigt schlafen gehen. Heute muss das alles anders durchgeführt werden, worauf später noch eingegan-gen wird.

Leider aber passiert in den Audits des BSI – Bundesamt für Sicherheit in der In-formationstechnik – immer noch dasselbe, wie vor fünfzehn Jahren. Die DIN ISO 27001 war dem Grundschutz schon als BS17799 in der Zeit voraus.

Der Grundschutz war eine Zeit lang gut für die Firmen, die noch keine Sicherheit etabliert haben, und ist als Grundgerüst immer noch gut für den privaten Hausge-brauch eines IT-Anfängers. Für uns als Profis decken die Kataloge des Grund-schutzes oft nicht alle Plattformen, Hard- und Softwarekomponenten oder Infra-strukturen ab. Dazu sind sie sehr oft nicht zweisprachig, d.h. für die deutschen global agierenden Unternehmen international nicht einsetzbar. Grundschutz bietet keine ausreichende Sicherheit für Cloud Computing. Es wird zwecks Zertifizie-rung ein immenser Overhead an Dokumentation produziert und verlangt. Speziell letzterer Aspekt kostet immens viel Zeit und Geld, und macht zu zertifizierende Firmen nicht sicherer.

Nicht einmal die guten BSI-Grundschutzauditoren blicken bei komplexeren Pro-jekten noch durch die Maßnahmen- und Gefährdungskataloge durch, die in einem größeren Projekt erstellt wurden. Aus diesem Grunde wurden auch Tools entwickelt, wie z.B. das GSTOOL des BSI, da notwendige Verweise nach BSI Grundschutz in Dokumentationen, die auf andere Dokumente verweisen, leicht in einer ca. 4 Gigabyte großen Projekt-Sicherheitsdokumentation übersehen, verwechselt, oder gar ignoriert wurden. Auditoren hantieren mit einer Vielzahl Tabellen, damit man im Audit erkennen kann, welche Maßnahmen gegen welche Risiken und Gefährdungen wirken. Weiterhin muss man dokumentieren, welche Anforderungen aus den Bausteinen der Grundschutzkataloge wo im Text (Kapitel, Referenz) behandelt werden. Die Grundschutzauditoren machen also prinzipiell erst einmal nur Häkchen. Beraten dürfen sie nicht. Beraten sie nämlich, dürfen sie nicht prüfen und die Zertifizierung abnehmen. Also benötigt man noch einen Vorprüfer, der beraten darf.

Bei den Dienstleistern, die nach Grundschutz zertifizieren dürfen, erkennt man folgende Tendenzen: Abgegebene Angebote von Dienstleistern variierten sehr stark in Qualität, aber fast nie in Aufwand und Preis. Sehr oft haben die Akkreditierer und Zertifizierungsunternehmen eine Haupt-GmbH und eine oder mehrere Töchter. Vor einem Audit bei größeren Projekten wird dem Unternehmen oft Beratung über die Töchter der Haupt-GmbH angeboten. Somit macht dann ein Konzern die Vorprüfung, die Hauptprüfung und zertifiziert. Firmen gehen sehr oft auf diese Art der Deals ein, da sie Angst haben, durch das Audit zu fallen. Das Zertifizierungsunternehmen aber verdient daran abermals. Aus SOX 404[10] sollten auch wir in Deutschland einmal lernen, dass eine Prüfungsgesellschaft nicht beraten darf.

Es gibt gute Zertifizierungsauditoren im Bundesgebiet. Meist sind das Auditoren aus einem Pool von Leuten, auf die z.B. das Bundesamt für Sicherheit in der Informationstechnik, die Deutsche Gesellschaft zur Zertifizierung von Managementsystemen, De Norske Veritas oder das British Standards Institute zugreifen.

Zertifizierungen sind ein gutes Geschäft. Eine ganze Industrie lebt davon. Alle Zertifizierungsauditoren haben die gleiche Ausbildung beim BSI oder einem seiner Dienstleister genossen und sollten vom Thema her den gleichen Kenntnisstand besitzen. Aber nicht alle haben ähnliche gelagerte Vorbildungen. Es gibt vom Sozialpädagogen über den Theologen bis hin zum promovierten Physiker und Diplom-Informatiker fast jede Berufssparte. Und genau das ist der Punkt. In Projekten zeigt sich das. Für die Lead Auditor Prüfung wurden Multiple Choice Fragen gelernt und die Prüfung wurde bestanden. Häufig haben die zu überprüfenden Sicherheitsspezialisten in einem Audit eine wesentlich höherer Qualifikation und mehr Kenntnisse als die Auditoren über das System. Oft werden diese Leute gar nicht vom Prüfer gefragt, sondern es wird sich mit der Dokumentation zufrieden gegeben.

---

[10] Sarbanes Oxley Act –Compliance Management

Heute prahlen viele Mitbewerber in der Informationssicherheit mit Zertifikaten wie dem CISM-, CISSP-, CISA- und irgendeinem Lead-Auditor-Zertifikat, der die Summe der Multiple Choice Aufgaben in angemessener Zeit beantwortet hat, und sich die Druckbetankung gegeben hat. Von Sicherheit, des Herausfindens von Sicherheitsschwachstellen und des Konzeptionierens wissen diese Personen dennoch oftmals nur wenig. Aber ein Zertifikat hilft bei der Jobsuche und beim Verhandeln des Tagessatzes. Der Autor möchte nicht alle über einen Kamm scheren, es gibt wie immer auch Spitzenleute. Was er ausdrücken möchte ist, dass es eine Art Mode geworden ist, Informationssicherheit zu etablieren, weil man damit eine Menge Geld verdienen kann. Diesem Hype kam der Zertifizierungsboom genau richtig.

Doch Zertifizierungen sind gar nicht so häufig. 2008 auf 2009 lag die Zahl bei ca. 120 Audits (DIN ISO 27001 und Grundschutz) pro Jahr. Nach Grundschutz werden in Deutschland prozentual mehr Unternehmen zertifiziert als nach DIN ISO 27001.

Durch BSI-Zertifizierungen oder DIN ISO Zertifizierungen bekommt das Unternehmen zugegebenermaßen etwas mehr Sicherheit als vielleicht vorher. Doch es wird immens viel Geld ausgeben, was man anders investieren könnte, um mehr Sicherheit zu etablieren, reale Sicherheit.

Grundschutz und Cloud Computing – wie schon erwähnt, das passt überhaupt nicht. In der Cloud reitet man mit BSI-Grundschutz ein totes Pferd. Das kann man überhaupt nicht anwenden. Hier versagt der Grundschutz völlig [130]. Bis zu diesem Thema Richtlinien oder Grundschutzkataloge entwickelt sein werden, ist Cloud Computing schon voll im Einsatz und das BSI wird zu spät sein.

Um in der heutigen Zeit gegen die qualitativ hochwertigeren Angriffe gerüstet zu sein, muss man bei der Planung von Sicherheit anders vorgehen. Checklisten, wie die eines BSI oder BSI UK sind das Eine.

Plattformspezifische Checklisten gehören wie immer dazu. Doch die sehen ganz anders aus, als früher. Hier werden nicht nur die Konfigurationsparameter überprüft, wie sie z.B. vom Sicherheitsplanungshandbuch des Herstellers vorgegeben werden, sondern es werden die einzelnen Parameter auch in Penetrationstests getestet. Nicht nur in der Standardeinstellung, sondern auch in Nicht-Standard-Einstellungen und in Kombination zueinander, in Kombinationen zu Subsystemen und/oder Schnittstellensystemen. Es sind systemspezifische Penetrationstests. Und die kann auch nicht jeder machen. Dazu bedarf es Hacker und Pentester mit immens großer Erfahrung und einem großen Repertoire. Solche Leute sind selten. Diese Pentester haben meist eine Schwachstellendatenbank aufgebaut, die nicht öffentlich ist. Sie kennen etliche Zero-Day-Schwachstellen, die kein Hersteller kennt, und gegen die es keinen Sicherheitspatch gibt, da die Sicherheitsschwachstelle noch nicht ausgenutzt wurde [120]. Sie sind auf annähernd dem gleichen Level der Kenntnisse über Sicherheitsschwachstellen, wie die 30.000 Mann starken chinesischen Cyber Warrior oder Leute der NSA.

Eine andere Methode für einen Software-Review ist heutzutage das Fuzzing. Anders als beim Pentest werden Sicherheitsschwachstellen sozusagen on the fly beim Ablauf des Codes inspiziert. Dazu bedarf es nur des kompilierten Codes einer Software, eines Betriebssystems oder einer Anwendung und nicht des Source Codes wie beim Software Review.

Der Autor kennt Spezialisten, die durch Fuzzing 99,9 % aller Sicherheitsschwachstellen eines Programms herausfinden können, für die aus dem Internet ein Angriff ausgenutzt werden könnte. Fuzzing oder der klassische Software-Review wird noch viel zu wenig und selten eingesetzt.

Dazu kommt das Problem, dass es Firmen gibt in Deutschland, die maßgeblich die IT durch ihre Einkaufsabteilung beeinflussen und stark regulieren lassen, und nicht durch das Fachpersonal. Sehr oft kaufen Firmen einen nach EAL-3 zertifizierten Server auf Suse-Linux-Basis, nur weil dieser von der Firma HAL ist, anstatt einen viel sicheren Debian-Server ohne Zertifizierung eines kleineren Herstellers. Oder der Einkauf wählt wegen des Preises einen SAN-Hersteller, der bei weitem nicht die Sicherheit bieten kann, wie ein anderes SAN-Produkt. Dabei der Schuss oft nach hinten los.

Bei der Etablierung von Informationssicherheit sollten alle Bereiche, die von Informationssicherheit betroffen sind, angemessen berücksichtigt werden. Ausgewogenheit, wie bei der Ernährung, ist die sicherste Methode. Das fängt bei der Auswahl der Leute an. Man ruft nicht einfach eine Firma an und bestellt den Auditor. Die Person muss besonnen gewählt werden. Das ganze Team ist besonnen zu wählen, nur dann führt es zum Erfolg und ist das viele Geld wert, das man bezahlt.

Bei Beratungen mancher Kunden bekommt man manchmal das Gefühl, es geht beim Zertifikat gar nicht um die bessere Sicherheit, die man bescheinigt bekommt, sondern nur um die Bescheinigung. Das Unternehmen bekommt in Vertragsverhandlungen mit anderen Unternehmen suggeriert, dass man nur Lieferant oder Dienstleister sein kann, wenn man zertifiziert sei. Damit eröffnet sich nur ein neuer Markt, wenn man im Besitz des Zertifikats ist. Hat man das Zertifikat, ist man wer. Hat man es nicht, ist man niemand. Leider suggerieren das auch viele Sicherheitsmanager Ihrem CIO und der CIO dem Vorstand. Zertifizierungsfirmen und -instanzen üben diesen psychologischen „Verkaufsdruck" gerne auf Firmen aus.

In Polen haben Zertifikate im Business einen sehr hohen Stellenwert. In Polen ist man wirklich niemand, wenn man im Besprechungsraum seines Unternehmens nicht seine verschiedenen Zertifikate präsentiert. Polen hören anfänglich in einer Besprechung nicht zu. Das ist kein böser Wille. Sie lesen wirklich erst einmal die Zertifikate. Zertifikate sind hier Mentalitätssache, es gehört zur polnischen Businesskultur.

Wir sollten uns das aber nicht unbedingt zum Vorbild machen. Beim Lesen eines DIN ISO 27001 Zertifikates suggeriert der Verstand eines Sicherheitsexperten demselben, „das Unternehmen ist sicher", was leider in den allerwenigsten Fällen der Fall ist (s.o).

Schein ist Sein. Das gilt leider auch sehr oft für die Sicherheit in Unternehmen. Wenn man sein Unternehmen vor Wirtschaftsspionage und Informationsabfluss absichern möchte, fängt man erst einmal an, die Informationssicherheit ernst zu nehmen. Es bedarf heutzutage dazu jedoch mehrerer Tugenden.

3.3   Was wird?

Die Prognose für die Zukunft ist leider finster. Auf der Basis des in Abschnitt 3.2 Beschriebenen erwarten wir noch mehr Wirtschaftsspionage und Einbrüche in Computersysteme.

Speziell die Firmen, die ein Zertifikat wegen eines oder mehrerer ihrer Kunden oder einer gesetzlichen Anforderung angestrebt haben (z.B. SOX 404), werden zunehmend merken, dass deren Sicherheit im Argen liegt. Ob man einen Kunden befriedigen muss oder ob man seine besten 5 % Daten schützen muss, die dem Unternehmen gegenüber seiner Konkurrenz einen Vorsprung sichern, sind zwei sehr unterschiedliche Antriebe, die auch in der Umsetzung und Ausführung zwei völlig unterschiedliche Qualitäten haben. Im einen Fall wird Schnelligkeit und Profit im Vordergrund stehen, im anderen Fall Gründlichkeit und Sicherung der Marktposition.

So werden wir in Deutschland noch stärker, noch gezielter, noch häufiger und von noch mehr Ländern angegriffen. Zum einen heben wir uns mit unserem Lebensstandard gegenüber wirtschaftlich schwächeren Ländern immer stärker ab und bieten ihnen mit unserem Technologievorsprung einen enormen Antrieb, uns auszuspionieren. Und dies mit relativ einfachen Mittel von einem sicheren Ort im Internet tausende Kilometer entfernt.

Andererseits ist Deutschland seit geraumer Zeit verstärkt in der Waffenproduktion tätig. Größer als Deutschland in punkto Waffenexporte sind nur die USA und Russland. Wir sind zur Nummer drei aufgerückt. Die Rüstungsindustrie ist hungrig und möchte Marktanteile gewinnen. Deutsche Waffen sind angeblich gut und sehr gefragt, also wird es hier zwangsläufig zur Spionage kommen. Dies wird eine Kombination aus Wirtschafts- und Militärspionage sein. Dabei werden verschiedene Angriffe getätigt. Bevorzugt ist im militärischen Bereich der gezielte Angriff auf eine hochgestellte Person, die hohe Zugriffsrechte in den IT-Systemen der Bundeswehr, des Waffenherstellers oder Zulieferers hat. Auch ein Diebstahl von mobilen Geräten ist nicht ausgeschlossen, um an die Informationen zu kommen. Die Bundeswehr verlässt sich zunehmend auf IT-Systeme der USA als Verbündeter, von denen bekannt ist, dass diese Hintertürchen aufweisen. Das wird ein Sektor sein, in dem wir mit verstärkter Aktivität von Spionage rechnen.

Ein weiterer Brandherd von verstärkter Spionage wird bei unseren Automobilherstellern auftreten. Im Zuge des Wandels vom Otto-Motor zum Elektromotor sind zunehmend und intensiv neue Technologien und Konzepte gefragt. Derzeit ist Hochzeit in den Labs und im Prototypenbau der Automobilhersteller. Neue Batterien, neue Antriebe, völlig neue Konzepte sind massenweise in der Erstellung, im Test oder in der Vorproduktion. Datenblätter und Blaupausen wandern derzeit Zuhauf über das Netz zu den Zulieferern. Der E-Mail-Verkehr mit den Patentanwälten und den Patentämtern ist angestiegen. Es ist derzeit richtig etwas los im Netz, also nicht nur an Traffic, sondern auch an wirklich wertvollen Informationen, die unterwegs sind. Unsere ausländische Konkurrenz sieht diesen Giga- und Terrabyte an Informationen bereits sehr interessiert entgegen. Die Automobilindustrie ist eine so große Industrie, dass sie mit allen Formen der Spionage und Angriffen rechnen darf. Automobilhersteller sind über die letzten Jahre, was die Top-5 % ihrer Informationen angehen, besser geworden. Der Autor erwartet nicht so große Schäden in der Automobilindustrie durch Ausspähung. In diesem Bereich erwarte er mehr Schäden durch Kopieren und Nachahmen.

Für die Pharma- und Chemieindustrie erwartet er vermehrt Angriffe für die Ausspähung von gezielten und immens wertvollen Pharma-Produktdaten und Verkaufs- und Marketingstrategien. Auch die Bestechung von wenigen Leuten, die Zugang zur kompletten Dokumentation eines Medikamentes haben, wird zunehmen. Bei der Frage, wie diese wenigen, geeigneten Leute automatisiert lokalisiert werden können, sei auf die Kapitel 6 und 7 verwiesen.

Den gesamten deutschen Mittelstand sieht er als akut gefährdet. Durch Auswertung von Datenbanken ist es leichter denn je, auf für die Spionage interessante Mittelständler aufmerksam zu werden. Von allen Zielen wird der Mittelstand den stärksten Belastungstest in den nächsten 2–3 Jahren ertragen und aushalten müssen. Hier wird es die meisten Vorfälle, die größten Schäden und die meisten Tränen geben. Allerdings wird der Mittelstand auch am extremsten in Informationssicherheit und Sicherheit vor Informationsabfluss investieren. Je früher desto besser. Die Hersteller sind gefragt, ihre Sicherheitslösungen zu Light-Versionen oder effizient abgespeckten Versionen für den Mittelstand umzubauen, die günstiger sind. Der Mittelstand kann nicht in kürzester Zeit die Investitionsvolumina aufbringen, um ein adäquates Sicherheitsniveau wie ein DAX-Unternehmen oder Kleinstunternehmen zu etablieren.

Der Mittelstand wird ebenso wie die Automobilindustrie durch alle möglichen Varianten der Spionage bespitzelt werden. Hackerangriffe auf den Mittelstand werden dramatisch zunehmen. Tsolkas rechnet mit einer Zunahme von weit über 200 % bei den Angriffen über die nächsten 24 Monate. Durch die vernachlässigte Sicherheitstechnik im Mittelstand werden viele Angriffe vermutlich erst einmal unentdeckt bleiben.

Das Intelligence Gathering wird verstärkt zunehmen. Intensivere Regularien nicht nur seitens der USA, sondern auch anderer wichtiger Industrienationen werden zunehmen. Wir werden immer mehr und immer detailliertere Datensätze an andere Länder liefern, über unsere Produkte, über deren Zusammensetzung, Herkunft und Bestimmungsort. Der Handel wird dadurch immer transparenter. Der, der dabei einen Informationsvorsprung herausarbeiten kann, ist klar im Vorteil. So wie es derzeit aussieht, werden dies nicht die europäischen, insbesondere die deutschen Unternehmen sein, die an diese strategisch wichtigen Information zuerst herankommen. Durch die Transparenz nimmt die Konkurrenz zu und der Absatz wird noch schwieriger für alle, die in Zukunft mitbieten.

Diese Situation wird noch massiver darauf hinwirken, um noch mehr Informationen in den Angebotsphasen durch Spionage zu erlangen. Derzeit sind wir das nur von den ganz großen Milliardendeals gewohnt, wie bei Boeing, Airbus, dem ICE oder im Satelliten- bzw. Militärgeschäft.

In Zukunft werden diese Formen von Hackeraktivitäten schon wegen größerer Bierlieferungen zunehmen. Der Mittelstand wird massiv darin involviert sein, und verstärkt um Marktanteile kämpfen, bzw. darum kämpfen, seinen Technologievorsprung nicht zu verlieren.

Die Spionage-Hacks werden – wie in China – schon seit langem vom Militär unterstützt. Ähnlich wird es in den USA sein. Als Cyber-Abwehrzentrum getarnt werden die Spezialisten auch, wie derzeit schon durch die NSA, angreifen, und als Staat ihre Unternehmen in den USA frühzeitig im globalen Marktanteilskampf unterstützen, aber auch schützen.

Wir werden in dem Spektakel zwischen 30.000 Chinesen und 5.000 Amerikanern mit unseren staatlichen Abwehrkräften leider nur Zuschauer sein. Die Angriffe auf unsere Bundesbehörden werden massiv steigen, und das hat bereits begonnen. Hackergruppen rufen seit diesem Sommer zum Angriff mit Countdown auf Behörden auf und ziehen wichtige äußerst sensible Daten ab, die veröffentlicht werden – ganz nach dem Prinzip Wikileaks. Da es allgemein bekannt ist, dass derzeit deutsche Behörden eine eher unzureichende Sicherheit haben, werden einfachste Angriffe selbst von Script-Kiddies fruchten und ihr Ziel erreichen [136, S.4]. Eine Stuxnet-Liga ist bei unseren Bundesbehörden nicht notwendig, selbst beim Verfassungsschutz nicht. Der Verfassungsschutz ist zwar allmächtig, da sie über Standardabhörschnittstellen Zugriffe erlangen können, doch beschränkt sich das auf deutsche Systeme.

In einem fairen Wettkampf gegenüber 30.000 chinesischen Tastaturklopfern oder Spezialisten der NSA haben die Leute vom Verfassungsschutz in einem Cyberwar überhaupt keine reale Chance. Selbst die verfügbaren Spitzenleute überleben den Angriff der Massen von der Gegenseite nicht. In Abschnitt 3.1.2 wurde bereits über Spionagevorfälle in deutschen Behörden geschrieben. Derzeit ist ein neuer Aufruf im Netz, der zum Hack von Behördenseiten mit dem Ziel auffordert, Dokumente zu veröffentlichen.

Die Finanzindustrie wird ebenfalls verstärkt angegriffen werden. Zu wichtig sind dritten Staaten heute in der Finanzkatastrophe (Griechenland, die USA stehen seit dem Sommer 2011 kurz vor der Zahlungsunfähigkeit) die sozioökonomischen Strategien und Investitionsvorhaben. Dadurch lässt sich durch Mit-Käufe oder Mitverkäufe immens viel Geld verdienen, auch wenn man gar nicht zu den USA oder zu der EU gehört. Das lassen sich viele Staaten und Hedgefonds nicht entgehen [134]. Von des einen Freud oder Leid machen Dritte sehr oft viel finanziellen Gewinn.

Krankenhäuser und Pflegedienstleister werden stärker unter Beschuss genommen. Das Gesundheitssystem ist ein sehr umsatzstarkes System, an dem viele verdienen können. Die Krankenhaus-IT ist heute in den meisten Fällen sehr schlecht abgesichert [133]. Hier wird man Marktanteile ausspionieren, aber es wird auch ein gezieltes Ausspionieren von personenbezogenen Daten als Auftragshack geben.

Das gezielte Ausspionieren von Privatpersonen und VIPs wird zunehmen. Um an die Informationen eines speziellen Individuums zu kommen, die wichtig sind für ein Unternehmen, einen Staat oder einen einzelnen Kriminellen, wird in Zukunft verstärkt und intensiv Hochtechnologie und Hacker-Know-How eingesetzt. Es wird wesentlich mehr Fälle des Hacks von prominenten Einzelpersonen geben.

Generell werden die Hackerangriffe auf Anwendungssoftware immens zunehmen, hier speziell Software aus Eigenentwicklungen oder von kleineren Firmen und No-Name-Herstellern. Diesen Trend kann man sehen, indem man sich die heutigen Zahlen der Schwachstellen und Patches vor Augen hält. Auf einem typischen Heimcomputer rühren 69 % aller Schwachstellen von Nicht-Microsoft-Produkten. Diese 69 % benötigen 13 unterschiedliche Patchmechanismen. Die restlichen 31 % benötigen nur einen Patchmechanismus, den von Microsoft. Die Zeroday-Schwachstelle ist auf den meisten Computersystemen nur eine Every-Day-Schwachstelle. Man muss also gar nicht der große Pentester sein, in 69 % aller Fälle zumindest nicht. Ein Zugriff auf ein fremdes Computersystem gelingt dem Autor innerhalb von 15-20 Minuten. Mehr Zeit benötigt ein Kenner heute nicht mehr.

In einer Umfrage mit einem Portfolio von 1000 Programmen sind 77,5 % der Schwachstellen immer noch ungepatcht. 35 % der Schwachstellen haben am Tag der Publikation keinen Patch zur Verfügung.

Diese wenigen Zahlen des Halbjahresberichtes des Herstellers Secunia sprechen für meine These der verstärkten Angriffe. Eine Besserung ist leider nur auf lange Sicht erkennbar. Bis dahin werden diese existierenden Schwachstellen ausgenutzt werden – von allen, die eine Chance wittern.

Die Meinung des Autors ist, dass über Cloud Computing in nächster Zeit nicht so viele Wirtschaftsspionagefälle auftreten werden, wie man es erwartet. Cloud

Computing entwickelt sich immer noch recht zögerlich. Die Dienste der USA werden sich nicht gleich auf die Opfer stürzen, da bei einer Veröffentlichung der ersten Wirtschaftsspionagefälle über Cloud Computing der aufzubauende Markt einbrechen wird. Das würde ein Riesenschaden für die amerikanische Volkswirtschaft sein. So unklug sind Amerikaner nicht. Tsolkas denkt, die Spionage über Cloud Computing wird realistisch bei einer Marktsättigung von 80% einsetzen. Davor sind wir derzeit noch 35% – 45% (je nach Kontinent) entfernt.

Mit dem Internet der Dinge wird es komplexe und sehr großartige Funktionen geben, die uns im alltäglichen Leben unterstützen. Allerdings sind viele Prozesse nicht etabliert, wie auch viele neue Formen von mobilen oder Meta-Authentisierungsmöglichkeiten noch nicht, die das Internet der Dinge benötigt. Hier sieht Tsolkas die nächste große Schwachstelle, die wir unseren Gegnern anbieten. Ein weiteres Thema, das für einen guten Zweck zur Vereinfachung unseres alltäglichen Lebens gedacht ist, wird die Türen für Spione öffnen.

In der Inter-IT-Kommunikation existieren

*   die IT im Privatbereich
*   die IT im Office-Bereich
*   non-IT-Devices in der Produktion
*   mobile Devices

und demnächst auch noch das

*   Internet der Dinge

Unsere Sicherheitsmechanismen und Technologien sind noch nicht einmal in der Lage die bereits vier bestehenden IT-System-Ebenen zu harmonisieren, doch wir nehmen einfach noch eine weitere Ebene dazu. Das grenzt an unkontrolliertes Wachstum und Größenwahn, was wir teuer bezahlen werden. Doch auch hier ist der Fortschritt nicht aufzuhalten.

Was Intelligence Gathering angeht, möchten die Autoren den Ausblick für „was wird?" noch ein wenig zurückhalten bis der Leser die folgenden Kapitel gelesen hat und sich seine Meinung anhand der bereits gelesenen Informationen, bilden kann. Die oben beschriebenen Umstände, Vorfälle, Ziele und Interessen im Hinterkopf wird im Folgenden deutlich, welches Potential zur Spionage in Datenhalden steckt, die nicht der Kontrolle von Unternehmen unterliegen. Genau dies macht sie für bestimmte Kreise so wertvoll!

Zunächst stellt sich aber die Frage, für wen genau und warum solche Datenhalden von Interesse sind?

4   Akteure des Intelligence Gathering und deren Ziele

Wie in Abschnitt 2.2 dargestellt handelt es sich bei dem Begriff Intelligence und in weiterer Folge bei Intelligence Gathering (siehe Abschnitt 2.3) um einen Begriff, der in vielerlei Hinsicht Anwendung findet. In diesem Kapitel sollen Akteure des Intelligence Gathering, die für dieses Buch von Relevanz sind, beschrieben werden. Auch deren Ziele werden erörtert.

4.1   Nachrichtendienste

Die Möglichkeiten der Nachrichtendienste, an Informationen zu gelangen, sind vielfältig. Dabei spielt die Auswertung von mehr oder weniger öffentlich verfügbaren Informationen eine immer wichtigere Rolle.

> „Einen großen Teil ihres Informationsbedarfes decken die Dienste durch Auswertung offener Quellen [...], setzen jedoch auch konspirative Beschaffungsmethoden ein, um an besonders hochwertige geschützte Informationen zu gelangen" [14 S. 5].

Dabei darf nicht vergessen werden, dass manche Nachrichtendienste (z.B. alle Dienste in Russland) gesetzlich verpflichtet sind, Wirtschaftsspionage zu betreiben [14 S. 5]. Meist ist die Sachlage bei den Nachrichtendiensten nicht so klar geregelt wie im Falle von Russland.

> „[Allerdings ist es] Bestandteil des Aufgabegebiets von Auslandsnachrichtendiensten, sich für wirtschaftliche Daten, wie Branchenentwicklungen, Entwicklung von Rohstoffmärkten, Einhaltung von Wirtschaftsembargos, Einhaltung der Lieferregeln für Dual-use-Güter etc. zu interessieren. Aus diesen Gründen werden einschlägige Unternehmen oftmals überwacht. Die Nachrichtendienste der USA klären aber nicht nur allgemeine wirtschaftliche Sachverhalte auf. Mit der Begründung, Bestechungsversuche zu bekämpfen, hören sie auch Kommunikation von Unternehmen gerade bei Auftragsvergabe ab. Bei solch detailliertem Abhören besteht aber das Risiko, dass die Informationen anstatt zur Bekämpfung von Bestechung zur Konkurrenzspionage[11] verwendet werden" [15 S. 142].

---

11 Die Richtigkeit der Verwendung des Begriffes Konkurrenzspionage bei Weitergabe der Informationen an heimische Unternehmen durch die Nachrichtendienste wird durch die Autoren angezweifelt. Allerdings bietet sich die Verwendung durch die Ermangelung eines passenden Begriffes an.

Das heißt unter anderem, dass die Möglichkeit nicht ausgeschlossen werden kann, dass Nachrichtendienste Informationen an Unternehmen weitergeben, um die heimische Wirtschaft zu stärken.

Bei der Sammlung von Informationen wird zwischen verschiedenen Arten unterschieden. Der Auffassung des US-amerikanischen Geheimdienstes CIA folgend, siehe dazu [7] und [1 S. 83ff.], können sechs grundlegende Quellen bei der Beschaffung von Daten und Informationen (zweite Phase des Intelligence Cycle) unterschieden werden:

Signals Intelligence (SIGINT) wird mittels Auffangen von elektronischen Kommunikations- und sonstigen Signalen gewonnen.

Imagery Intelligence (IMINT) ist die Beschaffung von Informationen durch Nutzung von Bildmaterial. Dieses kann durch satelliten-, luft- und erdgestützte Systeme unter Hilfe sowohl von elektrooptischer, Radar- oder Infrarot-Sensoren gewonnen werden.

Measurement and Signature Intelligence (MASINT) ist die Gewinnung von technisch orientierten Daten und Informationen, die nicht zu SIGINT und IMINT zu zählen sind. Das Resultat sind Erkenntnisse, die unverwechselbare Merkmale von Zielen lokalisieren, identifizieren und beschreiben. Gewonnen werden diese Erkenntnisse durch qualitative, wie auch quantitative Analyse von Daten.

Human Intelligence (HUMINT) ist die Beschaffung von Informationen durch Nutzung von menschlichen Quellen. Personen sind dabei das vorrangige Instrument zur Gewinnung von Informationen. Das Sammeln von Daten und Informationen beinhaltet sowohl das geheime Aneignen von Informationen, als auch das offenkundige Einholen von Informationen, beispielsweise durch Befragung von US-Bürgern nach einem Auslandsaufenthalt.

Geospatial Intelligence (GEOINT) ist die Analyse und visuelle Aufbereitung von sicherheitsrelevanten Aktivitäten auf der Erde.

Open-Source Intelligence (OSINT) ist die Gewinnung von Erkenntnissen durch Auswertung von öffentlich verfügbaren Informationen, die in gedruckter oder elektronischer Form verfügbar gemacht werden, beispielsweise durch Radio, Zeitungen, Journalen, Internet oder kommerzielle Datenbanken.

Allerdings geht bei dieser von der CIA vorgenommenen Einteilung der grundlegenden Quellen zur Sammlung von Informationen nicht klar hervor, in welches Gebiet das Eindringen in Computersysteme und das darauf folgende Abziehen von Informationen fällt. In [1 S. 92] werden dazu die zwei weiteren Begriffe Intelligence (COMPINT) und Data Intelligence (DATAINT) eingeführt, die diese Möglichkeit der Informationsgewinnung beschreiben. Dabei wird aber folgendes angemerkt: „Umstritten bleibt weiterhin, inwieweit es sich um eine neue, eigenständige Beschaffungsart handelt oder nur um eine Anpassung bestehender Tätigkeiten an die technische Entwicklung" [1 S. 92].

Hinweise zur Einteilung lassen sich in einem für die „US-China Economic and Security Review Commission" angefertigten Bericht der Northrop Grumman Corporation [16] finden. Darin wird die Fähigkeit Chinas (People's Republic of China) untersucht, Computernetzwerke zu kompromittieren. Darin werden die Intelligence-Gathering-Kompetenzen zu Signal Intelligence gezählt.

Nicht in der Aufzählung der CIA vorhanden, aber von immer größerer Bedeutung:

Finance Intelligence (FININT) ist die Gewinnung von Informationen über die Finanzwelt, die durch die Analyse von monetären Transaktionen gesammelt werden können.

Ein Trend, der in den USA beobachtet werden kann, muss in diesem Zusammenhang erwähnt werden. Durch Gesetzgebungsverfahren und Übereinkommen mit anderen Staaten verschaffen sich die USA zu Datenbanken Zugang. Dies wird mit der Terrorismusbekämpfung begründet, aber oftmals nicht nur auf diese (siehe beispielsweise Abschnitt 5.4) eingeschränkt.

4.1.1 Ziele der Nachrichtendienste

Der österreichische Verfassungsschutzbericht 2010 nennt folgende grundlegende Ziele[12] der Nachrichtendienste:

> „Vordergründigstes Ziel von Nachrichtendiensten ist es, relevante Informationen zu politischen und wirtschaftlichen Vorhaben sowie zu Strategien anderer Staaten zu gewinnen. […] In den letzten Jahren fokussierte sich das Interesse ausländischer Nachrichtendienste auf die Ausspähung von Wirtschaft, Wissenschaft und Forschung" [17 S. 74].

Die Ausspähung der technischen Expertise erfolgt dabei vermehrt durch technisch weniger entwickelte Staaten, um Kosten für die eigene Forschung und Entwicklung sowie mögliche Lizenzgebühren zu vermeiden. Technologisch höher entwickelte Staaten legen dagegen das Augenmerk auf Produktideen, komplexe Fertigungstechniken sowie Unternehmens- und Marktstrategien [12 S. 309].

Die Aufklärungsarbeit ausländischer Nachrichtendienste nimmt im EU-Raum angesichts des verschärften internationalen Wettbewerbs im Zuge der Globalisierung einen besonderen Stellenwert ein. Allerdings bestimmten die jeweiligen Vorgaben der Nachrichtendienste, durch deren Staaten, die Prioritäten der Beschaffungsaktivitäten [17 S. 74]. Eine Übersicht über die wirtschaftlichen Interessen der Nachrichtendienste bietet Abbildung 4-1.

---

12 Es werden in diesem Abschnitt die wirtschaftlichen Ziele der Nachrichtendienste betrachtet. Politik und Militär wären Beispiele für weitere Schwerpunkte der Nachrichtendienste.

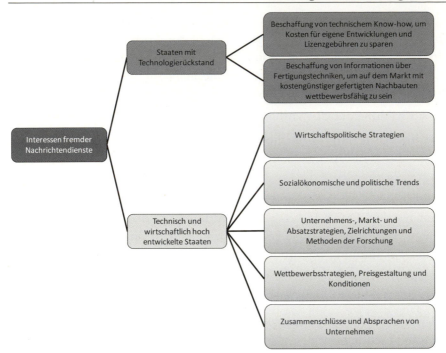

Abbildung 4-1:   Darstellung der Interessen ausländischer Nachrichtendienste [18 S. 7].

In [1 S. 65f.] wird allerdings die konsequente Verwertung der Ergebnisse der Wirt-schaftsspionage in Fällen, die eine nötige Verzahnung von Staat und Wirtschaft voraussetzt, aus folgenden Gründen angezweifelt:

- Durch kurze Entwicklungs- und Produktlebenszyklen sind die beschafften Informationen veraltet, bis sie entsprechend eingesetzt werden können.

- Durch internationale Verflechtungen von Großunternehmen wird eine Eintei-lung in einheimische und fremde Unternehmen zunehmend schwieriger.

- Konkurrenzsituationen zwischen Unternehmen bestehen auch in der heimi-schen Wirtschaft. Die Nachrichtendienste müssten der gesamten Branche gleichzeitig die Ergebnisse weitergeben, um Wettbewerbsverzerrungen zu vermeiden.

Es wird dabei die konsequente Verwertung angezweifelt, nicht aber die Ausspä-hung selbst. Dabei richten sich die Begehrlichkeiten fremder Nachrichtendienste, aber auch von Konkurrenten, nicht nur auf Großkonzerne, sondern auch auf eine Vielzahl innovativer klein- und mittelständischer Unternehmen [19 S. 308].

Des Weiteren wird in [20] ein Artikel des Wall Street Journals wiedergegeben, in dem der ehemalige Direktor der CIA James Woolsey über die Gründe der Spiona-ge von amerikanischer Seite gegen europäische Länder schreibt. Dabei vertritt dieser die Meinung, dass die USA hauptsächlich spionieren, um Bestechungsver-suche europäischer Unternehmen aufzudecken. Somit ist zumindest auf amerikanischer Seite das Aufdecken von Bestechung durch europäische Unternehmen ebenfalls als ein Ziel zu nennen.

Neben ausländischen Geheimdiensten versuchen auch konkurrierende Firmen aus dem In- und Ausland an Informationen zu gelangen, die ihnen von Nutzen sind.

4.2 Konkurrenzunternehmen

In Zeiten eines zunehmenden, internationalen Wettbewerbs und einem komplexen, schnelllebigen Wettbewerbsumfeld ist es wichtig, der Konkurrenz einen Schritt voraus zu sein, um auf Dauer im Markt erfolgreich zu sein. Bei der strategischen Ausrichtung müssen Unternehmen die Aktivitäten der Wettbewerber antizipieren [4 S. 1].

> „Die strategische Position eines Unternehmens am Markt hängt von seiner Verfassung in den Bereichen Forschung und Entwicklung, Produktionsverfahren, Produktlinien, Finanzierung, Marketing, Verkauf, Distribution, Einkauf und Arbeitskräfte ab. Informationen darüber sind für jeden Mitbewerber am Markt von hohem Interesse, weil sie Auskunft über Pläne und Schwächen geben und so das Einleiten strategischer Gegenmaßnahmen erlauben" [15 S. 103].

Abbildung 4-2:   Die Komponenten des Competitor Intelligence nach Porter [22 S. 49] und [1 S. 25].

Die systematische Form der Wettbewerbsbeobachtung hat unter anderem das Ziel, Indizien zu sammeln, um herauszufinden, was Konkurrenten planen. Detaillierte Informationen über die Marktteilnehmer bieten dem jeweiligen Management eine bessere Entscheidungsgrundlage. Dabei gilt der amerikanische Strategieprofessor Michael Porter als Vater der Wettbewerbsanalyse, die er 1980 in seinem Buch „Competitive Strategy: Techniques for Analyzing Industries and Competitors" beschrieb. Porter beschreibt, dass mit Hilfe von vier Elementen (Annahmen über sich selbst und die Branche, Fähigkeiten, gegenwärtige Strategie, Ziele für die Zukunft) ein Reaktionsprofil ermittelt werden kann, mit dessen Hilfe die zukünftige Strategie und das Verhalten des Konkurrenten eingeschätzt werden kann. Abbildung 4-2 verdeutlicht die Komponenten der Competitor Analysis nach Porter. Dabei versteht Porter unter dem Konkurrenz- oder Wettbewerbsumfeld die direkte Konkurrenz, aber auch potentielle neue Konkurrenten, Lieferanten, Abnehmer und die Bedrohung durch Ersatzprodukte. Diese Branchenstruktur wird in Abbildung 4-3 dargestellt. Die Annahmen Porters haben weitreichend Anerkennung gefunden, gelten aber heute nur als ein Teilbereich der Wettbewerbsbeobachtung bzw. des Competitive Intelligence [1 S. 25f.].

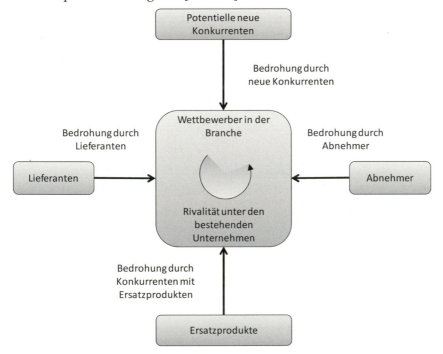

Abbildung 4-3:   Die Zwänge des Wettbewerbs nach Porter [22 S. 4] und [1 S. 26].

In [4 S. 35f.] wird zwischen der „klassischen" Marktforschung und Competitive Intelligence unterschieden. Marktforschung stützt sich meist auf vollständig erhobene Daten, während Competitive Intelligence Informationen außerhalb der ursprünglichen Datenerhebungsziele in einen neuen Zusammenhang setzt. Dabei können auch Annahmen von Analysten mit einfließen. Es bestehen dabei Überlappungen bezüglich Zielsetzung, Verfahren und Rechercheobjekten. Die Disziplinen sind komplementär anwendbar. Dabei beginnt Competitive Intelligence dort, wo die „klassische Marktforschung" endet, d.h. wo Zeit, Ressourcen, Fragestellungen und potentielle Vorgehensweisen keine Marktforschung zulassen bzw. keine aussagekräftigen Ergebnisse zu erwarten sind.

Wie in Abbildung 4-4 dargestellt, endet Competitive Intelligence wiederum dort, wo sich die Informationssammlung auf illegale Tätigkeiten erstreckt.

> „Der Übergang von der Legalität zur strafbewehrten Konkurrenzspionage ergibt sich durch die Wahl der Mittel, mit denen Informationen beschafft werden. Erst wenn die eingesetzten Mittel in der jeweiligen Rechtsordnung illegal sind, beginnt der kriminelle Bereich – das Anfertigen von Analysen an sich ist nicht strafbar. Die für einen Konkurrenten besonders interessanten Informationen werden natürlich vor einem Zugriff geschützt und können nur unter Rechtsbruch beschafft werden" [15 S. 103].

Abbildung 4-4: Abgrenzung Marktforschung, Competitive Intelligence und Wirtschaftskriminalität [4 S. 36].

4.2.1 Ziele der Konkurrenzunternehmen

Obwohl Informationen auf legalem oder illegalem Wege beschafft werden können, ähneln sich die Ziele der Konkurrenzausspähung und des Competitive Intelligence. Eine klare Unterscheidung, ob die Legalität gewahrt bleibt, ist in vielen Fällen nicht möglich, da dies beispielsweise von der jeweiligen Rechtsordnung (siehe oben) abhängig ist.

Laut [18] bestehen folgende Interessen bei der Konkurrenzausspähung:

- Informationen über Wettbewerb, Märkte, Technologien, Kunden
- Aktuelles Know-how zur Produktentwicklung und Produktionstechnik
- Preisinformationen

- Kalkulationen
- Designstudien

Feiner aufgegliedert sind jegliche Informationen bezüglich Forschung und Entwicklung, Produktionsverfahren, Produktlinien, Finanzierung, Marketing, Verkauf, Distribution, Einkauf und Arbeitskräfte für Mitbewerber am Markt von Interesse (siehe oben).

Die Ziele des Competitive Intelligence werden entsprechend Michaeli [4 S. 21f.] folgendermaßen angegeben:

- Ermittlung der eigenen Wettbewerbsposition
- Wettbewerberprofilierung (Fakten, Intentionen, Reaktionsprofile, Bedrohungsanalyse)
- (Strategische) Frühwarnung/-aufklärung
- Benchmarking (Unternehmensprozesse, Technologien, Produkte, Unternehmensperformance)
- Technologiebewertungen (vorhandene und zukünftige Technologien)
- Chancen-/Risikoanalyse für neue Angebote/Absatzregionen
- Due Diligence bei Unternehmenskauf (Voruntersuchung bei Unternehmenskauf)
- Umfeld-Scanning (neue Anbieter, Produkte, Dienstleistungen, Technologien, Fördermittel, Allianzen, Markteintrittsbarrieren etc.)
- Issues Monitoring (für das eigene Unternehmen relevante Themen) (Beobachtung bereits erkannter oder gegebener organisationsrelevanter Themen in den Medien und Erkennung neuer Themen)
- Satisfaction Surveys (eigene und Wettbewerberkunden bzw. -zulieferer)
- Bewertung von Zulieferern (Loyalität, Preisgestaltung, Überlebensfähigkeit)
- Überprüfung der eigenen Positionierung am Markt (Abgleich der eigenen Wahrnehmung mit Wettbewerbern und Kunden, Abdeckung von Kundenbedürfnissen, Optimierung der eigenen Angebots- und Absatzpolitik)

Bei den Analyseverfahren geht Michaeli [4 S. 274ff.] auf das Profiling von Entscheidern[13] ein. Dabei soll eine Prognose des Entscheidungsverhaltens von Entscheidern erfolgen. Typische Anwendungen des Profilings von Entscheidern sind:

- Unterstützung der eigenen Verhandlungsposition (z.B. bei Merger & Acquisition-Projekten, Lieferverträgen oder Kooperationen)
- Antizipation der zukünftigen Wettbewerbsstrategie oder Preispolitik
- Abschätzung der Wettbewerberreaktion auf eigene Aktivitäten

---

13 Wird die Analyse aus der Ferne vollzogen, so findet der Terminus „distant profiling" Verwendung.

- Abschätzung der weiteren Karrierestationen einer Führungskraft (z.B. Abwerbung oder frühzeitiger Aufbau von Beziehungen zu potentiellen Aufsteigern)

In [23] wird diese Art des Profilings als Management-Profiling bezeichnet.

> „Management-Profiling […] generiert umfassendes Wissen über relevante Zielpersonen. Die […] erstellten Profile enthalten tiefe Informationen über die Identität und Charaktereigenschaften der Zielperson. Sämtliche Informationen werden in einem Persönlichkeitsprofil zusammengetragen und übersichtlich dargestellt. Profile, die für Verhandlungen mit der Zielperson genutzt werden, enthalten zusätzliche Ansatzpunkte für Small-Talk, Verhandlungsführung und Empfehlungen für die Eigenpositionierung in der Verhandlung" [23].

Werden die oben genannten Ziele betrachtet, so ist davon auszugehen, dass jegliche Information die zur Strategieentwicklung bzw. Unternehmensentwicklung aber auch zur Unterstützung von taktischen Entscheidungen geeignet ist, für Unternehmen von Interesse ist. Der Unterschied zwischen Konkurrenzausspähung und Competitive Intelligence ist vorwiegend in der Legalität der Tätigkeit bei der Informationsgewinnung zu suchen. Die Zielrichtung ist als fast identisch anzusehen.

4.3 Kapitalmarktakteure und Intelligence-Dienstleister

Eine im Kontext von Intelligence Gathering, Wirtschaftsspionage bzw. Konkurrenzspionage wenig thematisierte Gruppe von Akteuren ist an dieser Stelle als Interessengruppe zu nennen. Erkenntnisse, wie sie aus den Datenhalden, die in Kapitel 5 beschrieben werden, zu extrahieren sind, können auch für Kapitalmarktakteure[14] und Intelligence-Dienstleistern von Interesse sein.

Dabei stellt sich zunächst die Frage, ob ein Informationsvorsprung für Kapitalmarktakteure von Nutzen sein kann. Um dies zu beantworten wird folgende Aussage von Fama [24] betrachtet: "A market in which prices always 'fully reflect' available information is called 'efficient'." [24 S. 383].

Ein Kapitalmarkt, auf dem Informationseffizienz besteht, ist nach der Effizienzmarkthypothese von Fama dadurch charakterisiert, dass alle Preise von Finanzierungstiteln[15] in jedem Zeitpunkt voll dem jeweiligen gegebenen Informationsstand

---

14 Beispiele für Kapitalmarktakteure wären Investmentbanken, Hypothekenbanken, Investment- und Pensionsfonds, Hedgefonds, Equity Trusts oder Versicherungsgesellschaften.

15 Es kann generell zwischen originären und derivativen Finanztiteln unterschieden werden. Originäre Finanztitel (sogenannte Finanzierungstitel) sind z.B. Aktien und Anleihen. Es handelt sich also um Finanzinstrumente, die einen Fundamentalwert besitzen.

entsprechen. Die Preise stellen sich bei jeder neuen Information ohne zeitliche Verzögerung auf dem Niveau ein, welches sich ergäbe, falls alle Investoren diese Information gleichzeitig erhielten und unverzüglich ihre Disposition träfen. Dabei erfolgt bei Informationseffizienz die Anpassung an das Marktgleichgewicht unendlich schnell. In den Preisen spiegelt sich zu jedem Zeitpunkt der auf dem Markt gegebene Informationsstand wider. Es gibt keine über- oder unterbewertete Titel [25 S. 398].

Dabei werden drei Stufen der Informationseffizienz definiert [25 S. 398f.] und [26 S. 87ff.]:

Strenge Form der Informationseffizienz

Wenn zu jedem Zeitpunkt die Preise dem besten irgendwo vorhandenen Informationsstand entsprechen, auch wenn dieser nicht allgemein zugänglich ist, ist die höchste Stufe der Informationseffizienz geben. Das bedeutet, dass kein Investor durch irgendwelche Informationen, Insiderinformationen eingeschlossen, systematische Überrenditen erzielen kann. Unter realen Bedingungen ist Informationseffizienz im strengen Sinne nicht zu erwarten.

Mittelstrenge Form der Informationseffizienz

Wenn zu jedem Zeitpunkt in den Marktpreisen alle allgemein verfügbaren Informationen voll zum Ausdruck kommen, ist Informationseffizienz im mittelstrengen Sinne gegeben. Dabei wird auf alle öffentlich verfügbaren Informationen Bezug genommen, sowohl solche über die Geschäftslage des Unternehmens als auch solche über das Geschehen auf dem Kapitalmarkt. Ist die mittelstrenge Form der Informationseffizienz gegeben, so kann kein Investor durch Handelsstrategien, die auf das Ausnutzen von öffentlich zugänglichen Informationen basieren (z.B. Fundamentalanalysen), systematisch Überrenditen erzielen.

Schwache Form der Informationseffizienz

Wenn die Preise auf dem Kapitalmarkt zu jedem Zeitpunkt dem Informationsstand über das Marktgeschehen in der Vergangenheit und der auf dieser Grundlage möglichen Prognose entsprechen, ist Informationseffizienz im schwachen Sinne gegeben. Die Gültigkeit der schwachen Form der Effizienzthese schließt aus, dass Anleger durch Handelsstrategien, die auf historischen Preisen oder Renditen basieren, systematisch Überrenditen erzielen (z.B. durch technische Analyse).

Es ergeben sich unterschiedliche Strategien der Informationsgewinnung, wenn der Anleger die eine oder andere Form der Informationseffizienz am Markt unterstellt [26 S. 88]. Wie oben erwähnt, ist die strenge Form der Informationseffizienz unter

---

Derivative Finanztitel (sogenannte Derivate) besitzen hingegen keinen Fundamentalwert [98 S. 5f.]. Eine detaillierte Unterscheidung ist hier nicht dienlich und soll im Weiteren unterbleiben.

realen Bedingungen nicht zu erwarten und somit kann durch Ausnutzen von nicht öffentlich zugänglicher Information eine Überrendite erzielt werden.

Kann aber eine Überrendite durch Ausnutzen von Informationen erzielt werden, gewinnen die Informationen selbst auch an Wert, da diese wiederum an interessierte Kreise weiterverkauft werden können. Es liegt nahe, dass Kapitalmarktakteure auf Intelligence-Dienstleister zugreifen und somit das Intelligence Gathering auslagern (Outsourcing). Dabei sind Intelligence-Dienstleister, die aktuelle und zuverlässige Informationen liefern, bzw. eine treffsichere Beratungsleistung erbringen, im Vorteil. Die in Kapitel 5 beschriebenen Datenhalden bieten, wie in den Kapiteln 6 und 7 dargelegt, weitreichende Möglichkeiten des Erkenntnisgewinns[16].

4.3.1 Ziele der Kapitalmarktakteure

Jegliche Information, die Kapitalmarktakteure einen Vorteil am Kapitalmarkt verschaffen kann, ist potentiell von Interesse. Informationen über Unternehmen und deren wirtschaftliche Entwicklung, wie

- der wirtschaftliche Erfolg,
- die Kapitalstruktur,
- die Entwicklung von Marktanteilen und Wettbewerbspositionen,
- die technologischen Entwicklungen, welche die Marktposition des Unternehmens beeinflussen,
- die Exportabhängigkeit,
- die Abhängigkeit von Weltmarktpreisen für Rohstoffe,
- Indikatoren für die Qualität der Unternehmensführung,

aber auch Informationen über die gesamtwirtschaftliche Entwicklungen, sowie Konjunktur- und Wachstumsprognosen, strukturelle Verschiebungen auf den Märkten sind von Wert. Das Ziel ist, ein besseres Urteil darüber zu gewinnen, wie sich das Erfolgspotential eines Unternehmens in Zukunft entwickeln wird, welche Risiken zu beachten sind und wie der Finanzierungstitel unter Berücksichtigung dieser Einflussfaktoren auf dem Markt bewertet werden wird [25 S. 403].

Viele der oben genannten Informationen über Unternehmen können beispielsweise zur Fundamentalanalyse[17] benutzt werden. „Die Fundamentalanalyse stellt die

---

16 Auch das Interesse von Ratingagenturen an den Daten ist nicht auszuschließen.

17 Für einen Kapitalanleger, der den Erwerb von Finanzierungstiteln in Betracht zieht, stellt sich die Frage, ob und in welcher Weise Informationen beschafft werden sollen. Die hierzu entwickelten Methoden und Ansätze sind unter der Bezeichnung Wertpapieranalyse zusammengefasst. Die Fundamentalanalyse ist eine von zwei Formen der Wertpapieranalyse [25 S. 402].

Sammlung und Auswertung von Informationen in den Mittelpunk, die sich auf das Unternehmen und sein gesamtwirtschaftliches Umfeld beziehen" [25 S. 402].

Übergeordnete Ziele der Informationssammlung und Auswertung [27] können sein:

- Identifizierung von Investmentmöglichkeiten zum Beispiel durch Identifizierung von unter- und überbewerteten Finanzierungstiteln [25 S. 417]
- Monitoring des Marktes oder des Portfolios
- Entscheidungsunterstützung
- Risikomanagement
- Unterstützung des Merger & Acquisitions Marktes [28 S. 32]

Es ist darauf hinzuweisen, dass die Ziele der Intelligence-Dienstleister sich nach den Wünschen der Kunden richten. Somit können die Ziele von Intelligence-Dienstleistern denen aus Abschnitt 4.2 nahe kommen, falls Unternehmen die Zielgruppe darstellen.

Welche Daten und Informationen die Akteure des Intelligence Gathering auswerten können, um ihre Ziele zu erreichen, wird im folgenden Kapitel erläutert.

5 Im Wirtschaftskreislauf entstehende Datensammlungen

Durch die wirtschaftliche Tätigkeit eines Unternehmens fallen Daten an, auf deren Speicherung und Verwendung das Unternehmen selbst keinen Einfluss hat. Dieser Trend wurde durch weltweite Gesetzgebungsverfahren nach den Ereignissen des 11. September 2001 weiter beschleunigt. Im Folgenden werden vier Datensammlungen untersucht, die beispielhaft für die gesamte Problematik der Datensammlungen stehen. Die Untersuchung der Daten auf die Möglichkeit einer Gewinnung von wirtschaftlich relevanten Informationen soll eruieren, ob ein theoretisches Gefährdungspotential für Unternehmen und Volkswirtschaften vorhanden ist. In diesem Kapitel werden Hintergrundinformationen zu und die Datensammlungen selbst vorgestellt. In Kapitel 6 wird anschließend analysiert, inwieweit Informationen über die wirtschaftliche Tätigkeit eines Unternehmens durch Analyse einzelner Datenhalden gewonnen werden können.

5.1 Internationale Finanzdaten

Die Society for Worldwide Interbank Financial Telecommunication abgekürzt S.W.I.F.T. oder SWIFT, ist eine belgische Genossenschaft. Der Hauptsitz befindet sich in La Hulpe, Belgien. SWIFT stellt nach eigenen Angaben eine Kommunikationsplattform für mehr als 8800 Banken und Finanzinstitute wie Broker, Investmenthäuser, Börsen und Wertpapierhändler in mehr als 209 Ländern (Stand: Jahresbericht 2008 [29]) zur Verfügung, um Telekommunikation zwischen diesen Instituten zu ermöglichen.

Über die Kommunikationsplattform (SWIFT-Netz) werden ausschließlich Finanznachrichten ausgetauscht, es findet jedoch kein Finanztransfer statt. Das erklärte Ziel von SWIFT ist die sichere, zuverlässige und vertrauliche Datenübertragung der Finanzdaten [30]. Durchschnittlich wurden im Jahr 2008 pro Tag 15,3 Millionen Finanznachrichten über das SWIFT-Netz übertragen, wobei im Oktober 2008 der Spitzenwert von 17,9 Millionen Nachrichten gemessen wurde. Abbildung 5-1 und Abbildung 5-2 zeigen die über den Monat gemittelten übertragenen Nachrichten pro Tag. Das Volumen, das mit den übertragenen Nachrichten verwaltet wird, entspricht rund 5 Billionen Euro pro Tag.

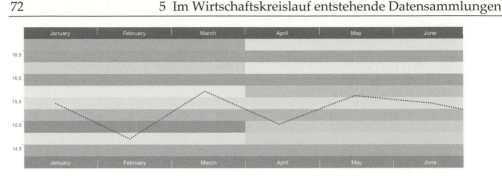

Abbildung 5-1:   Monatliche Entwicklung der durchschnittlich täglich übertragenen Finanznachrichten von Januar bis Juni 2008 (in Millionen) [29].

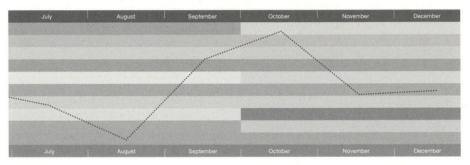

Abbildung 5-2:   Monatliche Entwicklung der durchschnittlich täglich übertragenen Finanznachrichten von Juli bis Dezember 2008 (in Millionen) [29].

Bei Betrachtung der übertragenen Nachrichten fällt auf, dass fast die Hälfte der Nachrichten auf den Zahlungsverkehr (siehe Abbildung 5-3) entfällt. Des Weiteren ist anzumerken, dass der Großteil der Nachrichten aus der EMEA-Region[18] (siehe Abbildung 5-4) stammt. Besonders Europa hat hier einen hohen Anteil. Im Jahresbericht wird ferner erwähnt, dass trotz der Einführung des TARGET2-Systems dennoch ein Wachstum bei den Zahlungsverkehrsdaten zu verzeichnen ist. Die Abkürzung TARGET steht für **T**rans-European **A**utomated **R**eal-time **G**ross Settlement **Ex**press **T**ransfer System. Es ist ein RTGS-System (**R**eal **T**ime **G**ross **S**ettlement System), ein so genanntes Echtzeit-Bruttozahlungssystem, in dem Banken Zahlungen untereinander, aber auch Kundenzahlungen abwickeln können. Ein RTGS-System ist ein Zahlungssystem, in dem die Verarbeitung und das Settlement in Echtzeit (d.h. kontinuierlich) und nicht in Form einer Stapelverarbeitung erfolgen. Auf diese Weise können Zahlungen sofort und endgültig ausgeführt werden.

---

18 Die Abkürzung EMEA stammt aus dem angloamerikanischen Sprachraum und steht für den Wirtschaftsraum Europe (Europa, bestehend aus West- und Osteuropa), Middle East (Naher Osten) und Africa (Afrika).

Unter Bruttoabwicklung versteht man die gesonderte Abwicklung jeder einzelnen Überweisung. TARGET2 ist der Nachfolger des TARGET-Systems[19].

FIN share by market

2008 share (%)

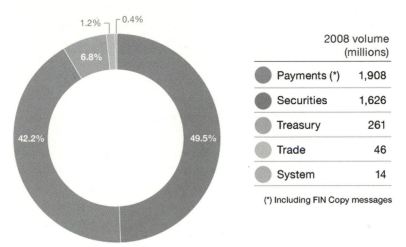

	2008 volume (millions)
Payments (*)	1,908
Securities	1,626
Treasury	261
Trade	46
System	14

(*) Including FIN Copy messages

Abbildung 5-3:   Aufteilung nach Art der Finanznachrichten [29].

FIN messages by region

2008 share (%)

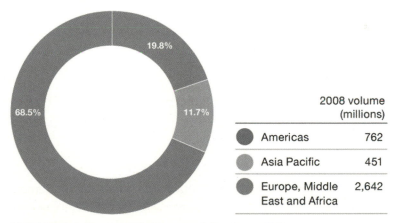

	2008 volume (millions)
Americas	762
Asia Pacific	451
Europe, Middle East and Africa	2,642

Abbildung 5-4:   Aufteilung nach Regionen [29].

Nach den Anschlägen vom 11. September 2001 traten CIA, FBI, Finanzministerium und US-Notenbank mit sogenannten „bona fide subpoena", das sind Beschlagnahmungsbeschlüsse ohne richterliche Aufsicht und Genehmigung, an die SWIFT-

---

19 Siehe dazu: http://www.bundesbank.de/zahlungsverkehr/zahlungsverkehr_2target.php und http://www.bundesbank.de/download/presse/publikationen/20071120.target2 _info.pdf

Führung heran, um Zugriff auf die Transaktionsdaten zu erhalten. Da SWIFT alle Daten zwischen den europäischen und amerikanischen Rechenzentren (Operation Center) spiegelt, haben die oben genannten Institutionen auch Zugriff auf rein innereuropäische Finanzdaten [31].

Nach dem Bekanntwerden des Zugriffes auf europäische Finanzdaten und der daraus resultieren Probleme mit den nationalen und europäischen Datenschutzgesetzen [32] wurde eine „Safe-Harbour"-Lösung zwischen den USA und der EU vereinbart. Ob diese Lösung einen besseren Schutz der Daten mit sich bringt, wird laut [33] angezweifelt. Die ausgehandelten Schutzmaßnahmen können nicht effizient überprüft werden, ebenso ob die Daten wirklich nur zum Zwecke der Terrorismusbekämpfung Verwendung finden. Die Angaben zum Umfang der analysierten Daten reicht von „winzig" bis zum vollständigen Zugriff auf alle relevanten Daten [32], wie auch im Finanzausschuss im Deutschen Bundestag erörtert wurde. „Die USA behielten sich den Zugriff auf den gesamten Datensatz vor, auch wenn keine Person in den USA selbst betroffen sei." [34].

Weitere getroffene Schutzmaßnahmen werden von [35] in Frage gestellt. Die Antwort auf eine Anfrage des ORF beantwortete SWIFT damit, dass kein Data-Mining möglich sei, da dies dediziert ausgeschlossen worden sei. Dabei werde durch eine externe, unabhängige Audit-Firma garantiert, dass Schutzmaßnahmen und Bedingungen befolgt werden, da die Suchergebnisse SWIFT selbst nicht bekannt seien. Laut SWIFT überprüfen die Auditoren die Suchergebnisse und bestätigen SWIFT, dass die Daten nur für die Verfolgung von Terrorismus genutzt werden.

> „Das heißt, letztlich garantiert die Geschäftsführung der mit der Angelegenheit befassten Beraterfirma Booz Allen Hamilton, dass die CIA, bei der Suchergebnisse erklärtermaßen landen, mit den Datensätzen anschließend nicht macht, was sie will.
>
> In der Geschäftsführung von Booz Allen Hamilton amtieren nämlich neben dem ehemaligen Direktor der National Security Agency (NSA), Mike McConnell (Senior Vice President), auch Ex-CIA-Chef James Woolsey (Vice President) und noch vier weitere Mitglieder, die hochrangige Posten in der US-Geheimdienstszene innehatten" [35].

Im Juni 2006 veröffentlichte die New York Times einen Artikel über die Überwachung der SWIFT-Finanzdaten. Darin wird ein nicht näher genannter, ehemaliger Verantwortlicher der Terrorismusbekämpfung mit den Worten zitiert: „The capability here is awesome or, depending on where you're sitting, troubling" fügte aber auch hinzu, dass das Missbrauchspotential enorm sei. Die SWIFT-Datenbank, so die New York Times, sei ein reichhaltiges Jagdgebiet für Untersuchungen der Regierung.

> "The cooperative's message traffic allows investigators, for example, to track money from the Saudi bank account of a suspected terrorist to a mosque in New York. Starting with tips from intelligence reports about

> specific targets, agents search the database in what one official described as a "24-7" operation. Customers' names, bank account numbers and other identifying information can be retrieved, the officials said" [36].

Laut New York Times entstand das SWIFT Programm durch einen Vorschlag einer Wall-Street-Führungskraft, welche die SWIFT-Datenbank gegenüber einem Mitarbeiter der Bush-Administration erörterte. Daraufhin wurde erkannt, welch einmaligen Zugang zu internationalen Transaktionen die SWIFT-Datenbank bot.

Geheimdienstmitarbeiter seien so erpicht darauf gewesen, die SWIFT-Daten zu nutzen, dass ein verdeckter, heimlicher Zugriff auf das System durch die CIA diskutiert wurde. Das Finanzministerium sei aber dagegen gewesen und favorisierte die direkte Kommunikation mit SWIFT [36]. Das SWIFT-Programm sei die größte und weitreichendste Initiative unter mehreren geheimen Bestrebungen der Bush-Administration nach dem 11. September 2001 gewesen, so ein weiterer Bericht der New York Times. Nach Bekanntwerden des Programms stimmten die Vereinigten Staaten einem Abkommen mit der Europäischen Union zu, die gesammelten Daten nun nur noch für fünf Jahre zu speichern [37].

Europäische Finanzinstitute nutzen den SWIFTNet-FIN-Service für die weltweite Übermittlung von Überweisungsdaten im Zusammenhang mit den jeweiligen Zahlungsanweisungen zwischen den Finanzinstituten [38 S. 9]. Der SWIFTNet-FIN-Service ermöglicht den Austausch von standardisierten Finanznachrichten nach dem MT-Standard[20] und arbeitet nach dem Store-and-Forward-Prinzip. Der SWIFTNet-Interact-Service bietet neben dem FIN-SERVICE ebenfalls die Möglichkeit, Finanznachrichten auszutauschen. Allerdings geschieht dies hier nach dem neuen XML-basierenden MX-Standard[21]. Dieser unterstützt neben dem Store-and-Forward-Prinzip auch den Nachrichtentransfer in Echtzeit [39]. Derzeit existieren beide Standards nebeneinander, wobei der MT-Standard durch den neueren MX-Standard abgelöst werden soll [40]. Gegenwärtig werden noch um den Faktor 10 mehr Nachrichten nach dem MT-Standard versandt, als nach dem neuen MX-Standard[22]. Allerdings nimmt der Anteil der Nachrichten nach dem MX-Standard zu [41].

5.1.1 Die SWIFT-Daten

Laut [38] beinhalten die Überweisungsdaten beispielsweise Namen des Zahlungsempfängers und des Zahlungsanweisenden.

---

20 Die Abkürzung MT steht für Message Type.

21 Nach Meinung der Autoren ist die Abkürzung MX an die Abkürzung MT und XML angelehnt.

22 Es existieren Produkte, die Nachrichten von MX- nach MT-Standard und zurück konvertieren können. Siehe dazu beispielswese http://www.tracefinancial.com/ article27.html.

„Die mit der Zahlung zusammenhängenden Überweisungsdaten können jedoch auch weitere Informationen enthalten, wie z.B. eine Geschäfts-/Bezugsnummer, damit der Zahlungsanweisende und der Zahlungsempfänger die jeweilige Zahlung mit ihren entsprechenden Buchungsunterlagen in Übereinstimmung bringen können. Darüber hinaus ist es bei bestimmten Arten von Überweisungsträgern möglich, nicht vorstrukturierte textliche Informationen anzufügen" [38].

In [42] wird des Weiteren ausgeführt, dass Informationen über den Urheber oder Empfänger der Transaktion wie Namen, Kontonummer, Adresse, sowie nationale Identifikationsnummern und weitere persönliche Daten zu den Transaktionsdaten zählen. Auch der Betrag und Informationen über die beteiligten Institute sind Teil der Transaktionsdaten [43].

Um eingehender zu betrachten, welche Daten mittels SWIFT übertragen werden, wird der SWIFTNet-FIN-Service näher untersucht. In [43] und [44] wird erläutert, dass über den SWIFTNet-FIN-Service mehr als 230 Nachrichtentypen[23] übertragen werden können. Diese sind in zehn Kategorien unterteilt, die alle anhand der ersten Ziffer einer dreistelligen Message-Type-Nummer einer Kategorie zugeteilt werden können:

- **MT0nn** System Messages
- **MT1nn** Customer Payments and Cheques
- **MT2nn** Financial Institution Transfers
- **MT3nn** Treasury Markets – Foreign Exchange, Money Markets and Derivatives
- **MT4nn** Collections and Cash Letters
- **MT5nn** Securities Markets
- **MT6nn** Precious Metals and Syndications
- **MT7nn** Documentary Credits & Guarantees
- **MT8nn** Travellers Cheques
- **MT9nn** Cash Management & Customer Status

Dabei ist eine SWIFT MT-Standard-Nachricht folgendermaßen aufgebaut [44]:

- {1: Basic Header Block}
- {2: Application Header Block}
- {3: User Header Block}
- {4: Text Block or body}
- {5: Trailer Block}

Die Blöcke 3, 4 und 5 können Unterblöcke oder Felder enthalten, die durch Erkennungsmarken abgegrenzt werden. Alle Blöcke haben dabei denselben Aufbau. Die geschwungenen Klammern kennzeichnen den Beginn und das Ende eines Blocks. An erster Stelle folgt eine Blockkennung, die Auskunft gibt, um welchen Teil der

---

23 Unter (96) werden die MT-Nachrichten nach Kategorie aufgelistet und kurz erläutert.

Nachricht es sich handelt. Block 3 ist optional. Viele Applikationen schreiben allerdings in diesen Block eine Referenznummer, die zum Abgleich genutzt werden
kann, wenn eine Quittierung durch SWIFT zurückgesandt wird. Im Anhang B.1
wird der Aufbau der einzelnen Blöcke näher erläutert.

Der Text Block (Block 4) enthält die tatsächliche MT-Nachricht. Die anderen Blöcke
werden üblicherweise vorher entfernt, bevor die MT-Nachricht verarbeitet wird. In
dieser Arbeit liegt das Augenmerk auf Daten von Überweisungen (demnach Nachrichten der MT1nn-Kategorie), deshalb wird dieser Block näher erläutert.

Im Folgenden wird anhand einer Beispiel-Nachricht aufgezeigt, welche Daten bei
einer Überweisung durch SWIFT übertragen werden. Bei der Beispiel-Nachricht
[45 S. 7] im Listing 5-1 handelt es sich um eine Nachricht im MT-103-Format. „In
the MT portfolio for customer payments to be sent by financial institutions, the MT
103 and the MT 103+ are the de facto standards used in cross-border traffic for sin-
gle customer credit transfers" [46]. Die einzelnen Positionen werden in der Tabelle
5-1 näher erläutert. Dabei steht das M im Status-Feld für mandatory, also vorgeschrieben und O für optional.

Listing 5-1:   Eine FIN-Nachricht im MT-103-Standard.

```
:20: 2449570982
:23B:CRED
:32A: 070319USD90,00
:50K: /012345678
EXPRESS RESOURCES
171, CHUN CHING ROAD
BEIJING - CHINA
:53A: ICBCTWTP002
:57A: DEUTDEFF
:59: /00222222222
SEMI SEMICONDUCTOR GMBH
D-77777 KIRCHHEIM
DEUTSCHLAND
:70: P.ADV.FR.15.03.07 TO PMNT
DOCUMENT 0000200619
:71A: SHA
```

Tabelle 5-1:   Beschreibung des Inhalts einer MT-103-Nachricht [47 S. 2ff.].

Feld	Beschreibung	St	Erläuterungen
20	Referenz Absender	M	Eindeutige Nummer des Senders
23B	Bank Operation Code	M	Service Level Agreements
32A	Valutadatum/Währung/Betrag	M	
50K	Kontonummer Name & Adresse	M	Auftragsgebender Kunde

53A	Kontonummer BIC	O	Bankverrechnung Absender
57A	Kontonummer BIC	O/M	Kontoführende Bank Empfänger
59	Kontonummer Name & Adresse	M	Empfänger, Begünstigter
70	Remittance Information	O	Angaben zum Grund der Überweisung, Verwendungszweck
71A	Gebühren	M	SHA = Entgeltteilung zwischen Überweisenden und Begünstigten

5.1.1.1 Eindeutige Kennung der SWIFT-Teilnehmer

Die Abkürzung BIC steht für **B**ank **I**dentifier **C**ode und bezeichnet eine eindeutige Kennung eines jeden SWIFT-Teilnehmers. Der Bank Identifier Code hat 8 oder 11 Stellen und ist wie folgt aufgebaut [48]:

- **bank code** vier Stellen Alphazeichen frei gewählt (z.B. RZOO für Raiffeisenlandesbank OÖ)
- **country code** zwei Stellen Alphazeichen, ISO-Code des Landes (für Österreich AT)
- **location code** zwei Stellen alphanumerisch zur Ortsangabe (z.B. 2L für Linz)
- **branch code** wahlweise drei Stellen alphanumerisch zur Bezeichnung von Filialen

Besonderheiten des BIC-Codes:

- Eine Null an der 8. Stelle kennzeichnet eine Testkennung.
- Eine 1 an der 8. Stelle gibt an, dass es sich nicht um einen Live-Teilnehmer handelt, der selber an SWIFT angeschlossen ist (sogenannte non-SWIFT BICs). Solche Kennungen können in Nachrichten benutzt werden, wenn auf diese Bank verwiesen wird, diese Teilnehmer können aber selber keine Nachrichten senden oder empfangen.
- Bei US-amerikanischen Kennungen wird durch die vorletzte Stelle des location codes die Zeitzone (3 = Ostküste bis 6 = Westküste) der betreffenden Bank angeben.
- Eine Stelle mit Sende-/Empfangsterminal hat immer eine 8-stellige Kennung, Filialen (11 Stellen) senden immer über die übergeordnete 8-stellige Nummer.

Wegen seiner Eindeutigkeit wird ein SWIFT-BIC im grenzüberschreitenden Zahlungsverkehr wie eine Art internationale Bankleitzahl verwendet. Im Anhang B.2 werden weitere mögliche Angaben in einer MT-103-Nachricht erläutert.

5.1.2 Weitere Entwicklung und Ausblick

Auf die anhaltende scharfe Kritik von Datenschützern und entsprechenden Anweisungen der Aufsichtsbehörden nach dem Bekanntwerden der Datenweitergabe
an die USA reagierte die Genossenschaft mit der Überarbeitung der Systemarchitektur. Es wurde ein Rechenzentrum in der Schweiz installiert, um den innereuropäischen Datenverkehr innerhalb Europas zu spiegeln und so dem rechtlichen
Zugriff auf die Daten durch die USA zu entziehen [49]. Die USA wollten aber weiter auf die Daten zugreifen.

Daraufhin wurde auf europäischer Ebene diskutiert, den USA nach der Verlage-
rung der Spiegelserver Zugriff auf die Daten zu gewähren. Bei einer Anhörung im
EU-Parlament im September 2009 warnte allerdings der Geschäftsführer von
SWIFT, dass unter „keinerlei Umständen [...] die bis heute erreichten, erfolgreichen Schutzmaßnahmen von den derzeitigen Diskussionen über eine neue Vereinbarung der EU mit den USA untergraben werden" sollten und dass eine Verbesserung des Datenschutzes „für unsere Kunden im Interesse der Stabilität des
Finanzsystems" gewährleistet werden sollte [50].

Auch ein Beschluss des deutschen Bundesrates wies am 27. November unter anderem auf die Risiken eines solchen Abkommens hin.

> „Der Bundesrat teilt die in der Entschließung des Europäischen Parla-
> ments zum Ausdruck gebrachte Sorge, dass ein Zugriff auf die betrof-
> fenen Finanztransaktionsdaten die Gefahr von Wirtschafts- und
> Industriespionage großen Ausmaßes mit sich bringt, weil die vorhan-
> denen Informationen Rückschlüsse über wirtschaftliches Verhalten zu-
> lassen" [51].

Trotzdem beschlossen die EU-Innenminister ein neues Interims-Swift-Abkommen
am 30. November 2009 [52]. Doch das Europaparlament lehnte die Vereinbarung
Mitte Februar ab. Die Abgeordneten forderten mehr Datenschutz für EU-Bürger
und fühlten sich als Volksvertretung übergangen. Daraufhin handelte die EU-
Kommission mit den USA einen neuen Vertrag aus. In diesem Vertragstext wurden beispielsweise Änderungen bei der Kontrolle des Datentransfers (Europol ist
befähigt, Datentransfer in die USA zu blockieren), die Abschaffung der Massen-
übertragung von Daten und die Überwachung der Datenverarbeitung durch einen
Vertreter der EU in den USA, eingearbeitet. Mit Artikel 4 der Übereinkunft wurde
die Übertragung von jeglichen Daten im Zusammenhang mit dem Einheitlichen
Europäischen Zahlungsverkehrsraums ausgeschlossen [53]. Das Parlament verab-
schiedete das Swift-Abkommen am Juli 2010, welches am 1. August in Kraft
trat [54].

Laut [53] gilt das Abkommen für einen Zeitraum von fünf Jahren und wird danach
jährlich zu erneuern sein. Außerdem soll die Kommission in der zweiten Hälfte
von 2010 mit den Arbeiten zu der Schaffung eines europäischen Terror Finance
Tracking Program (TFTP) beginnen und müsse einen Fortschrittsbericht innerhalb

von drei Jahren erstellen. Mit dem neuen Abkommen sicherte Brüssel den Konzernen und Drittländern zu, dass diese bei einem Transfer entsprechender Informationen an Washington keine Klagen oder andere Strafmaßnahmen zu befürchten haben. Die USA gingen die gleiche Verpflichtung in die andere Richtung ein.

Das Ansinnen der EU, im Gegenzug Zugriff auf US-Bankdaten zu erhalten scheint allerdings eher im Sande verlaufen zu sein. Nach der Ankündigung von EU-Justizkommissar Jacques Barrot im Juli 2009 Europa fordere die „volle und perfekte Gegenseitigkeit" und „Wir wollen ebenfalls Überwachungen durchführen und Daten, die in den USA gespeichert sind, nutzen können", scheint sich Europa nicht durchgesetzt zu haben [55].

Unabhängig von getroffenen Abkommen wird staatlichen Stellen der USA weiterhin der Zugriff auf alle international getätigten Transaktionen möglich sein. Es ist auch fraglich, inwieweit sich die CIA den Zugriff auf europäische Daten erschweren lassen wird, nachdem, wie oben erwähnt, angedacht war, den Zugriff gänzlich heimlich zu erlangen.

Dies zeigen auch neueste Bedenken bzgl. der Wirksamkeit des Abkommens. Wie in [56] berichtet wird, können die USA auch auf Überweisungen von einem EU-Land ins andere zugreifen, wenn diese über das System Swiftnet Fin erfolgen. Nach Angaben von EU-Abgeordneten wickelt Swift über dieses System 90 Prozent aller innereuropäischen Geldtransfers ab. In 2010 sind dies laut Zeitung noch monatlich 200 Millionen Transaktionen in der Region Europa/Naher Osten/Afrika gewesen. Die EU-Kommission erklärte dazu, es sei seit langem bekannt, dass amerikanische Terrorfahnder Zugang zu Swiftnet Fin hätten. Das Abkommen schützt laut EU-Kommission nur Daten, die über den 2008 eingeführten einheitlichen europäischen Zahlungsverkehrsraum (Sepa) laufen. Bis Sepa im Jahr 2013 realisiert ist, haben die USA noch Zugriff.

In Bezug auf einen Bericht der EU-Kommission [57] berichtet [58], dass die USA ihre Anfragen an die EU nicht wie gefordert eingrenzen. Die US-Behörden speichern daher europäische Bankdaten ohne Anlass und auf Vorrat. Diese Praxis verstößt gegen Artikel 4 des Swift-Abkommens. Zudem verschweigen die Amerikaner gegenüber Brüssel die Zahl der Zugriffe auf Finanzdaten. In Artikel 13 des Swift-Abkommens heißt es dagegen, die Zahl solle in dem Bericht dokumentiert werden. Ferner erwähnt die Kommission in ihrem Papier, dass sie über sehr wenige Fakten verfügt, die die Verhältnismäßigkeit oder den Nutzen des Abkommens belegen. Trotz der in dem Dokument erwähnten mehr als 27.000 Suchabfragen aufgrund eines Terrorverdachts kann die Brüsseler Behörde zudem keinen einzigen Fall nennen, in denen das Abkommen zur Terrorbekämpfung beigetragen hat.

Alle diese Informationen führen nicht gerade dazu, den Geheimdiensten der USA zu glauben, die Daten würden nur zur Bekämpfung des Terrorismus gesammelt. In Abschnitt 6.1 wird diese Datensammlung auf mögliche Ausspähungsszenarien hin untersucht.

5.2 Daten aus dem Welthandel

Der Warenverkehr wird zur Bekämpfung des internationalen Terrorismus durch den US-Zoll verstärkt überwacht. Da rund 50 Prozent aller US-Importe von Containern stammen, ist hier ein besonderes Augenmerk auf den Seeverkehr gelegt worden. Allerdings sind andere Verkehrsträger wie Luftverkehr, Eisenbahn oder Kurier ebenfalls in Teilen betroffen. Die wichtigsten Initiativen sind:

5.2.1 Container Security Initiative (CSI):

Diese Initiative zielt auf die Erhöhung der Containersicherheit ab. Durch ein Abkommen wird diese Initiative in einem ähnlichen System ebenfalls EU-weit Anwendung finden. Die CSI besteht aus vier Hauptelementen [59].

1. Hochrisiko-Container sollen durch Ausarbeitung von Sicherheitskriterien schnell identifiziert werden können
2. Vorabprüfungen von Containern
3. Einsatz von innovativen Technologien zur Ermöglichung von Vorabuntersuchungen
4. Überprüfung von Containern im Versandhafen durch die jeweiligen nationalen Zollbehörden mit Unterstützung von entsandten US-Zöllnern (smart-Container)

5.2.2 24-Hour Advance Vessel Manifest Rule (24-Hour rule oder 24-Stunden-Manifestregelung):

Reeder (ocean carriers) und „non vessel owning container carriers" (NVOCCs) werden verpflichtet, das Lademanifest spätestens 24 Stunden vor Schiffsbeladung an den US-Zoll zu senden, bevorzugt elektronisch an das AMS-System (Automated Manifest System[24]) des US-Zolls. Daten wie die Fahrroute, Verlader, Verladehafen, Name und Adresse des Empfängers, des Absenders, aber auch eine genaue Warenbeschreibung müssen übermittelt werden. Dabei muss die kleinste Verpackungseinheit angegeben werden. Betroffen sind alle Waren, die sich auf dem Schiff befinden, also nicht nur Sendungen, die für die USA bestimmt sind, sondern auch Transitsendungen, die sich an Bord eines Schiffes befinden, das die USA später anläuft. Diese Regelung gilt auch, wie oben erwähnt, für andere Verkehrsträger, wobei hierfür andere Meldezeiten gelten.

5.2.3 Customs-Trade Partnership Against Terrorism (C-TPAT):

C-TPAT stellt eine Sicherheitspartnerschaft zwischen der US-Zollbehörde mit der US-Wirtschaft zur Bekämpfung des internationalen Terrorismus dar. Dabei wird versucht, die Sicherheit durch Einbeziehung der Teilnehmer der Warenkette zu erhöhen. Teilnehmer haben sich einer Eigenuntersuchung nach den Richtlinien des Programms zu unterziehen. Auch ausländische Hersteller werden inzwischen

---

24 Webseite aufrufbar unter: http://www.automatedmanifest.com/

einbezogen. Nach der Eigenuntersuchung haben die Teilnehmer nach vorgegebenen Sicherheitsrichtlinien Sicherheitsprogramme einzuführen, die wiederum stichprobenartig vom Zoll überwacht werden. Eine Überprüfung der Mitarbeiter kann ebenso vom US-Zoll durchgeführt werden. Vorteile sind eine schnellere Abfertigung und weniger Überprüfungen nach dem Zufallsprinzip, da man eine niedrigere Risikokennziffer erhält.

All diese Initiativen sind mit beträchtlichen Datensammlungen verbunden, um Hochrisiko-Waren vor dem Eintreffen im Hafen zu lokalisieren, teilweise über automatisierte Systeme. Im Fall der 24-Stunden-Manifestregelung und der dazugehörigen AMS-Daten stehen diese Daten nicht nur den US-Einrichtungen zur Verfügung, sondern werden auch von dem Marktforschungsunternehmen „Port Import and Export Reporting Service" (PIERS[25]) im Internet zur Verfügung gestellt.

Dies ist deshalb als kritisch anzusehen, da neben anderen Geheimdiensten auch Mitbewerber recht einfach auf detaillierte Daten, wie beispielsweise die Adresse des Senders und Empfängers und alle Details der Fracht, zugreifen können. Laut [60] erlangt PIERS die Daten aus der Europäischen Union unter anderem durch den Freedom of Information Act (FOIA[26]) der USA. PIERS selbst erwähnt auf ihrer Website explizit auch das AMS-System [61].

Ein im Jahre 2004 geschlossenes Abkommen[27] im Zollbereich regelt allerdings, dass die zwischen den Vertragsstaaten übermittelten Daten nur für rechtlich definierte Zwecke verwendet werden dürfen. Robert Verrue, damaliger Generaldirektor für Steuern und Zollunion der Europäischen Kommission, verwies darauf, dass die US-Zollbehörde „Namen des Käufers, Absenders und Endempfängers oder andere Daten, die die Wirtschaftsinteressen verletzen könnten", nicht veröffentlichen dürften – ausgenommen wären nur Informationen über Ursprungsland, Warenbeschreibung und Gewicht [62].

---

25 Webseite aufrufbar unter: http://www.piers.com/

26 Der Freedom of Information Act gibt US-Bürgern unter Einschränkungen das Recht, von bundesstaatlichen Einrichtungen Zugang zu Dokumenten zu verlangen. Nähere Informationen sind aufrufbar unter: http://www.justice.gov/oip/index.html

27 Es handelt sich dabei um das „Abkommen zwischen der Europäischen Gemeinschaft und den Vereinigten Staaten von Amerika zur Intensivierung und Erweiterung des Abkommens über Zusammenarbeit und gegenseitige Amtshilfe im Zollbereich um die Zusammenarbeit bei der Containersicherheit und die damit zusammenhängenden Fragen". Dieses ist abrufbar unter: http://eur-lex.europa.eu/LexUriServ/site/de/oj/ 2004/l_304/ l_30420040930de00340037.pdf. Es ist eine Erweiterung des Abkommens über die Zusammenarbeit und gegenseitige Amtshilfe im Zollbereich aus dem Jahre 1997. Dieses kann unter der URL http://eur-lex.europa.eu/RECH_celex.do Celex-Nummer: 21997 A0812 abgerufen werden.

Somit scheint der Vorgang in den USA legal zu sein, verstößt aber gegen das Abkommen der EU mit den USA. Problematisch hierbei ist, dass europäische Unternehmen durch die Vereinbarung davon ausgehen könnten, dass die Daten nicht veröffentlicht werden. Sie wissen nicht, welchen Wissensvorsprung die Konkurrenz daraus ziehen kann.

5.2.4   Kommerzielle Vermarktung der AMS-Daten

Das Marktforschungsunternehmen „Port Import and Export Reporting Service" (PIERS) beschreibt sich selbst auf seiner Website mit

> "PIERS maintains the most comprehensive database of timely, accurate, import and export information on the cargoes moving through ports in the U.S., Latin America, and Asia. PIERS collects data from over 42,000 bills of lading everyday – then translates the raw data into the kind of meaningful intelligence that companies around the world use." [63]

und zählt folgende Verwendungsmöglichkeiten auf [63]:

- Find new suppliers, new markets and new business opportunities
- Benchmark performance against the competition
- Defend intellectual property against infringement and counterfeiting
- Understand international trade trends and forecasts
- Support strategic decision-making
- Arbitrate trade disputes

Schon diese Verwendungsmöglichkeiten deuten mehr oder weniger ungeschönt auf die Möglichkeiten des Intelligence Gathering hin. Es werden verschiedene Intelligence-Dienste angeboten, wobei hier drei vorgestellt werden, um die Möglichkeiten und Datenmengen vor Augen zu führen.

5.2.4.1 PIERS Trade Intelligence:

PIERS verspricht direkten, tagesaktuellen Zugriff auf die Import- und Export-Daten. Exportdaten können 36 zurückliegende Monate und Importdaten 60 zurückliegende Monate analysiert werden. Als Quelle der Daten wird hier das AMS-System aber auch manuell ausgefüllte „bills of landing and manifests" angegeben. Des Weiteren werden die Daten von PIERS aufbereitet und auditiert. In Abbildung 5-5 kann man ein Beispiel sehen, wie detailliert die Informationen abgerufen werden können.

Die Datenbank bietet fortgeschrittene Suchfunktion, mit der man die benötigten Informationen (z.B. Import oder Export, Zeitrahmen, Unternehmensnamen, Ursprung, Zielhafen, Transporteur oder Endziel) herausfiltern kann.

View their
sources of
supply

Coffee Bean Import Report
IMPORT BILL OF LADING DETAIL*

Identify your
competitors

SHIPPER	CONSIGNEE
BECAFISA S.A. DE C.V. CARRETERA VERACRUZ-JAMAPA KM 1.5 NO. - 1499 COL. GRANJAS DE LA BOTICARI	BRAUNNER INTL. 66 YORK ST. SUITE #100 JERSEY CITY, NEW JERSEY, 07302, AT'N: LANDIA CHU

NOTIFY PARTY	ALSO NOTIFY
VOLCAFE SWITZERLAND LTD. GERTRUDSTRASSE 1 CH-8400 WINTERTHUR AT'N: BRUNO SURI TEL.-4152 2649 49	ORDER

PACKAGING INFORMATION

Uncover
the
shipment
detail

Weight:	115,500.00 KG	Measurements:	0.00
Quantity:	1,650 BAGS	TEU's:	6.00

SHIPMENT DETAIL

Carrier:	ZIM CONTAINER	Country of Origin:	MEXICO
SCAC:	ZIMU	Coastal Region:	East Coast
Vessel:	ZIM PANAMA	US Port:	1001 NEW YORK
Voyage:	8E	For Port:	2412 KINGSTON
B/L:	ZIMUMEX19370	US Dest:	NEW YORK
Pre Carrier:	VERACRUZ, MEXICO (MX	For Dest:	
Lloyd's Code:	9231781	Mode of Transport:	10
Inbond Code:	00	Arrival Date:	05/19/2004
Estimated Value:	$149,191		

AMS COMMODITIES

Container	Qty	Description
FSCU3685875	275	20" DV: 1.650 BAGS WITH GREEN COFFEE BEAN S WITHOUT PEEL. NET WEIGHT: 113,850 KGS
GSTU5046720	275	20" DV: 1.650 BAGS WITH GREEN COFFEE BEAN S WITHOUT PEEL. NET WEIGHT: 113,850 KGS
INBU3323691	275	20" DV: 1.650 BAGS WITH GREEN COFFEE BEAN S WITHOUT PEEL. NET WEIGHT: 113,850 KGS
TRLU3637957	275	20" DV: 1.650 BAGS WITH GREEN COFFEE BEAN S WITHOUT PEEL. NET WEIGHT: 113,850 KGS
UESU2262348	275	20" DV: 1.650 BAGS WITH GREEN COFFEE BEAN S WITHOUT PEEL. NET WEIGHT: 113,850 KGS
ZIMU2422200	275	20" DV: 1.650 BAGS WITH GREEN COFFEE BEAN S WITHOUT PEEL. NET WEIGHT: 113,850 KGS

Abbildung 5-5:   Auszug eines von PIERS bereitgestellten Beispiels zu Trade Intelligence [64].

5.2.4.2 PIERS Trade Profiles:

Mit Trade Profiles stellt PIERS eine Plattform zu Verfügung, die laut eigenen Angaben Informationen über den Geschäftshintergrund im Detail, die Handelsaktivität und Kontaktinformationen von mehr als 350.000 Unternehmen beinhaltet.

Folgende und mehr Informationen über Unternehmen können laut Angaben von PIERS abgerufen werden, wobei wiederum eine fortgeschrittene Suchfunktion unterstützt.

- Handelsvolumen
- Gründungsjahr
- Anzahl der Angestellten
- Top Handelspartner
- Länder mit denen das Unternehmen am meisten gehandelt hat
- Meist gekaufte/verkaufte Güter
- Kommerzielle Hintergrundinformationen
- Kontaktinformationen

Gesucht werden kann beispielsweise nach geografischen Gesichtspunkten, Handelspartnern oder nach Produkten. Abbildung 5-6 und Abbildung 5-7 zeigen Beispiele, wie so eine Datenabfrage aussehen könnte.

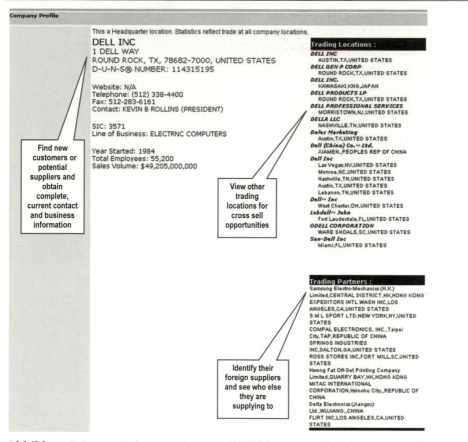

Abbildung 5-6:   1. Auszug eines von PIERS bereitgestellten Beispiels zu Trade Profile [65].

Qualify based on volume and value of trade

In PIERS database since: 04-2004
Importer / Exporter

Total Trade: 12 Month

	MTONS	TEUs	Shipments	% of Total Shipments	Estimated Value
Imports	11,481.8	1,862	648	81.3%	$95,221,586.9
Exports	144	20	149	18.7%	$973,190.9
TOTAL	11625.8	1882	797	100%	96,194,777.8

IMPORTS

Top Countries :

	MTONS	TEUs	Shipments	% of Total Shipments	Estimated Value
PEOPLES REP OF CHINA	9,956.6	1,548	482	74.4%	$70,535,387
REPUBLIC OF CHINA	588.6	166	83	12.8%	$17,361,526.1
SRI LANKA	349.5	64	32	4.9%	$566,675.8
HONG KONG	79.7	12	14	2.2%	$1,098,576.8
REPUBLIC OF KOREA	238.3	29	12	1.9%	$2,122,751.4
OTHER	269.1	43	25	3.8%	$3,536,669.8
TOTAL	11481.8	1862	648	100%	$95,221,586.9

Top Commodities :

Qualify based on volume and value of trade

	MTONS	TEUs	Shipments	% of Total Shipments	Estimated Value
Machinery	3,410.1	747	347	53.5%	$45,161,694.7
Textile & Apparel	2,980.8	553	181	27.9%	$28,821,793.5
Miscellaneous	882	219	73	11.3%	$5,032,437
Forest Products	4,057.1	330	38	5.9%	$15,644,165.5
Chemicals & Plastics	39.5	2	5	0.8%	$142,952.8
OTHER	112.4	11	4	0.6%	$418,543.4
TOTAL	11481.8	1862	648	100%	$95,221,586.9

Abbildung 5-7:   2. Auszug eines von PIERS bereitgestellten Beispiels zu Trade Profile [65].

5.2.4.3 PIERS Trade Finance:

Trade Finance bietet ähnliche Informationen wie Trade Profile, ergänzt diese aber um Finanzdaten. Zugeschnitten sei das System auf Banken und Handelsfinanzierer. Abbildung 5-8 zeigt einen Auszug aus einem Trade Finance Profil.

Die Aussagekraft der Daten ist nicht nur für Konkurrenzunternehmen von Interesse, sondern gibt auch Auskunft darüber, welche Menge an Daten die USA über den gesamten Wirtschaftskreislauf speichert und auch auswerten kann. Aber auch für interessierte Kreise außerhalb der USA stellen diese Daten eine Quelle zur Informationssammlung dar.

Der Tatsache, dass PIERS zwar eine große Menge an Daten über den Güterverkehr anbieten kann, die USA aber eine umfassendere Datensammlung besitzen bzw. auswerten, darf Beachtung geschenkt werden. In Abschnitt 6.2 werden mögliche Beispiele des Intelligence Gathering mit diesen Daten aufgeführt.

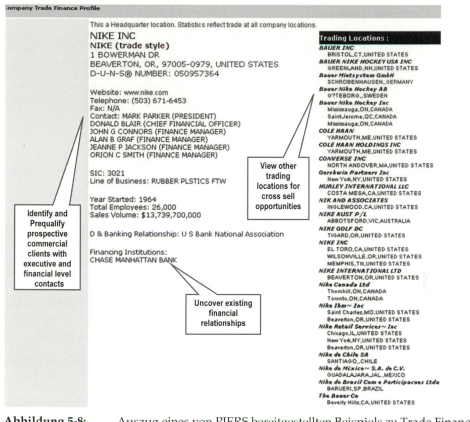

Abbildung 5-8: Auszug eines von PIERS bereitgestellten Beispiels zu Trade Finance [66].

5.3 Vorratsdatenspeicherung

Auf europäischer Ebene wurde im Jahr 2006 die Richtlinie 2006/24/EG „über die Vorratsspeicherung von Daten, die bei der Bereitstellung öffentlich zugänglicher elektronischer Kommunikationsdienste oder öffentlicher Kommunikationsnetze erzeugt oder verarbeitet werden, und zur Änderung der Richtlinie 2002/58/EG[28]" [67] verabschiedet. Mit dieser Richtlinie werden die Mitgliedstaaten verpflichtet, nationale Gesetze zu erlassen, welche die Anbieter von öffentlich zugänglichen elektronischen Kommunikationsdiensten und Netzen gesetzlich verpflichten, bestimmte Daten auf Vorrat zu speichern.

5.3.1 Zu speichernde Vorratsdaten

Die Richtlinie 2006/24/EG legt in Artikel 1, Abs. 2 fest, dass Verkehrs- und Standortdaten sowohl von juristischen als auch von natürlichen Personen sowie für alle

---

28 Abrufbar unter: http://eur-lex.europa.eu/LexUriServ/LexUriServ.do?uri=CELEX:32002
L0058:DE:HTML

damit in Zusammenhang stehende Daten, die zur Feststellung des Teilnehmers oder registrierten Benutzers erforderlich sind, gespeichert werden. Sie gilt nicht für den Inhalt elektronischer Nachrichtenübermittlungen einschließlich solcher Informationen, die mit Hilfe eines elektronischen Kommunikationsnetzes abgerufen werden. Dies bedeutet, dass beispielsweise nicht gespeichert wird, welche Internetseiten aufgerufen werden. Folgende Daten müssen laut Richtlinie 2006/24/EG Artikel 5 auf Vorrat gespeichert werden[29]:

5.3.1.4 Telefonfestnetz

- zur Rückverfolgung und Identifizierung der Quelle einer Nachricht benötigte Daten:
  - o die Rufnummer des anrufenden Anschlusses
  - o der Name und die Anschrift des Teilnehmers oder registrierten Benutzers
- zur Identifizierung des Adressaten einer Nachricht benötigte Daten:
  - o die angewählte(n) Nummer(n) (die Rufnummer(n) des angerufenen Anschlusses) und bei Zusatzdiensten wie Rufweiterleitung oder Rufumleitung die Nummer(n), an die der Anruf geleitet wird
  - o die Namen und Anschriften der Teilnehmer oder registrierten Benutzer
- zur Bestimmung von Datum, Uhrzeit und Dauer einer Nachrichtenübermittlung benötigte Daten:
  - o Datum und Uhrzeit des Beginns und Endes eines Kommunikationsvorgangs
- zur Bestimmung der Art einer Nachrichtenübermittlung benötigte Daten:
  - o der in Anspruch genommene Telefondienst
- zur Bestimmung der Endeinrichtung oder der vorgeblichen Endeinrichtung von Benutzern benötigte Daten:
  - o die Rufnummern des anrufenden und des angerufenen Anschlusses

5.3.1.5 Mobilfunk

- zur Rückverfolgung und Identifizierung der Quelle einer Nachricht benötigte Daten:
  - o die Rufnummer des anrufenden Anschlusses
  - o der Name und die Anschrift des Teilnehmers oder registrierten Benutzers
- zur Identifizierung des Adressaten einer Nachricht benötigte Daten:
  - o die angewählte(n) Nummer(n) (die Rufnummer(n) des angerufenen Anschlusses) und bei Zusatzdiensten wie Rufweiterleitung oder Rufumleitung die Nummer(n), an die der Anruf geleitet wird

---

[29] Eine nähere Erläuterung der Begrifflichkeiten ist im Anhang B.3 zu finden.

    o   die Namen und Anschriften der Teilnehmer oder registrierten Benutzer

- zur Bestimmung von Datum, Uhrzeit und Dauer einer Nachrichten-übermittlung benötigte Daten:

    o   Datum und Uhrzeit des Beginns und Endes eines Kommunikationsvorgangs

- zur Bestimmung der Art einer Nachrichtenübermittlung benötigte Daten:

    o   der in Anspruch genommene Telefondienst

- zur Bestimmung der Endeinrichtung oder der vorgeblichen Endeinrichtung von Benutzern benötigte Daten:

    o   die Rufnummern des anrufenden und des angerufenen Anschlusses
    o   die internationale Mobilteilnehmerkennung (IMSI) des anrufenden Anschlusses
    o   die internationale Mobilfunkgerätekennung (IMEI) des anrufenden Anschlusses
    o   die IMSI des angerufenen Anschlusses
    o   die IMEI des angerufenen Anschlusses
    o   im Falle vorbezahlter anonymer Dienste: Datum und Uhrzeit der ersten Aktivierung des Dienstes und die Kennung des Standorts (Cell-ID), an dem der Dienst aktiviert wurde

- zur Bestimmung des Standorts mobiler Geräte benötigte Daten:

    o   die Standortkennung (Cell-ID) bei Beginn der Verbindung
    o   Daten zur geografischen Ortung von Funkzellen durch Bezugnahme auf ihre Standortkennung (Cell-ID) während des Zeitraums, in dem die Vorratsspeicherung der Kommunikationsdaten erfolgt

5.3.1.6 Internet-E-Mail und Internet-Telefonie

- zur Rückverfolgung und Identifizierung der Quelle einer Nachricht benötigte Daten:

    o   die zugewiesene(n) Benutzerkennung(en)
    o   die Benutzerkennung und die Rufnummer, die jeder Nachricht im öffentlichen Telefonnetz zugewiesen werden
    o   der Name und die Anschrift des Teilnehmers bzw. registrierten Benutzers, dem eine Internetprotokoll-Adresse (IP-Adresse), Benutzerkennung oder Rufnummer zum Zeitpunkt der Nachricht zugewiesen war

- zur Identifizierung des Adressaten einer Nachricht benötigte Daten:

    o   die Benutzerkennung oder Rufnummer des vorgesehenen Empfängers eines Anrufs mittels Internet-Telefonie
    o   die Namen und Anschriften der Teilnehmer oder registrierten Benutzer und die Benutzerkennung des vorgesehenen Empfängers einer Nachricht

- zur Bestimmung von Datum, Uhrzeit und Dauer einer Nachrichtenübermittlung benötigte Daten:

  o Datum und Uhrzeit der An- und Abmeldung beim Internetzugangsdienst
    auf der Grundlage einer bestimmten Zeitzone, zusammen mit der vom
    Internetzugangsanbieter einer Verbindung zugewiesenen dynamischen oder
    statischen IP-Adresse und die Benutzerkennung des Teilnehmers oder des
    registrierten Benutzers
  o Datum und Uhrzeit der An- und Abmeldung beim Internet-E-Mail-Dienst
    oder Internet-Telefonie-Dienst auf der Grundlage einer bestimmten Zeitzone

- zur Bestimmung der Art einer Nachrichtenübermittlung benötigte Daten:

  o der in Anspruch genommene Internetdienst

- zur Bestimmung der Endeinrichtung oder der vorgeblichen Endeinrichtung
  von Benutzern benötigte Daten:

  o die Rufnummer des anrufenden Anschlusses für den Zugang über
    Wählanschluss
  o der digitale Teilnehmeranschluss (DSL) oder ein anderer Endpunkt des
    Urhebers des Kommunikationsvorgangs

5.3.1.7 Internetzugang

- zur Rückverfolgung und Identifizierung der Quelle einer Nachricht benötigte
  Daten:

  o die zugewiesene(n) Benutzerkennung(en)
  o die Benutzerkennung und die Rufnummer, die jeder Nachricht im
    öffentlichen Telefonnetz zugewiesen werden
  o der Name und die Anschrift des Teilnehmers bzw. registrierten Benutzers,
    dem eine Internetprotokoll-Adresse (IP-Adresse), Benutzerkennung oder
    Rufnummer zum Zeitpunkt der Nachricht zugewiesen war

- zur Bestimmung von Datum, Uhrzeit und Dauer einer Nachrichtenübermittlung benötigte Daten:

  o Datum und Uhrzeit der An- und Abmeldung beim Internetzugangsdienst
    auf der Grundlage einer bestimmten Zeitzone, zusammen mit der vom
    Internetzugangsanbieter einer Verbindung zugewiesenen dynamischen oder
    statischen IP-Adresse und die Benutzerkennung des Teilnehmers oder des
    registrierten Benutzers
  o Datum und Uhrzeit der An- und Abmeldung beim Internet-E-Mail-Dienst
    oder Internet-Telefonie-Dienst auf der Grundlage einer bestimmten Zeitzone

- zur Bestimmung der Endeinrichtung oder der vorgeblichen Endeinrichtung
  von Benutzern benötigte Daten:

o die Rufnummer des anrufenden Anschlusses für den Zugang über Wählanschluss

o der digitale Teilnehmeranschluss (DSL) oder ein anderer Endpunkt des Urhebers des Kommunikationsvorgangs

Durch den langen Speicherzeitraum und die lückenlose Protokollierung der oben genannten Daten ergibt sich ein Potential zur Datenanalyse. Vor allem Mobilfunk-Daten sind von besonderem Interesse, da ortsbezogene Informationen gespeichert werden, die Informationen über Positionen von Personen bei Verbindungsaufbau preisgeben. Der Trend, dass mobile Endgeräte regelmäßigen Kontakt mit dem Internet herstellen (z.B. das Endgerät überprüft alle fünf Minuten das E-Mail-Konto auf neu eingetroffene E-Mails), erhöht die Informationsdichte, wo sich der Träger über den Tag verteilt befindet.

An diesen Punkt ist auf den neuen Trend der Smartphones einzugehen. Wie schon in Abschnitt 3.1.4 kurz erwähnt, sammeln Apple, Google, Microsoft und Co. stand-ortbezogene/personenbezogene Daten. Die Erlaubnis dazu holen sie sich vorher durch den Benutzer ein, wenn dieser die Nutzungsbedingungen und Datenschutz-bestimmungen bestätigt. Würde der Benutzer diese Bedingungen nicht akzeptie-ren, würde das Mobiltelefon nur eingeschränkt oder gar nicht nutzbar sein. Der Gesetzgeber hat hierzu derzeit noch keine Lösung des Problems zu bieten und wäre gefordert regulierend einzugreifen. Eine komplette Deaktivierungsmöglich-keit dieser Datenerhebung wäre wünschenswert.

Es werden Datenbanken mit den Koordinaten von WLANs, deren MAC-Adressen und Mobilfunkzellen angelegt und dazu auf die Ortsdaten der Smartphone-Nutzer zugegriffen. Entsprechend der Nutzungsbedingungen speichern Apple, Google und Microsoft die Daten anonymisiert und geben an, kein Bewegungsprofil zu erstellen. Allerdings zeigen Untersuchungen[30] der Universität Texas, dass viele der vornehmlich anonymen Daten in Verbindung mit anderen Datenhalden recht schnell Rückschlüsse auf den ursprünglichen Daten-Erzeuger zulassen. Welche Daten mit anderen verknüpft werden (man denke beispielsweise an Google Such-anfragen, Mobilfunkdaten und dazu passende Werbung), ist nur zu erahnen.

Auch ist für Smartphone-Besitzer nicht oder nur schwer erkenntlich, wer wann, welche Daten sammelt und überträgt. Manche Apps verlangen beispielsweise Zu-griff auf eigentlich nicht benötigte Ressourcen oder täuschen vor, diese wirklich zu benötigen. Da kommt es schon einmal vor, dass ein beliebtes, kostenloses Spiel nach einem Update plötzlich nicht nur Internetzugriff für die eingeblendete Wer-bung verlangt, sondern auch den aktuellen Standort erfahren will. Außerdem wird ein voller Zugriff auf den Telefonspeicher, die eingelegte Speicherkarte und ein vollständiger Zugriff auf die Telefonfunktionen des Geräts verlangt. Mit diesen

---

30 Weitere Informationen unter: http://www.heise.de/tr/artikel/Anonym-war-gestern-276383.html

Berechtigungen ist es nun möglich, die Rufnummer der SIM-Karte sowie die Seriennummer des Geräts zu ermitteln, zu prüfen, ob ein Anruf geführt wird und mit welcher Rufnummer der Gerätebesitzer telefoniert. Diese Daten können anschließend zusammen mit dem aktuellen Standort per Internetverbindung irgendwohin übertragen werden.

Aber auch angesichts dieser vielfältigen Möglichkeiten an Mobilfunkdaten heranzukommen ist die Vorratsdatenspeicherung weiterhin bei weitem die umfassendste und somit auch einfachste Methode (z.B. im Rahmen bestehender Rechtshilfeabkommen) an solch umfassende Datenhalden heranzukommen.

Ausspähungsszenarien mit Hilfe dieser Daten werden in Abschnitt 6.3 näher erläutert.

5.4   Daten aus dem weltweiten Reiseverkehr

In der Reisebranche kommen Computer Reservation Systeme (CRS) bzw. Global Distribution Systeme (GDS) zum Einsatz. In diesen Systemen werden die Daten der gesamten Reiseroute für einen Passagier oder einer Reisegruppe mittels eines sogenannten Passenger Name Record (PNR) verwaltet. Im Anhang B.6 ist ein einfacher PNR dargestellt. Eingeführt wurden diese Systeme von der Flugindustrie, um alle Daten und Vorgänge rund um eine Flugbuchung elektronisch zu verwalten. Durch die International Air Transport Association (IATA), ein internationaler Branchenverband von Luftfahrtunternehmen, wurde ein Standard für den Aufbau und den Inhalt von PNRs definiert, um das Austauschen der Informationen zwischen den Fluggesellschaften zu erleichtern. Heutzutage werden diese Systeme auch zur Autovermietung, von Reiseveranstaltern bzw. von Hotel-, Bahn- oder Fährenbetreibern genutzt.

Erfolgt eine Reisebuchung, so wird mit hoher Wahrscheinlichkeit der dazugehörige PNR in den Systemen der drei großen CRS/GDS-Anbieter, namentlich Amadeus, Sabre und Travelport (beheimatet die Marken Galileo/Apollo und Worldspan) angelegt. Werden Teile der Reiseroute durch andere Anbieter durchgeführt, so wird eine Kopie des Haupt-PNR an diese übermittelt. Diese Kopie wird in den CRS/GDS vorgehalten, um den Teil der Route zu verwalten, für den sie verantwortlich sind. Ein einmaliger Schlüssel stellt die eindeutige Identifizierbarkeit des PNR sicher. Dadurch können Aktualisierungen zwischen den Haupt-PNR und dessen Kopien ausgetauscht werden. Oftmals ist keine Übersendung einer Kopie an andere Anbieter nötig, da der PNR einfach gemeinsam genutzt wird.

Nach den Ereignissen des 11. September 2001 wurde durch den US-Kongress ein Gesetz verabschiedet, welches alle Fluggesellschaften, die Flüge in die, aus den oder durch die USA durchführen, verpflichtet, den US-Behörden elektronischen Zugang zu ihren Fluggastdatensätzen zu gewähren. Bedenken seitens der Fluggesellschaften mit Sitz in der Europäischen Union, gegen EU-Datenschutzrecht zu verstoßen, verzögerten die Anwendung dieses Gesetzes. Die Ankündigung des

US-Zolls ab dem 5. März 2003 würden Fluggesellschaften, die keine Passenger-Name-Records-Daten liefern, bestraft, führte zum Vollzug dieses Gesetzes.

In Folge der Ankündigung nahm die EU-Kommission Verhandlungen mit dem US-Heimatschutzministerium auf, die das Ziel hatten, den Schutz der Daten zu gewährleisten [68]. Diese Verhandlungen mündeten im Mai 2004 in ein Übereinkommen[31], das einerseits den Zugang zu diesen Daten auf eine rechtliche Grundlage stellen und andererseits den Schutz der Daten sicherstellen sollte. Das Europäische Parlament rief im Juni 2004 wegen Vorbehalten dem Abkommen gegenüber den Europäischen Gerichtshof an, der das Abkommen in Folge annullierte[32], da es auf einer unzulässigen Rechtsgrundlage erlassen wurde. Nach einem Interimsabkommen trat zum 1. August 2007 ein im Juli 2007 geschlossenes Abkommen[33] in Kraft, das die Weitergabe an die US-Behörden seither regelt.

Europäische Fluggesellschaften sind laut dem Abkommen verpflichtet, zu jedem Flugpassagier einen Datensatz mit bis zu 19 Kategorien 72 Stunden vor Abflug an die US-Behörden zu übermitteln[34]. Bis 2007 waren es 34 Angaben. Laut der Entschließung des Europäischen Parlaments vom 12. Juli 2007 war die Verringerung im Wesentlichen kosmetischer Art, da es sich dabei um eine Zusammenlegung und Umbenennung von Datenfeldern statt um tatsächliche Streichungen handelt. Des Weiteren wird darauf hingewiesen, dass sensible Daten[35] dem Ministerium für Innere Sicherheit zugänglich gemacht werden und dass diese Daten in Ausnahmefällen vom der US-Behörde genutzt werden können. Außerdem ist das Europäische Parlament besorgt darüber, dass ein erhebliches Risiko massiver Profilerstellung und Datenausbeute besteht, da nicht geregelt ist, welche US-Behörden Zugang zu den Fluggastdaten bekommen sollen und dass Drittländer ganz allgemein Zugang zu Fluggastdaten möglich sein soll [69]. Die Daten werden laut [70] beim Department of Homeland Security (DHS) sieben Jahre lang in einer aktiven analytischen Datenbank vorgehalten und nach Ablauf dieser Zeit in einen ruhenden, nicht operationellen Status überführt und acht Jahre lang gespeichert. Im Fol-

---

31 Abrufbar unter: http://ec.europa.eu/justice_home/fsj/privacy/docs/adequacy/pnr/2004-05-28-agreement_en.pdf

32 Nähere Informationen unter: http://ec.europa.eu/justice_home/fsj/privacy/docs/adequacy/pnr/judgement_ecj_30_05_06_pnr_en.pdf

33 Nähere Informationen unter: http://eur-lex.europa.eu/LexUriServ/site/de/oj/2007/l_204/l_20420070804de00180025.pdf

34 Nähere Informationen unter: http://europa.eu/legislation_summaries/justice_freedom_security/fight_against_terrorism/l33277_de.htm

35 Beispielsweise personenbezogene Daten, die Rassenzugehörigkeit oder ethnische Herkunft, politische Meinungen, religiöses Bekenntnis oder Weltanschauung, Mitgliedschaft in einer Gewerkschaft offen legen, und Daten betreffend Gesundheit oder sexuelles Verhalten von Personen.

genden werden die Datenkategorien aufgezählt und erläutert, die an die USA übergeben werden, um dabei aufzuzeigen, um welche Daten es sich handelt.

5.4.1 Daten des Passenger Name Record

Folgende Daten werden laut [71] in den Buchungssystemen vorgehalten und an die US-Behörden übermittelt:

1. PNR record locator code: Der Passenger-Name-Record-Buchungscode ist eine Nummer zur eindeutigen Identifizierung des Datensatzes.
2. Date of reservation/issue of ticket: Datum der Reservierung/Ausstellung des Flugscheins.
3. Date(s) of intended travel: Daten der beabsichtigten Reise, wie Flugstrecken mit dazugehörigen Flugnummern und deren Termine.
4. Name(s): Es werden der vollständige Name mit allen Vornamen, Titeln und das Geschlecht übermittelt.
5. Available frequent flier and benefit information (i.e. free tickets, upgrades, etc.): Verfügbare Informationen über Vielflieger- und andere Bonusprogramme sowie weitere Rabatte.
6. Other names on PNR, including number of travelers on PNR: Andere Namen innerhalb des PNR, einschließlich der Anzahl der Reisenden, die der PNR betrifft. Wenn weitere Personen wie beispielsweise der Ehepartner oder Kinder mitreisen, werden diese Namen dem PNR beigefügt.
7. All available contact information (including originator information): Alle verfügbaren Kontaktinformationen der Heimat und des Zielortes, wie Adresse, Telefonnummern, E-Mail-Adressen oder Angaben zum Auftraggeber werden übermittelt.
8. All available payment/billing information (not including other transaction details linked to a credit card or account and not connected to the travel transaction): Alle verfügbaren Angaben zu Bezahlung/Rechnungsstellung, wie Kreditkartennummer, Kontonummer, Bankverbindung, Währung oder Rechnungsanschrift werden überstellt. Es werden keine anderen Einzelheiten zu Transaktionen im Zusammenhang mit einer Kreditkarte oder einem Konto, die nicht mit der Reise in Verbindung stehen, übergeben.
9. Travel itinerary for specific PNR: Reiseverlauf für den jeweiligen PNR, beispielsweise gebuchte Elemente der Reise, wie weitere Flugtickets, Mietwagenbuchungen oder Hotelreservierungen.
10. Travel agency/travel agent: Informationen zum Reisebüro und der Sachbearbeiter die den PNR bearbeitet haben.
11. Code share information: Codeshare-Informationen, z.B. eine zweite Flugnummer einer anderen Fluggesellschaft bei gemeinsam von zwei Fluggesellschaften betriebenen Flügen.

12. Split/divided information: Die Information über eine Aufspaltung/Teilung einer Buchung enthält bei nachträglicher Aufteilung einer gebuchten Reise eine Referenz auf einen anderen PNR.

13. Travel status of passenger (including confirmations and check-in status): Der Reisestatus des Passagiers, wie aktueller Status (Check-in-Schalter passiert; Passagier ist an Bord; welche Teilstrecken wurden schon geflogen), ob Flüge fest gebucht oder bestätigt sind. Auch ob der Passagier auf der Warteliste ist, ist darin vermerkt.

14. Ticketing information, including ticket number, one-way tickets and Automated Ticket Fare Quote: Informationen über Flugscheinausstellung (Ticketing) einschließlich der Flugscheinnummer und der Angabe, ob die Flugscheine für einen einfachen Flug (One-Way) gebucht sind. Des Weiteren wird an dieser Stelle die Automatic Ticket Fare Quote, also der gebuchte Tarif gespeichert.

15. All baggage information: Sämtliche Informationen zum Gepäck, wie etwa Gewicht und Zahl der Gepäckstücke.

16. Seat information, including seat number: Informationen über den Sitzplatz einschließlich der Sitzplatznummer.

17. General remarks including OSI, SSI and SSR information: Alle allgemeinen Bemerkungen einschließlich OSI-, SSI- und SSR- Informationen. OSI bedeutet im Branchenjargon „Other Service Request" (Andere Dienstleistungswünsche) und wird für Informationen benutzt, die zwar für die Fluglinie hilfreich, aber mit keinen speziellen Anforderungen verbunden sind. Die Fluggesellschaften übermitteln dort beispielsweise Angaben zu Reisenden mit besonders ausladenden Musikinstrumenten oder Müttern mit Kleinkindern. SSI ist die Abkürzung für „Special Service Information", SSR steht für „Special Service Request". Diese Datenfelder stehen für Anforderung nach einer besonderen Leistung oder Antwort/Aktion/Handlung auf eine Anforderung bei der Fluggesellschaft, wenn beispielsweise ein Reisender auf einen Rollstuhl angewiesen ist oder koscheres Essen während des Fluges wünscht.

18. Any collected APISinformation: APIS ist die Abkürzung für das „Advanced Passenger Information System". Es ist das System der bereits vorab erfassten Daten der Flugpassagiere. Diese werden z.B. beim Check-In erfasst, wenn das Ausweisdokument eingelesen wird. Informationen über die Nationalität, Ausweisnummer, Land, das den Ausweis ausgestellt hat, Gültigkeit des Ausweises, Vor-/Nachname des Passagiers (wie auf dem Pass angegeben), Geburtsdatum und Geschlecht sind Pflicht. Weitere Informationen, wie Geburtsort, Wohnort und Geburtsdatum können ebenfalls darin enthalten[36] sein. Wenn ein Visum benötigt und dieses vorlegt wird, so wird beim Check-In die

---

36 Eine Erläuterung zu APIS im Galileo-System ist zu finden unter: http://www.galileo.com /NR/rdonlyres/AE56FAF9-F6F4-48A2-808C-5A33900FB03F/0/PA223bAPISSSRs ProduktAdvisory_DE.pdf

Nummer erfasst. Auch die Ankunftsadresse bei der Reise in die USA muss im APIS beispielsweise erfasst werden. Abbildung 5-9 stellt einen Auszug einer Webseite zur Erfassung von APIS-Daten dar.

19. All historical changes to the PNR listed in numbers 1 to 18: Die Historie aller Änderungen der unter den Nummern 1 bis 18 aufgeführten PNR werden übermittelt.

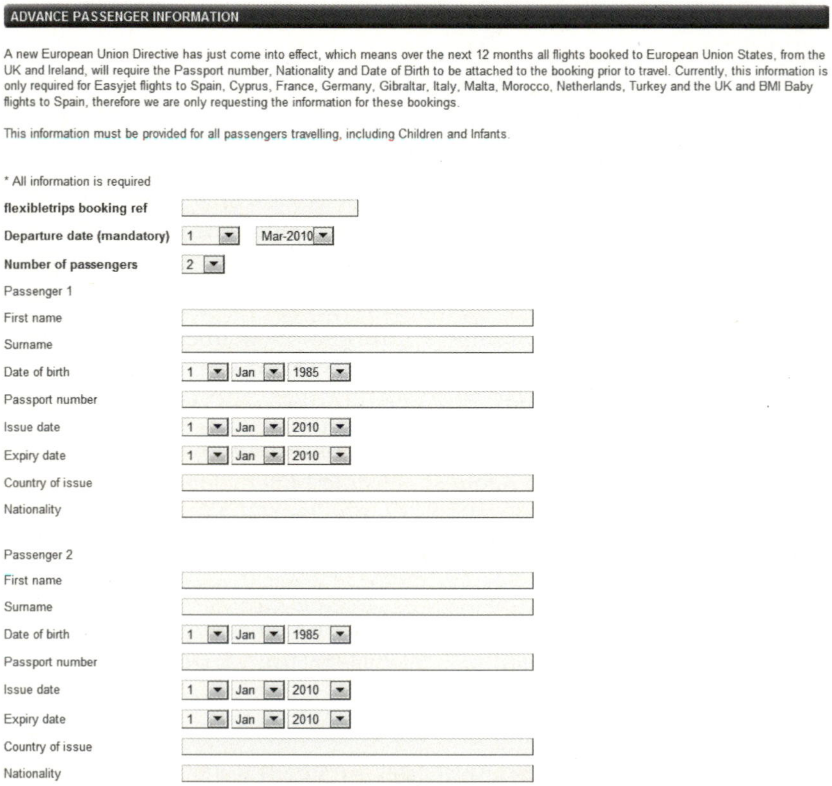

ADVANCE PASSENGER INFORMATION

A new European Union Directive has just come into effect, which means over the next 12 months all flights booked to European Union States, from the UK and Ireland, will require the Passport number, Nationality and Date of Birth to be attached to the booking prior to travel. Currently, this information is only required for Easyjet flights to Spain, Cyprus, France, Germany, Gibraltar, Italy, Malta, Morocco, Netherlands, Turkey and the UK and BMI Baby flights to Spain, therefore we are only requesting the information for these bookings.

This information must be provided for all passengers travelling, including Children and Infants.

* All information is required

flexibletrips booking ref   [_____]

Departure date (mandatory)   [1 ▼] [Mar-2010 ▼]

Number of passengers   [2 ▼]

Passenger 1

First name   [_____]
Surname   [_____]
Date of birth   [1 ▼] [Jan ▼] [1985 ▼]
Passport number   [_____]
Issue date   [1 ▼] [Jan ▼] [2010 ▼]
Expiry date   [1 ▼] [Jan ▼] [2010 ▼]
Country of issue   [_____]
Nationality   [_____]

Passenger 2

First name   [_____]
Surname   [_____]
Date of birth   [1 ▼] [Jan ▼] [1985 ▼]
Passport number   [_____]
Issue date   [1 ▼] [Jan ▼] [2010 ▼]
Expiry date   [1 ▼] [Jan ▼] [2010 ▼]
Country of issue   [_____]
Nationality   [_____]

Abbildung 5-9:   Eingabemaske zur Erfassung der APIS-Daten [72].

5.4.2   Kunden- und Unternehmensprofile

Fluglinien oder Reisebüros nutzen oftmals ein sogenanntes Profil zum Speichern von Stammdaten und unterstützenden Informationen bei Kunden mit Vielflieger- oder Bonusprogrammen bzw. Kunden, die über ein Firmenkonto reisen. Auch bei Stammkunden wird ein solches angelegt. Ein Kundenprofil ist ein Satz von Daten, der nützliche Informationen über den Reisenden bzw. die Firma beinhaltet. Diese können zur Unterstützung einer Buchung herangezogen werden. Es gibt im Normalfall drei Profil-Kategorien [73]:

- Ein „Traveller Profile", das Informationen über einen einzelnen Passagier beinhaltet
- Ein „Company Profile", das Informationen über eine Firma beinhaltet
- Ein „Traveller Profile", das mit einem Company Profil assoziiert ist

Das gespeicherte Profil in den CRS/GDS Systemen ist einem normalen PNR (Buchung eines Fluges) sehr ähnlich. Erfolgt eine Reisebuchung, so werden Teile des Profils in den PNR übernommen, das Profil vollständig in diesen kopiert oder mit dem Profil assoziiert. Dies ist eine Entscheidung des Sachbearbeiters. Profile können eine Vielzahl von Informationen beinhalten.

In einem Company Profile werden all jene Elemente und Informationen gespeichert, die für die gesamte Firma identisch sind, wie Rechnungsadresse, Firmenkreditkarten, Zustellmodalitäten, Informationen zu Bonusprogrammen auf Unternehmensebene (z.B. Hinweis, welche Hotelketten oder Autovermieter zu bevorzugen sind), Kontaktperson, Telefonnummern und Faxnummern. Aber auch Freitextfelder mit weiteren Kundeninformationen, Hinweise und Kommentare können enthalten sein. Bei größeren Firmen kann auch pro Abteilung oder Sparte ein Profil angelegt werden [74]. Abbildung 5-10 zeigt ein einfach gehaltenes Company Profile des Amadeus-Systems. Im Anhang B.5 findet sich ein aufwändigeres Company Profile (Listing B-5) aus einem Galileo-System.

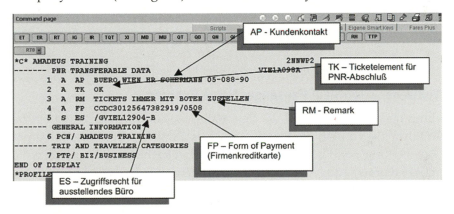

Abbildung 5-10:   Darstellung eines kurzen Company Profiles mit Erläuterungen [74].

Ein Traveller Profile beinhaltet alle dem Passagier zugeordneten Elemente[37], beispielsweise Angaben zu Kreditkarten, die zur Bezahlung benutzt werden können, Bonusprogrammen, Adressen (Firmen- und Privatadressen), Telefonnummern oder Kontaktangaben von Personen, die im Notfall zu benachrichtigen sind. Namen und weitere Informationen über Familienmitglieder oder Geschäftspartner, mit denen zuweilen gereist wird, können ebenfalls darin enthalten sein. Anmerkungen über Vorlieben (z.B. „Kunde bevorzugt Zimmer in den unteren Etagen eines Hotels", „Kunde wünscht immer Halal-Essen" oder „Kunde will nicht an einem jüdischen Sabbat fliegen") bzw. interne Vermerke des Reisebüros (z.B. „Schwieriger Kunde – ändert immer seine Meinung") sind möglich. Informationen über den Arbeitgeber, wie Abteilung, Kostenstellen- bzw. Projektnummern oder

---

37 Ein Formular zur Abfrage der Passagier-Profil-Informationen ist zu finden unter: http://www.worldmissionstravel.com/passenger-profile-form.aspx

Bewillingungscodes können in einem Profil hinterlegt sein [75]. Abbildung 5-11 stellt ein kurz gehaltenes Traveller Profile dar, ein ausführlicheres ist im Anhang B.4 Listing B-4 zu finden. Der Umfang der gespeicherten Informationen kann stark variieren. Eine Übersicht über weitere mögliche Elemente bietet die Auflistung im Anhang B.6.

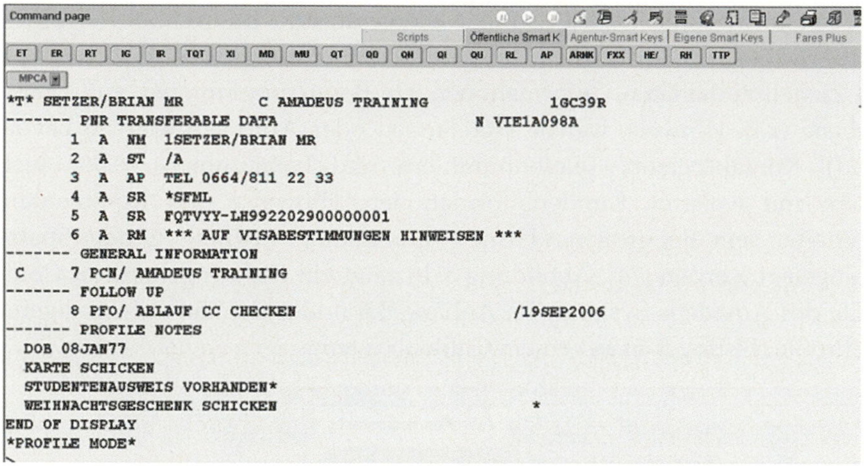

```
Command page                                    ① ② ③ ④  ⑤ 🖻 ⏶ 🗗 ☰ ✎ 🔊 ▢ 🖉 🖶 🖺 🖨
                                    Scripts   Öffentliche Smart K   Agentur-Smart Keys │ Eigene Smart Keys │   Fares Plus
 ET    ER    RT    IG    IR    TQT    XI    MD    MU    QT    QD    QN    QI    QU    RL    AP    ARNK    FXX    HE/    RH    TTP
 MPCA ▾
*T* SETZER/BRIAN MR         C AMADEUS TRAINING              1GC39R
------- PNR TRANSFERABLE DATA                   N VIE1A098A
       1  A  NM   1SETZER/BRIAN MR
       2  A  ST   /A
       3  A  AP   TEL 0664/811 22 33
       4  A  SR   *SFML
       5  A  SR   FQTVYY-LH992202900000001
       6  A  RM   *** AUF VISABESTIMMUNGEN HINWEISEN ***
------- GENERAL INFORMATION
 C     7  PCN/ AMADEUS TRAINING
------- FOLLOW UP
       8  PFO/ ABLAUF CC CHECKEN                /19SEP2006
------- PROFILE NOTES
  DOB 08JAN77
  KARTE SCHICKEN
  STUDENTENAUSWEIS VORHANDEN*
  WEIHNACHTSGESCHENK SCHICKEN                          *
END OF DISPLAY
*PROFILE MODE*
```

Abbildung 5-11:   Darstellung eines kurzen Traveller Profiles [74].

5.4.3   Weltweiter Zugriff auf Passenger Name Records

Die Sammlung und der Zugriff auf die Reisedaten bleiben nicht auf die USA beschränkt. In Europa wird über die Einführung eines ähnlichen Systems zur Sammlung und Auswertung von Flugpassagierdaten nachgedacht [76, 77] und es bestehen weitere Abkommen zum Austausch dieser Daten zwischen der Europäischen Union, Kanada [78] und Australien [79]. In einer Entschließung [69], wie in Abschnitt 5.4 erwähnt, wendet sich das Europäische Parlament entschieden dagegen, dass die USA Drittländern ganz allgemein Zugang zu Fluggastdaten ermöglichen, sofern sie die vom Ministerium für Innere Sicherheit festgelegten Bedingungen erfüllen.

5.4.4   Ausblick

Laut einem Vorschlag des Rates der Europäischen Union [77] wird über die Ausweitung der Datenerfassung auf innereuropäische Flüge nachgedacht. Auch ein Erfassen von anderen Transportformen, wie beispielsweise des Bahn- oder Schiffsverkehrs, fand in diesem Vorschlag Erwähnung. Außerdem greifen die US-Behörden weiterhin direkt auf die Buchungssysteme der Fluggesellschaften zu und verzögern die Umstellung auf ein Verfahren zur Übermittlung der relevanten Daten, das sogenannte Push-Verfahren. Dies ist laut Bundesdatenschutzbeauftragten Peter Schaar ein „Verstoß gegen das Abkommen", da diese Umstellung bereits Anfang 2008 hätte erfolgen sollen [80].

Neben den USA, Kanada, Australien, Neuseeland und Südkorea haben auch Japan, Saudi-Arabien, Südafrika und Singapur einschlägige Vorschriften in Kraft gesetzt oder erproben gegenwärtig die Verwendung von PNR-Daten.

In weiteren Ländern ist ein entsprechendes Ansinnen in Vorbereitung. Weitere Drittstaaten haben inzwischen Interesse an einem PNR-Datentausch mit der EU signalisiert, darunter Russland, Israel und China. In der EU verfügt das Vereinigte Königreich bereits über ein System zur PNR-Auswertung. Belgien, Dänemark, Frankreich, die Niederlande und Schweden erproben gegenwärtig die Verwendung von PNR-Daten. Zukünftig ist laut Kommission ein steigender Bedarf an Abkommen zu erwarten, dem deshalb jetzt in „strukturierter Weise" begegnet werden solle [81 S. 2–6].

Wie weiter oben aufgezeigt, sind die geforderten Kategorien umfangreich und nicht im Einzelnen geregelt. Deshalb ist davon ausgehen, dass auf alle in einem PNR-Datensatz enthaltenen Informationen zugegriffen wird. Welche Aussagen anhand dieser Daten gewonnen werden können, wird in Abschnitt 6.4 näher untersucht.

6 Möglichkeiten der Ausspähung von Unternehmen

In diesem Kapitel soll eruiert werden, inwieweit eine Informationsgewinnung aus einzelnen Datensammlungen im Bereich des Möglichen liegt. Mit Hilfe von Szenarien sollen die theoretischen Möglichkeiten anschaulich gezeigt werden. Dabei werden jegliche denkbaren interessierten Kreise eingeschlossen, ohne zu thematisieren, ob sie aktuell oder in Zukunft tatsächlich Zugriff auf diese Daten bekommen oder sich Zugriff verschaffen werden. Es wird den USA in diesem Kapitel nicht unterstellt, dass ihre Geheimdienste gewonnene Daten oder Erkenntnisse an Unternehmen weitergeben, trotzdem wird auch dieses Szenario nicht ausgeschlossen.

Ein weiterer Schwerpunkt der Auswahl von Szenarien liegt in der automatisierten und dauerhaften Analyse der Daten und dem Profiling von Unternehmen und deren Mitarbeitern, da darin das größte Potential zu sehen ist. Eine automatisierte Überprüfung auf Anomalien und vorgegebene Muster ermöglicht eine Vorselektion von Vorfällen mit Bedeutung, was eine Überwachung sehr vieler Vorgänge ermöglicht. Die selektierten Vorgänge können dann zur manuellen Überprüfung weitergegeben werden. Eine computergestützte Sammlung von interessanten Daten, die einerseits zur automatisierten Bewertung von Vorgängen und andererseits zur Informationsgewinnung bei menschlicher Auswertung benutzt wird, unterstützt den Vorgang. Zum besseren Verständnis wird davon ausgegangen, dass nicht jedes Unternehmen und seine Mitarbeiter analysiert werden, sondern nur die wirtschaftlich interessantesten Unternehmen (z.B. innovative klein- und mittelständische Unternehmen, Flugzeugbauer, Groß-, Hochtechnologie- und Rüstungsunternehmen) und Mitarbeiter.

Der Möglichkeit Daten zu verknüpfen, um damit detaillierte Erkenntnisse zu gewinnen, wird anschließend im Kapitel 7 nachgegangen.

6.1 Ausspähungsszenarien mit Hilfe der Finanzdaten

Generell kann zwischen dem Ansatz der Erkenntnisgewinnung durch Sammlung und Auswertung großer Mengen von Daten (Online-Analytical-Processing und Data Mining) über eine gewisse Zeit und der Echtzeitüberwachung auf bestimmte, definierte Ziele unterschieden werden. Die folgenden Szenarien konzentrieren sich auf die Auswertung der Payment-Nachrichten des SWIFT-Netzwerkes, wobei sich gleichermaßen auch Erkenntnisse aus den anderen Nachrichtenkategorien (siehe Abbildung 5-3 und Abschnitt 5.1.1) gewinnen ließen[38].

6.1.1 Online-Analytical-Processing (OLAP)

Hierfür werden alle getätigten Zahlungen über einen bestimmten Zeitraum strukturiert in einem Profil zur Auswertung abgelegt. Für jede überwachte Entität (z.B. Unternehmen) wird jede Transaktion in ein eigenes Profil gespeichert. Eine Zahlung, die eine Entität an Geschäftspartner in Auftrag gibt oder von ihnen empfängt, wird in einem Analysesystem abgelegt. Jegliche Daten wie Empfänger, Auftraggeber, Betrag und Verwendungszweck werden hinterlegt. Dabei wird darauf geachtet, dass jegliche Konten möglichst feingliedrig, d.h. auf die kleinste zuordbare Einheit (z.B. Tochtergesellschaften), einer Entität zugewiesen werden. Um dies zu erreichen, wird unter Umständen anfangs ein manueller Eingriff nötig sein, da es beispielsweise über das Auftraggeberfeld geschehen muss. Dieses kann in unterschiedlicher Weise ausgefüllt sein, so dass eine automatische Zuweisung nicht erfolgen kann. Allerdings wird dieses Problem durch die elektronische Datenverarbeitung (immer derselbe Name im Auftraggeberfeld) minimiert. Hilfreich hierbei wäre das Anlegen einer Datenbank, die Auskunft über die Bankkonten von Entitäten und deren Verwendungszweck[39] geben kann.

Jede weitere Überweisung wird ebenfalls strukturiert abgelegt. Zur Analyse lassen sich typische Funktionen, wie Drill-Down (Hineinzoomen) bzw. Drill-Up (Herauszoomen) von OLAP-Systemen zunutze machen. Das hilft dabei, ein gesamtes Unternehmen zu analysieren (z.B. seine Umsatzhöhe) oder auch nur eine einzige Zahlung zu betrachten. Automatisiert ausgewertet werden kann zum Beispiel, wie sich der Gesamtumsatz eines börsennotierten Unternehmens in einem Vergleichszeitraum entwickelt bzw. welcher Trend zu erkennen ist. Berechnet das System beispielsweise eine Abweichung von mehr als 15 % gegenüber dem Vorjahreszeitraum, so wird automatisch eine Meldung ausgegeben. Diese Information kann für Aktiengeschäfte (evtl. für Hedgefonds oder Investmentbanken von Interesse) genutzt werden, da noch vor Veröffentlichung von Quartalszahlen die aktuelle Geschäftsentwicklung bekannt ist.

Aber auch das Aufdecken von Geschäftsbeziehungen durch Zahlungen und deren Volumen kann nützliche Informationen preisgeben. Werden z.B. Zahlungen an eine Kanzlei, die über Patentanwälte mit internationaler Erfahrung verfügt, analysiert, so können lohnenswerte Ziele zur Technologiespionage lokalisiert werden. Durch anschließendes Eindringen in die IT-Systeme dieser Unternehmen kann man detaillierte Kenntnisse über neu entwickelte Technologien gewinnen.

---

38 Hier sei ein Beitrag des Security-Expertenrates der Computerwoche zu erwähnen, in der sich Herr Tsolkas über Spionage im Zusammenhang mit SWIFT äußert [92].

39 Die Verwendung eines bestimmten Bankkontos kann Hinweise auf den Zweck der Überweisung geben.

6.1.2 Data Mining

Werden alle Finanztransaktionen in einer Datenbank gesammelt, so besteht die Möglichkeit, diese auf Muster hin zu untersuchen. Beispiele für interessante Muster wären jene, die auf eine Änderung der Geschäftsstrategie hindeuten. Zeigt ein Muster beispielsweise Hinweise auf gezielte Maßnahmen, welche die Übernahmereife einer Tochtergesellschaft herbeiführen sollen (z.B. Trennung von privaten und gewerblichen Bereichen bei KMUs), so könnte dies auf einen Verkauf oder Börsengang hindeuten.

6.1.3 Echtzeitüberwachung

Eine automatische Überwachung des Geldverkehrs könnte benutzt werden, um ungewöhnliche Zahlungen (z.B. Parameter wie anormaler Verwendungszweck, Empfänger oder Höhe der Zahlung, erstmalige Zahlung) aufzudecken. Vorstellbar wäre ein Szenario, bei dem das automatische Profiling erkennt, dass es sich dabei um eine erstmalige Zahlung zwischen zwei Parteien mit ungewöhnlichem Verwendungszweck handelt. Das Analysesystem würde eine Meldung verursachen, die wiederum manuell und mit Hilfe von anderen Datenquellen analysiert werden könnte. Dabei könnte es sich um eine Zahlung handeln, die durch einen „Letter of Intent"[40] festgelegt wurde. Erfolgt diese Zahlung von einer Interessengruppe zu einer anderen, bevor eine Übernahme abgeschlossen worden ist, könnte die Konkurrenz noch frühzeitig in die Verhandlungen eingreifen (z.B. eigenes, höheres Angebot vorlegen).

Aber auch aus nachrichtendienstlicher Sicht könnte eine Echtzeitüberwachung von Finanztransaktionen von Interesse sein. Bei der Überwachung werden Entitäten angegeben, die automatisch eine Meldung verursachen[41]. Ein Beispiel wäre das Land Syrien, über das ein US-Embargo, aber kein EU-Embargo, verhängt wurde. Jede Zahlung eines Unternehmens an syrische Konten wird einer eingehenderen Analyse unterzogen. Europäische Unternehmen (z.B. Airbus) dürfen, wenn sie US-Produkte, die vom US-Embargo betroffen sind, in ihren Produkten verwenden, nicht nach Syrien liefern. Dadurch kann das US-Embargo besser durchgesetzt

---

40 Ein „Letter of Intent" ist eine Absichtserklärung, die meist rechtlich nicht bindend ist, aber oft vor Übernahmeverhandlungen abgeschlossen wird, um das Interesse an einem Abschluss zu untermauern. Dabei können auch Geheimhaltungsverpflichtungen oder Auslagenersatzregelungen definiert werden, die zu Zahlungen führen können.

41 Durch die Analyse des Zahlungsverkehrs können die Kapitalströme bei spendenorientierten Organisationen und deren Unterstützern aufgedeckt werden. Diese Information können genutzt werden, um bei unliebsamen Organisationen (z.B. wikileaks.org) Druck auf große Spender zu erzeugen und diesen Organisationen so den Zugang zu Kapital zu erschweren.

werden[42]. Ohne eine Überwachung des internationalen Zahlungsverkehrs wäre die Durchsetzung mit erheblichem Mehraufwand verbunden.

6.2 Ausspähungsszenarien mit Hilfe der Daten aus dem Welthandel

Ist europäischen Unternehmen nicht bekannt, dass die Daten aus dem AMS-System des amerikanischen Zolls entgegen der Vereinbarung der USA mit der Europäischen Union weitergegeben und durch ein Marktforschungsinstitut für zahlende Kunden zugänglich gemacht werden (siehe dazu Abschnitt 5.1.2), können diese eine wirtschaftlichen Nachteil erlangen. Unter normalen Umständen würde kein Unternehmen freiwillig seinen gesamten Kundenstamm der Konkurrenz zur Verfügung stellen. Zudem wäre es nicht denkbar, Daten wie die Lieferhäufigkeit, die Produktkategorie oder den ungefähren Wert der gelieferten Ware einem Konkurrenzunternehmen im großen Stil weiterzugeben.

Dies geschieht aber durch die Weitergabe der AMS-Daten[43] des amerikanischen Zolls an das Marktforschungsunternehmen PIERS und wiederum an seine Kunden. Des Weiteren kann mit diesen Daten die Entwicklung der Geschäftstätigkeit über einen längeren Zeitraum verfolgt und analysiert werden. Betroffen von dieser Veröffentlichung sind vor allem exportstarke Länder, die in die USA liefern. Im Folgenden werden einige Beispiel-Szenarien entwickelt, wie durch Nutzung dieser Daten durch die Konkurrenz ein wirtschaftlicher Verlust eintreten kann.

6.2.1 Verlust von Marktanteilen

Mittels der PIERS-Datenbank können von gewünschten Produktkategorien Käufer kostengünstig ermittelt werden. Ohne diese Datenbank ist der Aufwand für das Akquirieren potentieller Käufer ungleich höher. Die exportstarken Unternehmen haben diesen Aufwand für die bestehenden Kunden schon betreiben müssen. Fehlt einem Unternehmen die Kenntnis über die umfassende Datensammlung, so könnte es mit der Zeit immer mehr Kunden verlieren, ohne darauf passend reagieren zu können. Sein Aufwand zur Kundengewinnung ist durch das Informationsdefizit höher als der der Konkurrenz.

Aber nicht nur für exportorientierte Unternehmen kann diese Datenquelle von Interesse sein, auch Carrier könnten sie benutzen, um potentielle Kunden gezielter anzusprechen und ihre Schiffe besser auszulasten. Durch automatische Analyse ist

---

42 Dies kann Strafen für europäische Unternehmen und Banken nach sich ziehen, wie von [101] berichtet, oder aber für ausländische Konkurrenten Nachteile im internationalen Wettbewerb bedeuten. In einem Beitrag der Süddeutschen-Zeitung [100] wird beschrieben, wie der europäische Flugzeugbauer Airbus durch das US-Embargo gegenüber der amerikanischen Konkurrenz ausgebremst wird.

43 Automated Manifest System (siehe dazu Abschnitt 5.2.2)

es denkbar, dass neue bzw. lukrative Geschäftsfelder schneller entdeckt werden und durch die Konkurrenz darauf reagiert werden kann. Auch für Kapitalmarkt-akteure kann dieses Wissen einen Vorteil bieten. Durch die tagesaktuellen Daten wird dieser Trend noch verschärft.

6.2.2 Online-Analytical-Processing

Analog zu den Finanzdaten kann auch der Warenverkehr durch eine Analyse mittels OLAP-Systemen[44] Aufschluss auf die Geschäftsentwicklung von Unternehmen geben. Werden über einem längeren Zeitraum Profile von Unternehmen und deren Geschäftstätigkeit angefertigt, so ist anzunehmen, dass daraus Trends für den Kapitalmarkt abgeleitet werden können, z.B. wann sich Aktiengeschäfte lohnen oder eine Übernahme lukrativ erscheinen könnte. Eine automatisierte Meldung bei einer bestimmten Abweichung gegenüber einem definierten Vergleichszeitraum kann tagesaktuell Informationen über die Geschäftsentwicklung bieten. Stehen diese Informationen nur manchen Entitäten zur Verfügung, führt dies zu einem Informationsvorsprung, welcher auf dem Kapitalmarkt geldwertem Vorteil entsprechen könnte.

6.2.3 Rückschlüsse auf Bezugsquellen und Preise

Durch die PIERS-Datenbank lassen sich erste Rückschlüsse auf Preise (es wird der geschätzte Wert angegeben) und vor allem auch Bezugsquellen[45] einzelner Unternehmen ziehen. Würden nur Informationen über Ursprungsland, Warenbeschreibung und Gewicht veröffentlicht, so wären diese Rückschlüsse nicht möglich. Allerdings wird dieses Szenario durch eine Verknüpfung mit Finanzdaten aufschlussreicher. Deshalb wird dieses Szenario in Kapitel 7 näher erläutert.

6.3 Ausspähungsszenarien mit Hilfe der Vorratsdatenspeicherung

Bei der Vorratsdatenspeicherung wird das Augenmerk auf die Mobilfunkdaten gelegt. Untersuchungen durch Albert-László Barabási, Professor an der University of Notre Dame in South Bend, Indiana, zeigen, dass es ähnliche mathematische Muster in der Art und Weise gibt, wie sich Menschen bewegen [82]. Dies lässt sich einsetzen, um die menschliche Mobilität zu simulieren und auszuwerten. Analysen der Firma Sense Networks[46], einem Startup-Unternehmen, hervorgegangen aus dem Massachusets Institute of Technology, zeigen, dass Bewegungsdaten Aus-

---

44 Online-Analytical-Processing (siehe Abschnitt 6.1.1)

45 Beispielsweise kann das Auffinden kleiner, aber leistungsfähiger Zulieferer im Ausland problematisch sein, wird aber durch diese Informationen erleichtert. Die Optimierung der Zulieferer bei der Konkurrenz könnte durchaus einen Wettbewerbsnachteil bei Unternehmen ohne diese Informationen darstellen.

46 Weitere Informationen unter: http://www.sensenetworks.com

kunft über Personen und den Wirtschaftskreislauf geben. Dabei lassen die Bewegungsdaten eine Segmentierung in Gruppen zu, die beispielsweise Aussagen über den Beruf, sozialen Stand, Routinen und Gewohnheiten preisgeben. Es kann innerhalb einer kurzen Zeitspanne erkannt werden, wenn sich Lebensumstände einzelner Personen ändern, diese beispielsweise arbeitslos oder krank geworden sind. Erkenntnisse, wann und wie stark welche Orte besucht werden, können zur Standortsuche für Geschäfte eingesetzt werden. Möglich sind auch Prognosen über die Zukunft, etwa die Vorhersage der Quartalsergebnisse großer Einzelhändler börsennotierter Handelsketten. Diese Daten könnten zum Beispiel für den Handel mit Aktien oder Terminkontrakten herangezogen werden [83].

Auch der Fall der Deutschen Telekom zeigt, inwieweit vor allem Mobilfunkdaten zur Ausspähung geeignet sind. Im Jahr 2008 enthüllte das Nachrichtenmagazin „Der Spiegel", dass die Deutsche Telekom in den Jahren 2005 und 2006 Telefonverbindungen von Journalisten und Aufsichtsräten von einer Detektei ausspähen und abgleichen ließ. Das Ziel war, herauszufinden, über welche Kanäle interne Informationen an die Öffentlichkeit gedrungen waren. Durch die „Auswertung mehrerer hunderttausend Festnetz- und Mobilfunk-Verbindungsdatensätze der wichtigsten über die Telekom berichtenden deutschen Journalisten" [84] wurden deren Kontakte mit den Verbindungsdaten der überwachten Managern und Aufsichtsräten der Deutschen Telekom abgeglichen.

Des Weiteren sollen mit Hilfe einer speziellen Software Bewegungsprofile von einzelnen Personen erstellt worden sein [85]. Anhand von Zelldaten der Mobilfunktochter T-Mobile sollte überprüft werden, ob sich die Reporter mit einem Informanten aus der Konzernspitze trafen. Diese Maßnahmen wurden durch weitere Überwachungstätigkeiten ergänzt, wie das Einschleusen eines Spitzels in die Redaktion des Wirtschaftsmagazins „Capital" [86]. Auch wurde im Sommer 2005 über eine Auswertung der Flug- und sonstigen Reisedaten von in Betracht kommenden Personen zur Eingrenzung des Informantenkreises nachgedacht [87].

Im Folgenden werden Ausspähungsszenarien entworfen, die aufzeigen, welche wirtschaftlichen Auswirkungen eine Analyse der Vorratsdaten haben können.

6.3.1 Zusammenführung des Privat- und Arbeitslebens von Mitarbeitern

Besitzt ein Mitarbeiter ein Privat- und ein Firmenhandy, so ist die Wahrscheinlichkeit hoch, dass diese sich sehr häufig in derselben Funkzelle bzw. am selben Ort befinden. Dabei muss darauf geachtet werden, gewisse Schwellenwerte zu definieren, damit keine falschen Beziehungen geknüpft werden, z.B. von Arbeitskollegen, die auch privat ab und zu etwas gemeinsam unternehmen. Somit kann die Person über die Stammdaten ihres privaten Handys genau identifiziert und das Profil auf private Tätigkeiten ausgedehnt werden. Informationen über Gewohnheiten, das soziale Umfeld oder Probleme des Privatlebens können gesammelt und in vielfältiger Weise genutzt werden. Möglich wäre die Aufdeckung einer Affäre über die Kommunikationsmuster des Privathandys, um somit ein Druckmittel gegen die

Zielperson zur Verfügung zu haben. Das Bewegungsprofil kann ebenfalls zur Aufdeckung einer Affäre beitragen.

Ebenso ist der umgekehrte Weg denkbar, um Firmenhandys einzelnen Mitarbeitern zuzuweisen. Es wird analysiert, welches Mobiltelefon sich so gut wie immer in derselben Funkzelle bzw. am selben Ort wie ein Firmenhandy befindet. Ist eine Übereinstimmung erkannt, werden die Stammdaten abgefragt, und beide Mobilfunkgeräte können einer Person zugeordnet werden.

6.3.2 Aufdeckung von Kommunikationsketten

Werden sämtliche Mobiltelefone eines Unternehmens analysiert, lassen sich über die Zeit Kommunikationsketten herausfiltern, die auf einen bestimmten Vorfall hin ausgelöst wurden. Werden wiederkehrende Meldeketten einem gewissen Auftreten eines Vorfalls zugeschrieben, so ist die Identifizierung des Eintritts dieser Begebenheit automatisiert erkennbar. Dieses Wissen kann beginnend von technischen Störfällen über Zwischenfälle betreffend der Business Continuity bis zu außerordentlichen Ereignissen auf Management-Ebene genutzt werden. Denkbar wäre, dass in einem Unternehmen bei großen potentiellen Aufträgen immer wieder ähnliche Kommunikationsmuster ablaufen. Dieses Wissen ist für die Konkurrenz von Nutzen, wenn innerhalb kurzer Zeit, nachdem das Kommunikationsmuster entdeckt wurde, eine Meldung generiert wird, die zu einer genaueren Untersuchung des Vorfalls führt. Die Möglichkeit, sich diesen Auftrag zu sichern, wäre gegeben.[47]

6.3.3 Identifizierung von funktional wichtigen Personen in Unternehmen

Analysen der Mobilfunkdaten ermöglichen Angaben über soziale Strukturen und Netzwerke von Personen. Somit lassen sich Rückschlüsse über die Rolle des Einzelnen innerhalb einer Gruppe ziehen (siehe oben). Kann dies genutzt werden, um die funktionale Wichtigkeit einzelner Personen im Unternehmen zu bestimmen, ergeben sich daraus verschiedenartige Bedrohungen.

Ist man in der Lage, die funktionale Wichtigkeit von Personen in Gruppen (z.B. Forschungsteam oder Management) zu erkennen, kann diese Information angewendet werden, um Mitbewerbern gezielt diese Personen abzuwerben oder sie zu beeinträchtigen. Bedrohlich wird dieses Szenario beispielsweise bei zeitlich kritischen Projekten, die bei Nichterfüllung zu einem gewissen Zeitpunkt wirtschaftliche Schäden hervorrufen können. Durch Analyse der privaten Vorlieben und Gewohnheiten (siehe oben) wäre ein noch gezielteres und damit erfolgversprechenderes Vorgehen im Bereich des Möglichen.

Auch können Informationen wie die funktionale Wichtigkeit, private Gewohnheiten und soziales Umfeld das gezielte Ansprechen und Aushorchen von Personen

---

47 Kommunikationsmuster, die auf massive Probleme bzw. die Kündigung eines Großprojektes hindeuten, könnten ebenfalls von Interesse sein.

erleichtern. Diese Erkenntnisse können zur Vorbereitung gezielter Abhöraktionen (z.B. wenn man weiß, wann sich die Person wo aufhält) dienen. Dadurch erhöht sich die Bedrohungslage für Unternehmen. Diese Informationen können ebenfalls genutzt werden, um die Kennzahl der funktionalen Wichtigkeit (siehe Abschnitt 2.5) zu präzisieren, deren Nutzen in Abschnitt 6.4 näher erläutert wird.

6.3.4 Nutzung der Standortdaten

Durch die Auswertung der Standortdaten von Mobiltelefonen lässt sich aufdecken, welche Mobiltelefone zur gleichen Zeit dieselbe Funkzelle benutzen. Somit kann mit hoher Wahrscheinlichkeit ermitteln werden, wer sich mit wem, wann und wo trifft. Verknüpft man diese Daten (siehe Kapitel 7) mit „Vor-Ort-Informationen", beispielsweise welche Objekte (z.B. Unternehmenssitz, Restaurant) sich in einer Funkzelle befinden, so können auch Aussagen zum Zweck des Treffens gemacht werden. Selbst ohne diese Information wäre ein vorstellbares Szenario, dass die Zusammenkunft mehrerer spezifischer Personen auf Führungsebene auf ein außergewöhnliches Ereignis (z.B. bevorstehende Übernahme einer anderen Unternehmung) hindeuten könnte.

6.4 Ausspähungsszenarien mit Hilfe der Daten aus dem Reiseverkehr

Wie in Abschnitt 5.4 dargestellt, besagt das Abkommen zwischen der Europäischen Union und den Vereinigten Staaten von Amerika über die Verarbeitung

von Fluggastdatensätzen, dass die übermittelten PNRs[48] nach gewisser Zeit wieder zu löschen sind. Es wird allerdings nicht darauf eingegangen, was mit den aus den Daten ermittelten Erkenntnissen zu geschehen hat. Die Möglichkeit, dass weitere Datenbanken, die aus Analysen gewonnenen Informationen auf Dauer speichern, ist denkbar.

6.4.1 Möglichkeit des Profiling durch eindeutige Identifizierbarkeit

Über die APIS-Daten[49] ist es möglich, ein Profil für jeden Reisenden anzulegen und somit über einen langen Zeitraum zu analysieren. Ohne diese Datenfelder wäre eine eindeutige Zuordnung nicht oder nur mit hohem Aufwand möglich. Es müssten Felder für Bonusprogramme, Namen (allerdings ohne eindeutige Namenskonvention) oder Felder für die Zahlung herangezogen werden. Über eine lange Zeitspanne betrachtet, sind diese Felder nicht eindeutig. Die Möglichkeit des Profiling wäre erschwert. Durch Verknüpfung des PNR mit den APIS-Daten kann über diese Felder eine auf Dauer eindeutige Zuordnung (z.B. über die Passnummer) geschaffen werden. Ändert sich die Passnummer oder besitzt die Person einen zwei-

---

48 Passenger Name Records (siehe Abschnitt 5.4)

49 Advanced Passenger Information System (siehe Abschnitt 5.4.1)

ten Pass, so ist die Möglichkeit der Identifizierbarkeit über den Vor- und Nachnamen, der immer gleich (wie auf dem Pass angegeben) geschrieben werden muss, das Geburtsdatum, Geschlecht und Nationalität gegeben. Diese eindeutige Zuordnung ist für alle nachfolgenden Szenarien von Bedeutung.

6.4.2 Aussagen über die berufliche Tätigkeit und die funktionale Wichtigkeit

Profile über „wichtige" Personen von Unternehmen anzulegen, ist nötig, um in späterer Folge eine automatisierte Überwachung und Aufdeckung (siehe unten) von möglichen interessanten Ereignissen zu ermöglichen. Diese Informationen können auch für weitere Szenarien gebraucht werden, wie das gezielte Schwächen von Mitbewerbern durch Abwerbung von Mitarbeitern. Allerdings ist eine Profilerstellung durch alleiniges Analysieren der PNR-Daten lückenhaft, wie später noch aufgezeigt wird. Werden die Reisedaten über einen längeren Zeitraum analysiert, so kann daraus, äquivalent zu den Mobilfunkdaten (siehe Abschnitt 6.3) ein Bild der beruflichen Schicht der Reisenden abgeleitet und im gewissem Umfang auch auf dessen funktionale Wichtigkeit (siehe Abschnitt 2.5) geschlossen werden. In geringem Umfang ist ein Rückschluss auf die Entscheidungsbefugnisse möglich.

Über die Verknüpfung des PNR mit einem Firmenprofil (siehe Abschnitt 5.4.2) bzw. das Kopieren des Firmenprofils in den PNR kann die Person einem Unternehmen und in vielen Fällen auch einer Abteilung zugeordnet werden. Die gewählte Klasse ist ein nützlicher Indikator, um die Stellung dieser Person im Unternehmen zu bestimmen. Diese kann als Kriterium zur Bestimmung der Kennzahl der funktionalen Wichtigkeit und des Entscheiderindexes dienen[50]. Firmenanschrift und -kontaktdaten (an dieser Stelle wäre wieder die Einbeziehung von externen Quellen von Vorteil) können die Bestimmung der beruflichen Tätigkeit weiter verfeinern.

Die Häufigkeit der Flugreisen und Reiseziele können als Indikatoren zur automatischen Generierung von Profilen dienen, falls gewisse Reisemuster[51] zuordbare Berufsbilder (z.B. Projektmanager) abbilden oder Rückschluss auf die Stellung im Unternehmen zulassen. Ansonsten lässt sich die Reisehäufigkeit nur in begrenztem Maße einsetzen. Ist eine Person ständig unterwegs, wird dieser mehr Punkte bei der Kennzahl der funktionalen Wichtigkeit zugewiesen als einer Person, die so gut wie niemals fliegt. Allerdings werden einer Person, deren Flüge ausgewählt scheinen, noch mehr Punkte zugeteilt. Personen, die oftmals mit Geschäftspartnern reisen, deren Entscheiderindex im Profil als hoch eingestuft ist, werden ebenfalls

---

50 Anzumerken ist hierbei, dass die wirtschaftliche Situation den Indikator beeinflussen kann. Dies muss berücksichtigt werden.

51 Diese Thematik soll nicht der Fokus des Buches sein. Anhaltspunkte zu dieser Thematik sind in Abschnitt 6.3 und in [96], [97], [106] und [93] zu finden.

im Entscheiderindex höher gestuft. Mit etwas mehr Aufwand (evtl. auch manuellem) verbunden, aber unter Umständen sehr aussagekräftig, sind die Auswertungen der allgemeinen Bemerkungen der Profile (siehe Abschnitt 5.4.2). Beispielsweise kann die Existenz einer Projektnummer auf ein Projektmitglied schließen lassen. Das Fehlen von Bewilligungscodes bei Unternehmen, die sonst immer einen Bewilligungscode mitführen, kann auf eine Person hindeuten, die in der oberen Hierarchie angesiedelt ist. Auch interne Vermerke von Reisebüros (z.B. die Bemerkung „CEO") können herangezogen werden.

Alles in allem bieten die PNR-Daten in Teilen gute Ansätze für das Profiling, die Informationsgewinnung ist aber zu großen Teilen mit manuellem Aufwand verbunden und lückenhaft. In Kapitel 7 wird aufgezeigt, dass durch Verknüpfung von Datensammlungen das Profiling weiter automatisiert und umfangreicher gestaltet werden kann.

6.4.3   Erkennung von Beziehungsgeflechten

Die PNR-Daten eignen sich, um Beziehungsgeflechte unter Geschäftspartnern zu analysieren. Dies kann beispielsweise genutzt werden, um Flugreisen, die man analysiert, mit Hinweis auf den Zweck der Reise zu versehen oder an Informationen zu gelangen, welche Geschäftsbeziehungen ein Unternehmen unterhält. Ausgewertet werden können die Beziehungen von Personen, die über einen PNR[52] reisen, über einen aufgesplitteten PNR reisen oder mehrmals nebeneinander in einem Flugzeug sitzen.

Ein einfaches Beispielschema wäre, einen Schwellenwert zu bestimmen, der definiert, ab wann es sich um eine Beziehung handelt (z.B. 63). Personen, die über einen PNR reisen, bekommen einen hohen Wert zugewiesen, der knapp unter dem Schwellenwert liegt (z.B. 50). Fliegen Personen nur einmal über einen PNR miteinander, so ist noch keine Beziehung entstanden. Sitzen aber anschließend zwei Personen aus der vorherigen Gruppe in einem anderem Flug nebeneinander (z.B. mit dem Wert 15 repräsentiert), ohne dass die Flugreise über denselben PNR gebucht ist, so könnte dies ausreichen, damit der Wert nun höher (65) als der Schwellenwert (63) wird. Somit ist eine Beziehung entstanden. Personen, die über einen gesplitteten PNR[53] reisen, bekommen einen etwas niedrigeren Wert (z.B. 42) als bei einem gemeinsamen PNR zugewiesen. Personen, die nur nebeneinander sitzen, wird ein niedriger Wert (z.B. 15) zugeteilt. Über die Zeit hinweg wird der Wert wieder verringert (z.B. eine Funktion, die je nach Zeitabstand den Wert immer schneller verringert), um eine automatische Alterung der Beziehungen zu gewährleisten.

---

52 Alle Personen der Flugreise wurden auf einen PNR gebucht (s. auch Abschnitt 5.1.1).

53 Es handelt sich hierbei um einen PNR, der zu Anfang ein PNR war und dann aus diversen Gründen aufgeteilt wurde.

6.4.4   Erkenntnisse über Vorlieben und Gewohnheiten und das soziale Umfeld

Wie in Abschnitt 4.2.1 erläutert, können Erkenntnisse über Vorlieben und Gewohnheiten auch in wirtschaftlicher Hinsicht (z.B. bei Verhandlungen) interessant sein. Die PNR-Daten bieten vor allem bei den Profilen (siehe Abschnitt 5.4.2) Analysemöglichkeiten. Die beispielsweise von dieser Person angegebenen Vorlieben, Familienmitglieder oder Notfalldaten können ausgewertet werden. Auch Anmerkungen des Reisebüros können unter Umständen wichtige Informationen liefern. Weitere Informationen, welche Daten in einem Profil vorhanden sind, sind im Abschnitt 5.4.2 und im Anhang B.6 zu finden.

Diese Daten eignen sich weniger zu automatischen Analyse, sind aber für eine punktuelle Informationsgewinnung über Personen von Nutzen[54] (z.B. für Headhunter).

6.4.5   Analyse des Geschäftsalltags

Voraussetzung für dieses Szenario ist eine bestehende Gewichtung der relevanten Mitarbeiter eines Unternehmens auf Basis der funktionalen Wichtigkeit und des Entscheiderindexes. Deren Bestimmung sind bei alleiniger Betrachtung der PNR-Datensammlung nur in mangelhafter Weise möglich (siehe oben), gewinnen aber bei Hinzunahme anderer Datenbanken (siehe Abschnitt 6.3 und Kapitel 7) zunehmend an Schärfe. Weitere Kriterien könnten in späterer Folge zur Verfeinerung hinzugezogen werden.

Ist der relevanten Belegschaft einer Unternehmung eine Gewichtung zugeteilt worden, so kann auf Grund dieser Gewichtung eine durchschnittliche Gewichtung (DG) aller Flugreisen in einem gewissen Zeitraum für dieses Unternehmen errechnet werden. Die Flugreisen werden für jedes zu analysierende Unternehmen einzeln bewertet, d.h. es wird nicht für alle Personen in einem Flugzeug eine einzige Gewichtungskennzahl ermittelt, sondern eine auf Basis von Unternehmen segmentierte. Für jede hinzukommende Flugreise eines Unternehmens wird zuerst eine Gewichtungskennzahl für diese einzelne Flugreise errechnet und anschließend mit der durchschnittlichen Gewichtung verglichen. Weicht diese Gewichtung zu sehr von der durchschnittlichen Gewichtung ab, so wird diese Flugreise zur manuellen Bearbeitung weitergegeben, da es sich um ein außerordentliches und damit interessantes Ereignis handeln könnte (z.B. Verhandlungen treten in eine entscheidende Phase oder Probleme im Projektverlauf). Ist die Abweichung nicht zu hoch, so wird diese Flugreise zur Berechnung der neuen, nun diesen Flug einschließenden, durchschnittlichen Gewichtung hinzugezogen.

---

54 Diese Daten sind auch für Marktforschungsunternehmen zum gewerblichen Handeln mit diesen Informationen von Interesse.

Die Gewichtungskennzahl für eine einzelne Flugreise könnte mit Hilfe einer Funktion aus Anzahl der Flugreisen, Anzahl der Personen, deren funktionalen Wichtigkeit und Entscheiderindex getroffen werden. Als Beispiel wird angenommen, dass die aktuell geplante Flugreise eines Unternehmens, dessen Profil in Abbildung 6-1 dargestellt ist, einer Reiseroute entspricht, die schon öfter geflogen wurde (68-mal innerhalb von 730 Tagen) und in der Abbildung mit der Linie F#68 übereinstimmt. Die errechnete Gewichtungskennzahl für diese Flugreise hat den Wert 56,32, was einer Abweichung von über 38 Punkten entspricht. Unter der Voraussetzung, dass der Schwellenwert zur Meldung eines außergewöhnlichen Ereignisses niedriger angesetzt ist, wird diese Flugreise zur manuellen Überprüfung weitergegeben.

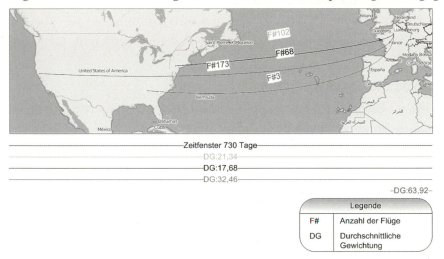

Abbildung 6-1:   Schematische Darstellung des Analyseprotokolls einer fiktiven Unternehmung.

Ein zweiter Aspekt wäre die Aufdeckung neuer Anflugziele, die in wirtschaftlicher Hinsicht (z.B. ein neues Projekt bahnt sich an) interessant sein könnten. Davon zu unterscheiden sind Flüge, die aus wirtschaftlicher Sicht wenig Bedeutung haben (z.B. Fortbildung einzelner Mitarbeiter). Um dies zu bewerkstelligen, werden die Flüge über einen definierten Zeitraum analysiert. Flugrouten mit sehr geringer Anzahl an Flügen (z.B. ein bis zwei Flüge) werden bei der Ermittlung der Gewichtungskennzahl abgewertet. Finden aber in kurzen, regelmäßigen Abständen mehrere Flüge statt und ist die Gewichtungskennzahl über einem gewissen Schwellenwert, so wird diese geplante Reiseroute ebenfalls zur manuellen Überprüfung weitergeleitet. Ereignisse, an denen sich viele Personen mit hoher Gewichtung treffen (z.B. Teilnahme an einer Tagung), können Fehlmeldungen verursachen. Unter Einbindung externer Quellen (z.B. Veranstaltungskalender) können diese reduziert werden. Als Beispiel dient die Flugroute F#3 in Abbildung 6-1. Diese Route hat innerhalb einer kurzen Zeitspanne einen hohen Durchschnittswert erreicht. Eine manuelle Überprüfung wäre gerechtfertigt, da es sich um ein interessantes Ereignis (z.B. Übernahmegespräche) handeln könnte.

Ein Vorteil dieses Verfahrens ist, dass die Entscheidung, ob es sich in wirtschaftlicher Hinsicht um eine „normale" oder eine „außergewöhnliche" Flugreise handelt, **vor** Abflug der Personen getroffen werden kann. Somit ist es möglich, eine Art Frühwarnung zu betreiben. Allerdings muss zur abschließenden Erkenntnisgewinnung noch vieles manuell überprüft werden, was durch Hinzunahme weiterer Quellen verringert werden kann. Kritisch anzumerken ist ebenfalls, ob eine Analyse nach Flugziel und nicht nach Flugroute zielführender sein könnte.

6.5   Zusammenfassung Kapitel 6

Alleine durch die Analyse einzelner Datensammlungen lassen sich wirtschaftlich interessante Informationen extrahieren. Manche Datenhalden bieten gewichtigere Informationen (z.B. SWIFT) als andere (z.B. PNR-Daten). Vor allem die automatische Auswertung und Überwachung bietet den Vorteil, über viele Vorgänge wachen zu können, aber nur wenige manuell überprüfen zu müssen. Allerdings sind viele Erkenntnisgewinne bei Betrachtung einzelner Datenbanken lückenhaft. Eine Verknüpfung der Datenbanken könnte eine höhere Stufe der Aussagekraft erreichen und soll anschließend untersucht werden.

7 Möglichkeiten der Ausspähung bei Verknüpfung von Datenbanken

Im Folgenden werden Szenarien entworfen, die aufzeigen sollen, inwieweit sich durch Verknüpfung von Datenbanken die möglichen Erkenntnisse verfeinern lassen. Hauptsächlich werden dabei die vier oben erwähnten Datenbanken betrachtet und nur am Rande weitere mögliche Informationsquellen[55] mit einbezogen. Dies soll die Vergleichbarkeit zu den oben erörterten Szenarien der Analyse von einzelnen Datenbanken fördern. Es werden die Vorteile der Verknüpfung skizziert, aber nicht jede Möglichkeit der Verknüpfung erörtert.

7.1 Ausspähungsszenarien mit Hilfe verknüpfter Datenbanken

Als erster Ansatz bietet sich an, „artverwandte" Datenbanken miteinander in Verbindung zu bringen und diese durch weitere Informationen zu ergänzen. Daten aus dem Mobilfunk und der Passenger Name Records können beide beispielsweise Auskunft darüber geben, wer sich wann, wo und mit wem getroffen hat. Naheliegend ist auch die Zusammenfassung der SWIFT- und AMS-Daten, die Informationen über den Waren- und Kapitalverkehr preisgeben. Allerdings wird in diesem Kapitel auch aufgezeigt werden, dass auch „artfremde" Datenbanken sich gegenseitig ergänzen können, um interessante Informationen zu extrahieren.

7.1.1 Zusammenführung von Daten des Kapital- und Güterverkehrs

Wie in Abschnitt 6.2 erläutert, lassen sich über die Analyse der PIERS-Daten erste Rückschlüsse auf Preise und Bezugsquellen[56] einzelner Unternehmen ziehen. Werden nun Zoll- und SWIFT-Daten miteinander verknüpft, so ergibt sich daraus ein umfassendes Bild des Waren- und Kapitalverkehrs eines Unternehmens. Daraus lassen sich weitreichendere Erkenntnisse ableiten als mit der Betrachtung nur einer Datenbank.

Im Folgenden werden Szenarien anhand von Zulieferern und deren Abnehmern beschrieben. Werden die Informationen des Warenflusses auf Ebene von einzelnen Unternehmen oder Teilen davon mit den dazugehörigen Zahlungen in Verbindung gebracht, so können daraus aufschlussreiche Erkenntnisse über Preise und

---

55 Inhalte aus sozialen Netzwerken würden für diese Szenarien ebenfalls eine weitere gute Datenbasis liefen, sollen aber nicht Teil dieses Buches sein.

56 Zu welchen Preisen ein Geschäft durchgeführt bzw. zu welchen Konditionen ein Gut bezogen wird, ist in vielen Fällen hochgradig interessant. Das Wissen um Geschäftspartner ist meist nicht so schützenswert, wobei in speziellen Fällen versucht wird, dieses Wissen als Geschäftsgeheimnis zu bewahren.

Konditionen gewonnen werden. Dazu müssen die Informationen über die gelieferten bzw. bezogenen Güter, wie Art und Menge, mit allen getätigten Zahlungen für diese Leistungen auf der anderen Seite gegenübergestellt werden. Daraus lassen sich über die Zeit Aussagen zu den Preisen der einzelnen Güter treffen, vor allem, wenn die Palette der gehandelten Güter limitiert ist oder sich einzelne Zahlungen einzelnen Lieferungen zuordnen lassen (z.B. weist die Angabe einer Rechnungsnummer in der Überweisung auf die Zahlung einer bestimmten Lieferung hin). Dabei können auch Informationen aus den Zolldaten, wie die Angabe des geschätzten Wertes einer Lieferung, zur Zuordnung einer Zahlung zum entsprechenden Warenverkehr genutzt werden.

Dies kann etwa zum Benchmarking der Einkaufspreise durch die Konkurrenz genutzt werden, um im unternehmerischen Wettbewerb durch die leistungsfähigeren und kostengünstigeren Lieferanten einen Kostenvorsprung durch diesen Wissensvorsprung zu erarbeiten. Wird dieses Profiling über einen längeren Zeitraum betrieben, können beispielsweise Änderungen an den Konditionen erkannt oder die wirtschaftliche Entwicklung eines Zulieferers (evtl. für Börsengeschäfte von Interesse) prognostiziert werden. Dazu sind alle Geschäftsbeziehungen dieses Zulieferers kumuliert zu betrachten.

Das Wissen, welche Zulieferer zu welchen Konditionen liefern, kann gegebenenfalls für eigene Verhandlungen mit dem Zulieferer genutzt werden (man kennt die „Schmerzgrenze" des Zulieferers) oder zur Aufdeckung von interessanten, noch unbekannten Zulieferern (z.B. kann das Auffinden sehr kleiner Zulieferer im Ausland mit Schwierigkeiten verbunden sein).

Aber auch aus Sicht der Nachrichtendienste kann eine Verknüpfung dieser Datenhalden von Interesse sein, wie folgender Abschnitt erörtert.

7.1.2   Aufdeckung von Bestechung

Wird der Warenfluss durch die Analyse der Zoll-Daten (beispielsweise die Daten des AMS-Systems) mit den Daten aus dem SWIFT-Netz abgeglichen, so kann damit unter Umständen Bestechung[57] aufgedeckt werden. Werden beispielsweise Zahlungen über das SWIFT-Netz ermittelt, denen vordergründig keine Leistung gegenüber steht, in späterer Folge aber Lieferungen erfolgen, so kann dieser Vorfall eine Meldung generieren, die in späterer Folge manuell untersucht wird. Dabei ist zu beachten, um welche Art von beteiligten Unternehmen es sich handelt. Dies kann im Vorfeld durch eine Profilerstellung (siehe Abschnitt 6.1 und Abschnitt 6.2) von Unternehmen geschehen, um somit deren normales Geschäftsgebaren zu ermitteln. Das ermittelte Geschäftsgebaren fließt mit in die Bewertung ein, bevor eine Meldung generiert wird. Gleichermaßen ist dieses Szenario umgekehrt denkbar.

---

57 In diesem Buch werden ethische Aspekte der Bestechung bzw. Recht oder Unrecht von Bestechung nicht betrachtet.

Werden Sachwerte an Entitäten geliefert und kann keine Zahlung, die in Verbindung mit dieser Lieferung steht, erkannt werden, so ist ebenfalls eine Meldung zu generieren.

Auch können generell alle Zahlungen in Länder oder an Entitäten, die mit einer Anfälligkeit für Bestechung in Verbindung gebracht werden, dauerhaft analysiert werden. Dies kann über einen längeren Zeitraum geschehen, um beispielsweise später erfolgte Warenflüsse oder weitere ungewöhnliche Zahlungen zu erfassen. In weiterer Folge könnten Entitäten, die der Bestechlichkeit oder Bestechung verdächtig sind, gleichzeitig überwacht werden. Es wird bei jeder eingehenden Zahlung an eine der Bestechlichkeit verdächtigten Entität berechnet, ob in einem definierten Zeitraum eine „Zahlungsverbindung" zu einer Entität, die verdächtigt wird, Bestechung zu begehen, besteht. Somit können auch Meldungen in Fällen generiert werden, in denen versucht wird, die Zahlung durch mehrere Zwischenstationen zu verschleiern.

Das Beispiel in Abbildung 7-1 legt einen definierten Analysezeitraum von 180 Tagen zugrunde. Im Fall 1 ist eine „Zahlungsverbindung" gegeben. Es kann innerhalb des definierten Zeitraumes eine zusammenhängende Kette gebildet werden, in der über Umwege Geld von einer Entität, die verdächtigt wird, Bestechung zu begehen, zu einer Entität, die bestechlich sein könnte, geflossen ist. Dabei spielen weder die jeweiligen Beträge noch das Datum selbst eine Rolle. In Fall 2 besteht keine „Zahlungsverbindung", da keine zusammenhängende Kette gebildet werden kann. Im Fall 3 besteht ebenfalls keine „Zahlungsverbindung", da eine der zwei Zahlungen außerhalb des definierten Zeitraumes liegt. Besteht eine Zahlungsverbindung, so kann in Folge auf die Daten des Warenverkehrs zugegriffen werden, um weitere Indikatoren zu erfassen, die entweder auf eine normale Geschäftstätigkeit oder auf Bestechung hindeuten.

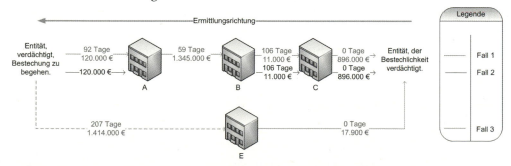

Abbildung 7-1: Schematische Darstellung einer „Zahlungsverbindung".

Wird nun beispielsweise der europäische Wirtschaftsraum umfangreich von US-Geheimdiensten überwacht und Europa kann nicht im gleichem Maße überwachen, so entsteht der europäischen Wirtschaft ein „Nachteil" in Ländern, in denen mit Bestechung Verträge beschafft werden. Europa muss sich darauf verlassen, dass die US-Geheimdienste die heimische Wirtschaft genauso intensiv zwecks

Korruptionsbekämpfung überwachen wie die europäische. Geschieht dies nicht, so können amerikanische Firmen mit geringem Risiko durch Bestechungen Verträge akquirieren, während europäische Firmen dazu nicht mehr in der Lage sind oder ein höheres Entdeckungsrisiko tragen müssen. Des Weiteren kann dieses Wissen gegen europäische Unternehmen, die auch in den USA börsennotiert sind, eingesetzt werden, um hohe Strafen bei Aufdeckung von Bestechung auszusprechen. Somit verlieren diese bei einem Überwachungsungleichgewicht nicht nur Aufträge gegenüber der amerikanischen Konkurrenz sondern erleiden auch empfindliche Kapitalverluste bei Aufdeckung einer Bestechung.

7.1.3   Verknüpfung von Daten des Personenverkehrs

Werden die Mobilfunk- und PNR-Daten von Individuen zusammengeführt, so ergibt sich daraus ein weltumspannendes Bewegungsprofil einzelner Personen. Anhand einiger in Abschnitt 6.3 und Abschnitt 6.4 beschriebenen Szenarien wird im Folgenden aufgezeigt, wie sich die Datenhalden ergänzen und welche Informationen zusätzlich extrahiert werden können. Die Identifizierung von funktional wichtigen Personen eines Unternehmens kann nun nicht nur anhand der Mobilfunkdaten erfolgen, sondern es können auch die Informationen aus dem Flugverkehr mit einbezogen werden. Gleichermaßen besteht die Möglichkeit, bei der Analyse des Geschäftsalltags nicht nur die Flugbewegungen ganzer Unternehmen oder einzelner Individuen heranzuziehen, sondern ein umfassendes Bild der täglichen Bewegungsabläufe und Kommunikationsmuster zu bilden und zu analysieren. Werden die Verbindungsdaten des Festnetzes hinzugezogen, lässt sich ein profundes Bild aufzeichnen, wann, wie oft, wie lange welcher Mitarbeiter, von welchem Ort aus (bei Nutzung von Mobiltelefonen)[58] mit welcher Entität (z.B. Kunde, Mitarbeiter oder Behörde) kommuniziert bzw. persönlichen Kontakt gehabt hat. Diese Sammlung an Daten kann beispielsweise das Szenario des Erkennens von Beziehungsgeflechten (in Abschnitt 6.4 erläutert) verfeinern und um die Kommunikationsmuster erweitern. Auch das Szenario des Aufdeckens von Kommunikationsketten (in Abschnitt 6.3 beschrieben) kann um die Flugbewegungen erweitert werden. Folgt auf ein identifiziertes Kommunikationsmuster eine Flugbuchung, so kann möglicherweise das Ziel des Fluges einen Hinweis auf den Auslöser der Kommunikationskette geben.

Die Analyse der Angaben der PNR-Daten bietet eine Möglichkeit, Firmenhandys und Durchwahlen einzelnen Personen zuzuordnen[59]. Werden diese Telefonnummern in den Profilen oder bei den Buchungen angegeben, so können diese mit der Person in Verbindung gebracht werden. Über die Zeit bietet sich ein mathemati-

---

58 Wenn die internen Durchwahlen im Festnetzbereich einzelnen Mitarbeitern zugeordnet werden können, dann ist auch eine Zuordnung im Festnetzbereich möglich.

59 Die einfachste Möglichkeit Mobiltelefone Personen zuzuordnen, ist die Abfrage der Stammdaten, solange diese nicht auf das Unternehmen verweisen.

sches Verfahren an, damit keine Falschzuweisung geschieht bzw. Änderungen der Telefonnummern erkannt werden. Ein einfaches Beispiel wäre, ähnlich dem Szenario zum Erkennen von Beziehungen (siehe Abschnitt 6.4), jeder Telefonnummer eine Kennzahl zuzuweisen. Ab einem definierten Schwellenwert (z.B. 63) wird die Telefonnummer mit dieser Person assoziiert. Je öfter eine Nummer bei einer Buchung benutzt wird, desto höher wird deren Wert. Wird erkannt, dass eine Nummer in einem Profil[60] vorhanden ist, wird zur Kennzahl dieser Nummer einmalig ein höherer Wert (z.B. 50) hinzugezählt. Der Eintrag einer Telefonnummer bei der Buchung ohne Nutzung des Profils bekommt einen niedrigeren Wert (z.B. 15), da Nummern in einem Profil mit höherer Wahrscheinlichkeit zu dieser Person gehören. Sinnvoll ist die Einführung einer Obergrenze (z.B. 270) für die Kennzahl, um auf eine Änderung der Nummer angemessen reagieren zu können. Abbildung 7-2 zeigt eine Beispieltabelle mit Telefonnummern, die durch Analyse der PNR-Daten mit einer Person in Verbindung gebracht werden können. Sie veranschaulicht dabei den Zusammenhang zwischen Kennzahl und Assoziation einer Nummer mit einer Person.

ID	Nummer	PNR-Profil	Kennzahl	Assoziiert
1	+43 7236 xxx	WAHR	50	FALSCH
2	+43 650 xxx	WAHR	110	WAHR
3	+43 662 xxx	FALSCH	30	FALSCH
4	+43 7723 xxx	FALSCH	75	WAHR
5	+43 653 xxx	FALSCH	15	FALSCH

Abbildung 7-2: Veranschaulichung, wie mit Hilfe einer mathematischen Funktion Telefonnummern mit einer Person in Verbindung gebracht werden können.

Der Telefonnummer mit der ID 1 in Abbildung 7-2 ist die Kennzahl 50 zugewiesen, die unter dem definierten Schwellenwert 63 liegt. Somit ist diese Telefonnummer zwar in einem Zusammenhang mit einer Person gebracht worden, aber noch nicht mit dieser assoziiert. Assoziiert bedeutet, dass das System die betroffene Person in eine feste Verbindung mit dieser Telefonnummer gebracht hat. Ist erkannt worden, dass die Telefonnummer in einem Profil der PNR-Daten abgespeichert ist, so wird in der Spalte „PNR-Profil" der Wert „WAHR" eingetragen. Dieser Eintrag wird benötigt, sobald festgestellt wird, dass sich die Nummer nicht mehr im Profil befindet, da die Kennzahl dann einmalig stärker als normal (z.B. Abwertung um 50 Punkte, äquivalent zur ursprünglich stärkeren Aufwertung) reduziert wird. Dies

---

60 Bei einer Buchung können nur einzelne Werte eines Profils in den PNR übernommen, aber auch das gesamte Profil in den PNR kopiert werden. Eine Herausforderung besteht darin, zu erkennen, wann es sich um eine Kopie eines Profils handelt. Eine hohe Anzahl von Informationen, die bei mehreren Buchungen ähnlich ist, könnte auf ein kopiertes Profil hinweisen.

geschieht unter der Annahme, dass eine Telefonnummer, die ursprünglich in einem Profil gespeichert war, aber entfernt wurde, mit höherer Wahrscheinlichkeit nicht mehr mit der Person in Verbindung steht.

Die Zeile mit ID 2 zeigt einen Fall, im dem die Telefonnummer aus einem PNR-Profil heraus erkannt wurde, und die Kennzahl durch weitere Verwendung in späteren Buchungen erhöht wurde[61]. Die Kennzahl ist über dem definierten Schwellenwert und somit ist diese Telefonnummer mit der Person assoziiert. Der Datensatz mit der ID 3 zeigt auf, dass eine Telefonnummer aus normalen Buchungen heraus erkannt wurde, die Kennzahl aber noch unter dem Schwellenwert liegt. Die Telefonnummer mit der ID 4 ist in eine feste Verbindung mit der Person gesetzt worden, ist aber nicht als eine, in einem PNR-Profil gespeicherte Telefonnummer erkannt worden. Die Zeile mit ID 5 ist äquivalent zu sehen, wie Zeile mit ID 3.

Es sollte auch eine Alterung über die Zeit erfolgen. Bei jeder Buchung, bei der einzelne, schon einmal benutzte Telefonnummern nicht mehr eingetragen werden, verringert sich die zugewiesene Kennzahl der Telefonnummer. Wird festgestellt, dass sich das Profil geändert hat, so wird diese Telefonnummer, wie oben erwähnt, einmalig höher als normal abgewertet. Fällt die Kennzahl unter den Schwellenwert, so ist diese Telefonnummer nicht mehr mit der Person assoziiert, aber noch in der Datenbank vorhanden. Geht die Kennzahl ins Negative, so wird die Telefonnummer aus dem Datenbestand, der über eine Person angelegt ist, gelöscht.

Dabei bietet sich eine mathematische Funktion an, die anfangs langsam und je öfter die Telefonnummer nicht mehr Verwendung findet, immer schneller abwertet. Dabei gilt es, die Funktion so zu wählen, dass diese einerseits dem Schwellenwert und der Höhe der Punktezahl, die bei Verwendung einer Telefonnummer vergeben wird, gerecht wird, andererseits die Obergrenze ebenfalls berücksichtigt. Es soll vermieden werden, dass Telefonnummern zu schnell aus der Datenbank gelöscht werden, aber die feste Verbindung zu einer Person trotzdem, nach einer geeigneten Zeitspanne der Nicht-Verwendung, gelöst wird. In diesem Beispiel wird folgende Funktion zur Veranschaulichung gewählt:

$$f(x) = 10 \cdot 1{,}211^x$$

Dabei gilt $0 < x < 11$ und $x \in \mathbb{N}$. Es handelt sich um eine Exponentialfunktion, die zu Anfang langsam und in späterer Folge immer stärker steigt. Die Variable x erhöht sich bei jeder Nicht-Verwendung der Telefonnummer um eins und wird auf $x = 1$ zurückgesetzt, sobald die Telefonnummer wieder verwendet wurde oder unter den definierten Schwellenwert gefallen ist. Abbildung 7-3 verdeutlicht, wie stark die Kennzahl in Abhängigkeit von x abgewertet wird.

---

61 Erfolgt die Verwendung bei weiteren Buchungen ebenfalls wieder aus dem Profil heraus, so findet nur noch eine normale Erhöhung (in diesem Beispiel um 15 Punkte) statt.

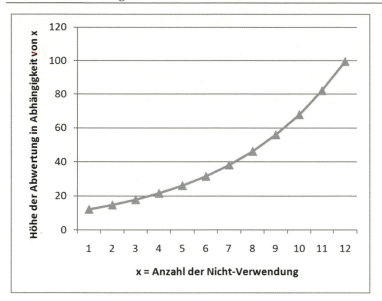

Abbildung 7-3: Veranschaulichung, wie sich die Funktion in Abhängigkeit von x entwickelt.

Anzumerken ist dabei, dass bei

$$f(x) = \sum_{x=1}^{8} 10 \cdot 1,211^x$$

die Kennzahl, ausgehend von der Obergrenze, nur knapp unter den Schwellenwert fällt. Somit wird die Telefonnummer länger in der Datenbank vorgehalten, da bei der Unterschreitung des Schwellenwertes die Variable x wieder (siehe oben) zurückgesetzt wird.

Bei Mobilfunknummern wäre auch ein Abgleich zwischen PNR-Daten und Mobilfunkdaten in folgender Weise denkbar: Es könnte analysiert werden, ob, über eine im Datenbestand vorhandene Nummer, im Flughafengelände vor oder nach einem gebuchten Flug einer Person, eine Verbindung[62] aufgebaut wurde. Ist dies der Fall, könnte dies wiederum zu einer Erhöhung der Kennzahl führen.

7.2 Generalisierung hinsichtlich weiterer Datenbanken

Zeigen die oben erörterten Szenarien, dass mit der Verknüpfung der vier einzelnen Datenbanken die Aussagekraft steigt, so können weitere Datenbanken hinzugenommen werden, um noch detailliertere Informationen zu gewinnen. Dabei könnte auf einen Informationspool zugegriffen werden, der von öffentlich (wie elektro-

---

62 Der Einsatz einer stillen SMS könnte einen Verbindungsaufbau provozieren. Damit wären interessierte Kreise in der Lage, aktiv vor oder nach einem Abflug einen Verbindungsaufbau zu provozieren.

nische Telefonbücher) bis gut geschützt (Datenbanken über Entgelte und weiterer Arbeitnehmerdaten z.B. das elektronische Entgeltnachweis-Verfahren in Deutschland) reicht. Hält der Trend zu immer umfangreicheren Datensammlungen an, so wird die Anzahl der Datenhalden in Zukunft weiter steigen, auf die interessierte Kreise Zugriff erlangen könnten. Folgendes Szenario zeigt in Ansätzen wie umfangreich eine Verknüpfung von Datenhalden dabei werden kann und welche Konsequenzen sich daraus ergeben können.

Es werden in einer Datenbank weltweit Informationen über Unternehmen oder öffentliche Einrichtungen und deren real genutzten Objekte (z.B. aus Datenbanken wie den „Location Based Services", aus Navigationssystemen oder Branchenverzeichnissen) und auch der genaue Ort gespeichert. So entsteht eine elektronische Landkarte, die bei sehr vielen Objekten über die Nutzung Auskunft geben kann. Jeder Flughafen, jede Filiale eines Unternehmens oder jedes Restaurant ist als solches in dieser digitalen Landkarte katalogisiert. Diese Karte wird benutzt, um den Standortdaten des Mobilfunks (siehe Abschnitt 5.3.1) nicht nur Informationen wie den Standort oder weitere in der Nähe befindliche Personen abzugewinnen, sondern auch Kenntnis über Informationen des Standortes selbst zu erlangen. Somit wird der Aufenthaltsort einer Person in einen möglichen Kontext gesetzt[63]. Eine Analyse der Mobilfunkdaten könnte nun beispielsweise ein Treffen zweier Geschäftspartner (beide Mobiltelefone befinden sich über längerem Zeitraum in einer Funkzelle) offenbaren und zugleich neben dem Ort des Treffens, den Kontext Restaurantbesuch herstellen. Bindet man weltweit Veranstaltungskalender mit ein, so könnten Flugreisen einem Zweck außerhalb der normalen Geschäftstätigkeit zugewiesen werden. Aus der Analyse der Mobilfunkdaten (oder aus anderen Datenquellen) der wichtigsten Mitarbeiter eines Unternehmens sind deren Wohnsitze bekannt und werden ebenfalls in die Datenbank eingetragen. Somit können diese Wohnräume auf außergewöhnlichen Besuch hin überwacht werden. Es ist darauf zu achten, nur relevante Daten zu erfassen, da mit der Ungenauigkeit der Ortung eine zu hohe Informationsdichte in der digitalen Karte nur hinderlich wäre und den Informationsgehalt im gesamten schmälern könnte.

Denkbar wäre auch, wichtige Mitarbeiter eines Unternehmens zu analysieren, um diese auf Eigenschaften hin zu untersuchen, die auf charakterliche Schwächen hindeuten könnten. So kann anhand dieser Daten beispielsweise festgestellt werden, dass sich das Mobiltelefon einer Person lange und oft in der Nähe von Spielhallen aufhält. Des Weiteren können die Abbuchungen von der Kreditkarte oder Überweisungen über das SWIFT-Netzwerk auf hohe Ausgaben für Wetten oder sonstige Ausgaben, die auf eine Spielsucht hindeuten, untersucht werden. Wird

---

63 Dies wird insoweit eingeschränkt, dass eine Standortbestimmung von der Funkzellendichte abhängt und nicht genau erfolgen kann. Nähere Informationen dazu sind unter [99 S. 71ff.] zu finden.

durch die Analyse festgestellt, dass die Ausgaben sehr hoch sind, könnte dies auf eine Geldnot schließen lassen und als Anzeichen für eine Anfälligkeit zur Bestechlichkeit der Person gewertet werden.

8   Bedeutung und Auswirkung auf Unternehmen

Das Faktum, dass nur noch der Zugriff und die Auswertung der Daten zu erfolgen hat, erhöht die Attraktivität der Daten und Informationen erheblich. Die in den vorangegangenen Kapiteln beschriebenen Szenarien zeigen deutlich, dass durch die Analyse der beschriebenen Datenhalden wirtschaftlich interessantes Wissen gewonnen werden kann. Dabei ist auffallend, dass viele dieser möglichen Erkenntnisse mit der Zielerfüllung der Akteure des Intelligence Gathering (siehe Kapitel 4) übereinstimmen.

8.1   Bewertung des Informationsgehalts

Bei den Geheimdiensten sind es vor allem die Ziele der technisch und wirtschaftlich hoch entwickelten Staaten, die einen hohen Grad an Übereinstimmung zeigen. Werden die Ziele, wie in Abbildung 4-1 dargestellt, mit den Szenarien verglichen, so tragen die beschriebenen Datenhalden zu jedem Punkt bei. Vor allem das Ziel der Erkenntnisgewinnung über Wettbewerbsstrategien, Preisgestaltung und Konditionen sei hier zu erwähnen. Aber auch zur Bestechungsbekämpfung können die Datenhalden hinreichende Indizien liefern. Durch Verknüpfung von Datenhalden lassen sich diese Anhaltspunkte weiter verfeinern.

Die Ziele von Konkurrenzunternehmen werden zwar nicht vollständig abgedeckt, trotzdem kann für diese Gruppe interessantes Wissen extrahiert werden. Zum einen überschneiden sich zum Teil die Ziele mit denen der Geheimdienste (z.B. im Bereich Preisinformationen), zum anderen bieten die Datenhalden Erkenntnismöglichkeiten, die bei Competitive Intelligence Verwendung finden können. Nur die jeweilige Rechtsordnung bestimmt (siehe Abschnitt 4.2), ob es sich um Spionage handelt oder nicht. Dabei können die Datenhalden bei den Zielen Wettbewerbsprofilierung, Chancen-/Risikoanalyse für neue Angebote/Absatzregionen und Due Diligence bei Unternehmenskauf besonders zur Erfüllung beitragen. Aber auch das Profiling von Entscheidern ist an dieser Stelle zu erwähnen. Informationen über Gewohnheiten und Vorlieben können umfangreich aus den Datenhalden erlangt werden und in ein Persönlichkeitsprofil einfließen.

Für die Gruppe der Kapitalmarktakteure sind volkswirtschaftliche Daten, aus denen beispielsweise Konjunkturprognosen abgeleitet werden können, von Interesse, wie auch Wissen über die Entwicklung von Unternehmen. Diese Erkenntnisse können, unter anderen, aus den Datenhalden extrahiert werden. Aufschlüsse über die Exportabhängigkeit, die Entwicklung von Marktanteilen und Wettbewerbspositionen und der wirtschaftliche Erfolg lassen (siehe Szenarien OLAP, in Kapitel 6 und Abschnitt 7.1.1) sich gewinnen. Auch kann das Risikomanagement mit Hilfe dieser Daten verbessert werden, wenn beispielsweise Erkenntnisse des wirtschaftlichen Erfolgs eines Unternehmens vor allgemeiner Zugänglichkeit zur Verfügung stehen. Es könnte dann angemessen auf die Entwicklung reagiert werden. Somit kann von einem Interesse der Kapitalmarktakteure an den möglichen Erkenntnissen aus den Datenhalden ausgegangen werden.

8.2   Veränderung der Sichtweise

Reicht der Informationsgehalt einzelner Datensätze (vor allem bei den SWIFT- und Zolldaten), der im Kapitel 5 beschriebenen Datenbanken aus, um die Wahrung von Geschäftsgeheimnissen zu gefährden, zeigen die Szenarien in Kapitel 6 und 7 eine weiter erhöhte Gefährdung durch die dauerhafte Analyse der Daten. Dabei stehen die beschriebenen Datenbanken und dazugehörigen Szenarien nur für eine neue, aus Sicht der Autoren in Zukunft sich beschleunigende Thematik insgesamt. Es fallen über die wirtschaftliche Tätigkeit von Unternehmen immer mehr Daten an oder werden gesammelt, mit denen sich bei entsprechender Analyse wirtschaftlich interessante Erkenntnisse für interessierte Kreise extrahieren lassen. Dabei kommt es den Akteuren zugute, dass automatisiert über sehr viele Vorgänge der wirtschaftlichen Tätigkeit gewacht werden kann, ohne dass ein Unternehmen Einfluss auf die Generierung oder Verwendung der Daten ausüben kann. Diese neue Thematik wird in diesem Buch als „unbeherrschbare externe Datenhalden" oder „ungovernable external data heaps", abgekürzt UEDH, definiert. Die Nomenklatur Datenhalden bzw. data heaps soll deutlich machen, dass es sich bei den thematisierten Daten nicht nur um Datenbanken im klassischen Sinne handeln kann, sondern um jegliche Ansammlung von bzw. im Fluss befindlichen Daten.

Manche der oben beschriebenen Szenarien zeigen auf, dass Meldungen generiert werden können, die sich nutzen lassen, um aktiv in das Wirtschaftsgeschehen einzugreifen, falls Anzeichen auftreten, die auf außergewöhnliche Vorgänge in naher Zukunft hindeuten. Somit können nicht nur Erkenntnisse über vergangene, sondern auch über zukünftige Tätigkeiten eines Unternehmens gewonnen werden.

Aus diesen Gründen sollten vor allem besonders gefährdete Unternehmen einen anderen Blickwinkel bei der Spionageabwehr einnehmen. Es gilt, sich nicht mehr nur mit klassischen Feldern zu befassen, um sich vor Spionage zu schützen, sondern sich auch mit der Problematik der Gefährdung durch unbeherrschbare externe Datenhalden zu beschäftigen. Da Unternehmen jeweils anderen Ausgangsparametern und Gefährdungspotentialen unterliegen, gilt es als ersten Schritt festzustellen, ob überhaupt eine diffuse Bedrohungslage in diesem Bereich besteht. Dies sollte durch eine generelle Einarbeitung in die Thematik geschehen und kann durch Betrachtung dieses Buches unterstützt werden. Entsprechend der Ausgangslage ist darauf zu achten, dass es neben den vier beschriebenen Datenhalden weitere relevante Datensammlungen dieser Kategorie (UEDHs) geben könnte. Diese sollten identifiziert und in die Betrachtung mit einbezogen werden.

Ist nach einer ersten Untersuchung nicht auszuschließen, dass das Unternehmen einer Gefährdung durch UEDHs unterliegt, so sind eigene Bedrohungsszenarien zu erarbeiten. Diese sollten den Ausgangsparametern und Gefährdungspotentialen des Unternehmens entsprechen und können somit einen genaueren Überblick über die Ausspähungsmöglichkeiten geben. Dabei können die in diesem Buch beschriebenen Szenarien als eine Art Vorlage dienen und das Buch selbst bei der Identifizierung und Beschreibung relevanter Datenhalden dienlich sein.

Erst nach einer Identifizierung relevanter Datenhalden und Erarbeitung der Bedrohungsszenarien kann an einer Verringerung des Gefährdungspotentials gearbeitet werden. Anschließend beginnt der Kreislauf von neuem. Abbildung 8-1 verdeutlicht die beschriebene Vorgehensweise.

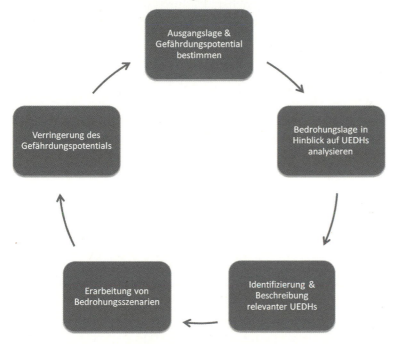

Abbildung 8-1:   Vorgangsweise bei Planung von Gegenmaßnahmen bezüglich der UEDH-Thematik.

Eine komplette Vermeidung der Gefährdung wird nicht möglich sein, da es eine Eigenschaft von UEDHs ist, nicht dem Einflussbereich des Unternehmens zu unterliegen und inhärent (z.B. gesetzlich vorgeschrieben, nicht vermeidbar) bei der Erfüllung einer normalen Geschäftstätigkeit anzufallen. Wenn überhaupt möglich, würde eine Vermeidung (z.B. Nichtbenutzung von Mobiltelefonen) in hohem Maße die Geschäftstätigkeit behindern.

8.3   Mögliche Gegenmaßnahmen

Der Verlust an Einfluss über die Generierung, Speicherung und Verwendung der Daten, gepaart mit dem Umstand, dass diese Daten bei einer unternehmerischen Tätigkeit zwangsläufig anfallen, stellt Unternehmen bei möglichen Gegenmaßnahmen vor Herausforderungen. Es gilt Möglichkeiten zu finden, die einerseits das Gefährdungspotential verringern, andererseits die unternehmerische Tätigkeit möglichst wenig behindern.

Um mögliche Gegenmaßnahmen in einem Unternehmen zu implementieren, ist es von Wichtigkeit zu verstehen, wie diese Daten und durch welche unternehmerische Tätigkeit diese entstehen. Dies sollte in der Phase der Identifizierung und Beschreibung relevanter Datenhalden geschehen. Dadurch wird sichergestellt, dass mögliche Auswirkungen von Maßnahmen verstanden und deren Kosten eingeschätzt werden können. Ausgangspunkt möglicher Vorkehrungen sollten die individuell für das Unternehmen entworfenen Bedrohungsszenarien sein.

Wird beispielsweise das Ausspähungsszenario „Analyse des Geschäftsalltags" aus Abschnitt 6.4 betrachtet, könnte als eine mögliche Maßnahme das Senden von „Unterhändlern" statt der eigentlich geplanten Person sein oder aber auch die Abwicklung der Tätigkeit über elektronische Medien. Hierbei ist zu beachten, dass das Senden von Unterhändlern nur solange Sinn macht, solange diese nicht als Unterhändler bekannt bzw. deren funktionale Wichtigkeit respektive deren Entscheiderindex noch nicht erkannt wurde. Die Maßnahme des Ausweichens auf elektronische Medien (z.B. eine Telefonkonferenz) statt der Durchführung eines Treffens könnte durch Analyse anderer Datenhalden wiederum aufgedeckt werden. Dieses Beispiel zeigt auf einfache Weise, dass bei der Planung von Vorkehrungen die Bedrohungsszenarien zwar als Ausgangspunkt dienen sollen, aber immer die gesamte Gefährdungslage mit einbezogen werden muss. Ansonsten kommt es nur zu einer Verschiebung der Gefährdung, ohne eine wirkliche Verbesserung zu erzielen.

Werden die Szenarien „Nutzung der Standortdaten" aus Abschnitt 6.3 und „Echtzeitüberwachung" aus Abschnitt 6.1 betrachtet, so wäre es denkbar, Personen, auf die das Bedrohungsszenario zutrifft, zu schulen und Bewusstsein für die Thematik zu schaffen. Das könnte bei dem erstgenannten Szenario dazu führen, dass Personen veranlasst werden, vor dem Treffen mit anderen Personen das Mobiltelefon auszuschalten. Dabei könnte aber das Ausschalten des Mobiltelefons wiederum auf eine Anomalie hindeuten, womit dann die Zeit, aber nicht mehr der Ort bekannt wäre. Um dies zu verhindern, könnte es von Vorteil sein, das Mobiltelefon eingeschaltet zu lassen, aber vor dem Treffen an einen anderen Ort zu positionieren. Der Aufenthaltsort müsste so gewählt sein, dass dieser durch ein Profiling des Bewegungsmusters der Person, nicht als Anomalie erkannt werden kann. Es wäre beispielsweise denkbar, das Mobiltelefon bewusst jede Woche zweimal am Arbeitsplatz über den Abend und die Nacht zu platzieren und dies auch zu tun, wenn wichtige Treffen anstehen. Das Mobiltelefon bleibt am Arbeitsplatz und das Treffen findet an einem anderen Ort statt. Dabei muss darauf geachtet werden, dass diese Maßnahme nicht durch weitere anwesende Personen konterkariert wird. Deshalb ist es wichtig, diese ebenfalls über die Thematik aufzuklären. Soll ein Treffen nicht durch die Analyse der Mobilfunkdaten erkennbar sein, muss die überwiegende Mehrheit der Teilnehmer Gegenmaßnahmen ergreifen und beispielsweise das Mobiltelefon an einem anderen Ort platzieren. Würden nur einzelne Teilnehmer dieses Verfahren vollführen, könnten durch die Daten, die von den Mobiltelefonen der anderen Teilnehmer generiert werden, auf ein Treffen geschlossen werden. Gegenmaßnahmen im zweitgenannten Szenario könnten beispielsweise bei kritischen Überweisungen sein, vor dem eigentlichen kritischen Geldtransfer weitere unkritische Überweisungen an dasselbe Ziel zu tätigen und eine starke Handelstätigkeit vorausgehen zu lassen.

Es zeigt sich, dass der Spielraum für Gegenmaßnahmen eng ist, soll die unternehmerische Tätigkeit nicht über Gebühr eingeschränkt werden. Genau diese Tatsache macht die Analyse der UEDHs für interessierte Kreise so attraktiv und stellt für Unternehmen ein Risiko dar. Interessierte Kreise können davon ausgehen, dass die Datenhalden einen unverfälschten und meist lückenlosen Einblick in die Geschäftstätigkeit von Unternehmen gewähren.

Allerdings hilft die Betrachtung dieser Thematik Unternehmen, das Risiko besser einzuschätzen und im Kleinen gegensteuern zu können. Die Schulung relevanter Personen zu dieser Thematik ist dabei ein nicht zu unterschätzendes Instrument zur Eindämmung der Risiken. Ein großer Vorteil der Analyse solcher Datenhalden ist, wie erwähnt, die Profilerstellung und die automatisierte Überwachung sehr vieler Vorgänge bzw. die Anomalieerkennung. Das Wissen um die Gefahren kann genau in diesen Fällen dazu führen, dass handelnde Personen anders reagieren als sie es normal tun würden, um somit eine Aufdeckung bzw. Analyse zu erschweren.

Abschließend wird nochmal das gesamte Feld des Intelligence Gathering/Spionage betrachtet. Die bisher in diesem Buch aufgezeigten Möglichkeiten, die Gefährdung einer Ausspähung zu verringern und die anschließende Checkliste soll dem betroffenen Personenkreis (CEOs, CISOs, Sicherheitsmanager, Compliance Manager, Risk Manager, Verfassungsschutz, Studenten, Professoren, Wissenschaftler oder aber auch dem Inhaber einer KMU) unterstützend zur Seite stehen.

8.3.1   Checkliste gegen Wirtschafts-/Konkurrenzspionage

Wenn man wissen möchte, ob man Ziel von Spionage werden könnte, ist es ratsam sich die folgenden Fragen zu stellen:

- Hat das Unternehmen Know-How, Produkte oder Dienstleistungen, die Wettbewerbsvorteile gegenüber Konkurrenten darstellen?

- Bietet das Unternehmen Produkte oder Dienstleistungen an, die „dual-use" sind, d.h. sind dieses für zivile und/oder militärische Zwecke einsetzbar?
- Gibt es Hinweise im Unternehmen durch Dritte oder interne Mitarbeiter oder Anzeichen, die auf eine Ausspionierung hinweisen? Dies können z.B. häufig verlorene Ausschreibungen oder sicher geglaubten Aufträge, Anfragen von unbekannten Firmen, die nicht den Gepflogenheiten der Branche entsprechen, Informationen über neue Produkte oder Dienstleistungen, die an die Öffentlichkeit getreten sind, bzw. Kopien eigener Produkte auf dem Weltmarkt, sogenannte Plagiate, sein.

Neben den in Kapitel 8.3 vorgestellten Maßnahmen gegen eine Wirtschaftsspionage mittels Intelligence Gathering möchten die Autoren noch der Vollständigkeit halber eine Checkliste gegen die klassische Spionage, wie in Kapitel 3 vorgestellt, mitgeben.

Im Allgemeinen gibt es einige Regeln der Prävention gegen Spionage, die man an zwei Händen abzählen kann. Dazu kommen Regeln, wie man sich im Ausland und auf Reisen verhalten sollte.

- Geht man auf Geschäftsreise, sollte man sich klar machen, wohin man fährt, d.h. was im Gastland auf einen zukommen kann. Fährt man nach Nigeria und hat einen Laptop bei sich, sollte man keine Nacktbilder auf dem Laptop gespeichert haben, sonst wird der Laptop erst einmal konfisziert und es droht eine Anzeige. Bei der Konfiszierung kann man sich vorstellen, dass nicht nur nach den Nacktbildern geschaut wird. Es ist also wichtig, die Gefährdungs- und Sicherheitslage und die grundlegenden Gesetze und Gebräuche genau zu kennen.
- Trifft man auf Geschäftspartner, die man nicht kennt, so sollte die Geschäftsverbindung und der Geschäftspartner geprüft werden. Je nach Land kann es sein, dass man einen Privatdetektiv dazu anheuern muss. Das ist in den meisten Fällen und in Ländern der Dritten Welt weniger teuer als der Schaden, der einem entstehen könnte.
- Schon vor der Einreise oder bei den Einreise-Officers sollte man in den Visumanträgen bzw. Einreisedokumenten keine missverständlichen Angaben oder abweichende Angaben zu seiner Person, den Personalien und zu seinem Arbeitgeber machen.
- Die aktuellen Einfuhr- und Ausfuhrverbote und andere Beschränkungen sind zu beachten.
- Im Gastland sollte man keine kompromittierenden Situationen schaffen. Gerne diskutieren Gäste mit Einheimischen über den bösen Diktator eines Landes und wundern sich, dass das ganze Hotelzimmer durchforstet wurde, wenn sie abends ins Hotel zurückkehren, oder in anderen Fällen hohe Ordnungswidrigkeiten bzw. Anzeige mit Haftandrohung blühen. Ein

persönliches Votum gegenüber den Gastgebern mit politischen oder berufsbezogenen Inhalten ist zu vermeiden.

- Es ist abzuwägen, ob es Sinn macht eine Zusammenarbeit mit ausländischen Service- und Sicherheitsfirmen einzugehen.

- Man sollte ein natürliches Misstrauen gegenüber seinen Geschäftspartnern haben, wenn diese ungewöhnliche Fragen stellen über Produkte oder Dienstleistungen, Kunden, bzw. Details.

- Im Gastland sollte man gegenüber Fremden Stillschweigen über Sinn und Zweck der Reise wahren.

- Sensible Firmenunterlagen oder Hardware sollten nicht unbeaufsichtigt im Hotel liegen gelassen werden. Genauso wenig bei längeren Pausen im Tagungsraum oder gar über Nacht, weil man denkt, dass es sicherer in der Firma wäre als im Hotel. Auch das Gepäck ist in diese Maßnahme einzubeziehen.

- Private Kontaktversuche während der Reise können ein Indiz für übergroße Gastfreundschaft sein, aber auch für andere Aktivitäten. Diesen Begegnungen sollte man kritisch gegenüber stehen.

- Nicht mehr benötigte Informationen oder Unterlagen sind komplett zu vernichten und nicht einfach in den Müll zu werfen.

- Auch Gastgeschenke können ein Risiko bergen. Konnten Geheimdienste früher ganze Laptop-Inhalte lesen, weil sie diesen Laptop zuvor ihren Gästen als Geschenk überreichten, so ist man auch heute nicht vor Trojanern auf USB-Sticks sicher.

- Für die Kommunikation mit der Heimat sollte man die verschlüsselte Verbindung wählen. Ist dies nicht möglich, dann in jeden Fall gesicherte Verbindungen und Kommunikationswege. Dies gilt für Fax, Telefon und E-Mail.

- PCs, Notebooks, Tablets, Smart- und iPhones oder auch das iPad sind mittels aktueller Virenschutzprogramme zu sichern. Die Geräte sollten alle über einen ausreichenden sicheren Passwortschutz verfügen und nach Möglichkeit sind Verschlüsselungsprogramme für den Datenaustausch einzusetzen. Bei Verschlüsselung ist auf die Import-/Export-Restriktionen der an der Reise beteiligten Länder zu achten, um gesetzeskonform zu sein. Viele Länder, wie auch die USA vor einigen Jahren versuchte, verbieten eine Verschlüsselung.

- Geschäftliche Daten auf einem USB-Stick oder einer Disk sollten am Körper transportiert werden. Auch ein Hotelsafe bietet keine Sicherheit auf dem Zimmer. Meeting-Räume oder Ablagen in den Firmen bieten ebenso wenig Schutz.

- Ein Notebook sollte eine minimale Konfiguration aufweisen. Am besten ist es nur ein Betriebssystem und ein kleines Office-Paket zu installieren.

- Sollte man viel auf Reisen gehen, ist im Unternehmen anzustreben, ein Metadirectory zu etablieren, auf das weltweit per Webzugang zugegriffen werden kann. Somit müssen Informationen nicht unbedingt um die Welt auf

Reisen mitgeführt werden, sondern können überall und zu jeder Zeit abgerufen werden.

Es folgt eine kleine Checkliste allgemeiner Maßnahmen, die zur Vorkehrung gegen Wirtschaftsspionage und Konkurrenzausspähung sehr dienlich sein können. Die Checkliste gibt erst einige Hilfestellungen zur Planung des Schutzes gegen Wirtschaftsspionage und geht dann konkret auf Schutzmaßnahmen ein.

Die beste Vorkehrung ist ein Plan. Gegen viele Bedrohungen sind Unternehmen bestens gerüstet, Gas, Feuer, Wasser u.v.m. Ähnlich wie das „Rauchen verboten" Schild, sind klare Anweisungen zu planen, was zu tun ist im Fall einer Wirtschafts- oder Konkurrenzspionage. Diese Anweisungen sind in einer Leitlinie (Policy) im Unternehmen für alle Unternehmensbereiche festzulegen. Leider denken die meisten Unternehmen, gerade durch die Beratung des Verfassungsschutzes, es sei mit fünf DIN A4-Seiten getan. Das ist nur bedingt richtig, denn es sind vermutlich auch wirklich nicht mehr Seiten mit Anweisungen notwendig, doch in mehrfacher Ausfertigung mit differenzierten Inhalten für die unterschiedlichen Unternehmensbereiche. Eine Leitlinie für alle Unternehmensbereiche, die nur 5 DIN A 4-Seiten hat, halten die Autoren nicht für ausreichend. Die Kernleitlinien mögen in allen Unternehmensbereichen Bestand haben, aber es muss spezielle Anweisungen geben. Anweisungen für die Warenannahme unterscheiden sich von Anweisungen für Außendienstmitarbeiter. Die physische oder Konzernsicherheit eines Unternehmens muss andere Anweisungen haben, als die Entwicklungsingenieure. Wenn alle Anweisungen je nach Unternehmensgröße und Unternehmensbereiche eingestellt werden, dann hat die Leitlinie mit Sicherheit mehr als 5 Seiten. Diese Leitlinie beschreibt genau, was zu tun ist, wer zu informieren ist und wie zu eskalieren ist. Sie gibt Anweisung wer in die Aufklärung eingebunden werden kann, dass man z.B. erst einmal vor der Presse nichts kund tut und vieles mehr. Dazu gehört es nach dem KonTraG (Gesetz zur Transparenz und Kontrolle in Unternehmensbereichen) bei größeren Firmen ein Risikofrüherkennungs- und Überwachungssystem zu etablieren.

Für die sehr hoch und hoch schutzwürdigen Objekte im Unternehmen ist der Schutzbedarf zu ermitteln. Von den Firmeninformationen sind das nur ganze 5 %, so eine Studie der Uni Lüneburg. Diese Werte sind herauszuheben und in besonderem Maße zu schützen. Dafür darf auch viel Geld ausgegeben werden. Auf der anderen Seite ist Geld bei nicht mittel oder niedrig schützenswerten Objekten zu sparen, indem Maßnahmen von weniger Wert und Effizienz eingesetzt werden können. Das schließt alle kritischen Prozesse des Unternehmens ein und stellt die IT ganz klar als einen der kritischen Prozesse in den Mittelpunkt. Die IT steuert heute das gesamte Unternehmen von der Entwicklung über die Produktion bis hin zu Aftersales und der Archivierung. Von daher muss der EDV ein ganz besonderer Schutz zukommen. Informationssicherheitsleitlinien für alle Bereiche der EDV sind unumgänglich in heutigen Unternehmen, die massiv IT für ihre Zwecke einsetzen.

Fragen, die Hilfestellungen anbieten um eine Bestandsaufnahme durchzuführen sind:

- Warum ist unser Unternehmen am Markt?
- Worin unterscheiden wir uns von dem Konkurrenten?
- Was sind unsere erfolgreichsten Produkte oder Dienstleistungen?
- Wodurch ist sichergestellt, dass unser Unternehmen auch noch nachhaltig Erfolg haben wird?

Bei der Bestandsaufnahme stellt man fest, dass viele Informationen in Broschüren, im Internet oder auch auf Messen gestreut sind. Diese Informationen bedürfen keines Schutzes mehr, da sie ohnehin schon öffentlich sind.

Die Bestandsaufnahme ist ein wichtiger Teil, der sich periodisch in Lebenszyklen wiederholen muss. Im Laufe der Geschäfte verlagern sich auch Kernkompetenzen und es wechseln sehr hoch bis hoch schutzbedürftige Objekte in Unternehmen einander ab.

Klare Anweisungen teilen Mitarbeitern mit, über welche Dinge sie mit Dritten sprechen dürfen und über welche Dinge sie nicht sprechen dürfen.

Ein wichtiger und letzter Teil der Bestandsaufnahme ist es, den Schutzbedarf zu ermitteln. Viele Unternehmen gliedern Schutzbedarf in Sicherheitsstufe von 1–3, 1–4, oder legen fest niedrig, mittel, hoch, oder niedrig-mittel, hoch und sehr hoch, wie es beliebt und Sinn macht. Diese Übung sollte gemeinsam mit der Risikomanagement-Abteilung (falls verfügbar) durchgeführt werden. Gut ist auch, wenn das Controlling bzw. ein Treasurer und die Compliance-Abteilung teilnehmen könnten. Die Schutzbedarfsfeststellung legt fest, welcher Schutz für ein Objekt im Unternehmen würdig ist. Dabei werden Bedrohungen, Risiken und potentielle Schäden berücksichtigt.

Hierbei sei explizit erwähnt, dass nicht nur für Objekte der Schutzbedarf festzustellen ist, sondern auch der der Mitarbeiter. Dies gilt vor allem im Hinblick auf die UEDH-Problematik. Dabei kann beispielsweise der Schutzbedarf einzelner Mitarbeiter, abhängig vom derzeitigen Projekt, stark schwanken. Wird ein hoher Schutzbedarf bei einzelnen Mitarbeitern festgestellt, sollten diese Mitarbeiter, neben weiteren Maßnahmen in Hinblick auf Bedrohungen, Risiken und Gegenmaßnahmen besonders geschult werden.

In der Unternehmensleitlinie gegen Wirtschaftsspionage sollten darüber Anweisungen enthalten sein, wie man das Kern-Know-How vor der Wirtschaftsspionage schützen möchte. Dabei sollten drei wesentliche Punkte berücksichtigt werden und im besonderen Fokus des Schutzes stehen: Security Awareness für Mitarbeiter, Informations- und IT-Sicherheit etablieren und die Telekommunikation absichern, wenn dies nicht schon über die IT geregelt ist.

Nicht Standard-Anwendungen und Eigenentwicklungen sind vor einem Einsatz in der produktiven IT zu penetrieren und zu fuzzen. Dies gilt für alle Anwendungen. Das ist ein teurer Punkt und Kostenfaktor, der sich immer wieder lohnt.

Ein weiterer wichtiger Punkt ist die Mitarbeitersensibilisierung. Wir schreiben in Abschnitt 3.1.4, dass das höchste Gut der Mensch im Unternehmen ist, wenn dieser ordentlich mit allem vertraut ist, sich wohl fühlt, genügend Geld verdient und ein ausgeprägtes Sicherheitsbewusstsein hat. Letzteres kommt nicht von alleine. Dazu bedarf es einer Investition in den Mitarbeiter. Die einfachste Art und Weise, die effizienteste und mitunter aber nicht immer günstigste Alternative dafür ist die Security Awareness Schulung. Spielerisch wird Wissen vermittelt, das der allgemeinen Sicherheit dient. Awareness-Schulungen können mit einem Trainer oder auch interaktiv in Form eines Computer Based Learning-Kurses am PC stattfinden. Es muss nicht immer ein Test stattfinden in einer Awareness-Session. Wichtiger ist, dass die „Message" den Mitarbeiter erreicht hat und er es verinnerlicht hat. Tests halten Mitarbeiter eher davon ab, zu einer Schulung zu gehen.

Bei der Berücksichtigung der oben genannten Punkte ist die grobe Planung abgeschlossen. Nun gilt es, sich weiter zu sensibilisieren bzw. die Planung zu verfeinern. Dazu dienen die folgenden Anhaltspunkte unserer Checkliste:

• Das Entwickeln von Sensibilität gegenüber den Angriffsverfahren ist eine wichtige Voraussetzung einer erfolgreichen Abwehr von Spionage.
• Kenntnisse der Ziele der Nachrichtendienste ist ein Plus.
• Fordern Sie den Verfassungsschutz oder andere kompetente Stellen vor einer kritischen Reise oder eines Aufenthaltes auf, Sie zu beraten.
• Entwickeln Sie User-Kreise mit gleichen Interessen gegen Wirtschaftsspionage. Schauen Sie, was andere deutsche Unternehmen machen. Tauschen Sie regelmäßig Informationen in Sicherheitsfragen mit diesen – wenn möglich branchengleichen oder auch mit den Autoren oder dem Verfassungsschutz aus.
• Wenden Sie sich an das Wirtschaftsministerium unter dem Motto Task Force Informationssicherheit in der deutschen Wirtschaft.
• Richten Sie gezielt Fragen zur Technik auch an das BSI – Bundesamt für Sicherheit in der Informationstechnik, bzw. an die europäische Institution ENISA – das europäische Pendant zum BSI.
• Wenden Sie sich bei Sicherheitsvorfällen im Ausland an den Verfassungsschutz und fragen Sie, wie es weiter gehen soll. Für das Inland gilt das Gleiche.
• Warten Sie bei Verdacht nicht, bis der Spionagefall eingetreten ist.
• Holen Sie sich Informationen bei kompetenten Partnern ein.
• Informationssicherheit und Informationsschutz müssen wichtige Bestandteile der Firmenphilosophie werden. Diese sind in der Firmenstrategie zu verankern.
• Sicherheitsstandards sind regelmäßig zu analysieren und kritisch zu betrachten. Vor allem sind sie daraufhin zu testen, ob sie noch ausreichende Sicherheit bieten.

- Das Unternehmen hat ein ganzheitliches Sicherheitskonzept zu etablieren und fortzuschreiben. Wenn dieses nach einem gängigen Standard (DIN ISO 27001, BS 17799 1-2 oder Cobit, etc.) etabliert ist, ist das kein Freibrief, aber besser.

- Die Schutzmaßnahmen sind dort zu etablieren, wo es Sinn macht und zweckbindend ist. Nicht mit Kanonen auf Spatzen schießen und auch nicht wirklich sehr hoch schutzbedürftige Objekte vernachlässigen.

- Ein Audit der Sicherheitsstandards und deren Einhaltung sind wichtig. Sicherheitsverstöße müssen richtig eskaliert und sanktioniert werden.

- Eine Alarmzentrale mit Frühwarnsystem ist gegen die Abwanderung von Informationen einzurichten.

- Auffälligen Dingen oder konkreten Hinweisen ist nachzugehen. Notfalls sind die Profis zu benachrichtigen.

- Man sollte für eine forensische Analyse bzw. einer forensischen Methode gerüstet sein. Zumindest sollte man sich schon einmal Gedanken gemacht haben, wie man einer Sache forensisch nachkommen könnte.

9   Fazit und Ausblick

Weltweit sind Datenhalden vorhanden, die über viele Bereiche der wirtschaftlichen Tätigkeit Auskunft geben können. Zielsetzung unseres Buches ist es, durch theoretische Szenarien aufzuzeigen, dass viele der Daten, die gespeichert werden, von Relevanz sind und zur Ausspähung von Unternehmen genutzt werden können. Dabei werden nicht nur die Geheimdienste und Konkurrenzunternehmen als mögliche Interessenten identifiziert, sondern auch Kapitalmarktakteure. Anhand von vier näher untersuchten Datenhalden, wird aufgezeigt, in welchem Umfang die gespeicherten Daten zur Analyse genutzt und welche Erkenntnisse aus den einzelnen Datenbanken extrahiert werden können. Dabei wird auch die mögliche Verknüpfung der Datenbanken untersucht und durch Ausspähungsszenarien das enthaltene Potential aufgezeigt. Werden außer den vier Datenhalden weitere Datenansammlungen hinzugezogen, so steigt der Detailgrad an gewonnenem Wissen weiter.

Die Szenarien zeigen deutlich, dass über solche Ansammlungen von Daten viele, in wirtschaftlicher Hinsicht interessante Erkenntnisse gewonnen werden können. Das Ausmaß an Übereinstimmung beim Abgleich der Ziele der Akteure überrascht dabei ebenso, wie die Vielfältigkeit der Analysemöglichkeiten, die solche Daten bieten. In Bezug auf die Ziele der Geheimdienste zeigen die Szenarien des Weiteren, dass die Datenhalden vor allem für die technisch und wirtschaftlich hoch entwickelten Staaten von Interesse sind. Da stimmt es nachdenklich, dass es in erster Linie die USA sind, die versuchen, an solche Daten aus Europa zu gelangen. Dabei werden über diverse Gesetzgebungsverfahren Zugangsmöglichkeiten geschaffen.

Werden die Datensammlungen nicht aus Sicht der Akteure des Intelligence Gathering, sondern aus Sicht der Unternehmen betrachtet, so kann eine aufkommende, sich in Zukunft verstärkende, noch nicht thematisierte Problematik festgestellt werden. Es können teilweise präzise Aussagen über die wirtschaftliche Tätigkeit eines Unternehmens mit Hilfe von Daten getroffen werden, die nicht der Kontrolle von Unternehmen unterliegen. Weder über die Generierung noch über die Speicherung oder die Verwendung dieser Daten kann das Unternehmen Kontrolle ausüben. Dabei ist es für Unternehmen schon bedenklich, dass tagesaktuelles Wissen generiert werden kann. Es zeigt sich aber auch, dass Aussagen über zukünftige Entwicklungen extrahiert werden können.

Die erarbeiteten Ausspähungsszenarien zeigen, dass die gespeicherten Daten und Informationen für bestimmte Kreise von Wert sind und somit erhöht sich die Wahrscheinlichkeit eines Zugriffs darauf. Besonders betroffene Unternehmen sollten diese Möglichkeit der Ausspähung auf die Tagesordnung der zuständigen

Stellen bringen, um das Risiko für ihr Unternehmen abschätzen zu können und eventuell mögliche Gegenmaßnahmen einzuleiten.

Dabei können die möglichen Gegenmaßnahmen in das Gebiet des Tarnens und Täuschens eingeordnet werden. Somit schließt sich ein Kreislauf, da der Begriff des Tarnens und Täuschens aus dem militärischen Sprachgebrauch stammt, ebenso wie der Terminus Intelligence. Wie eingangs erwähnt, bedeutet Intelligence so viel wie Früh- bzw. Feindaufklärung. Der Begriff Tarnen und Täuschen hingegen fasst alle Maßnahmen zusammen, die vor feindlicher Beobachtung bzw. Aufklärung schützen oder den Feind zu falschen Annahmen oder Maßnahmen verleiten sollen.

Anhang A: Übersicht über die wichtigsten Geheimdienste

Afghanistan	NDS – National Directorate of Security
Ägypten	GIS – Jihaz al-Mukhabarat al-Amma
Argentinien	SIDE – Secretaria de Inteligencia del Estado
Australien	ASIS – Australian Secret Intelligence Service
	DSD – Defense Signals Directorate
Belgien	SGR – Service Generale des Renseingnements
Brasilien	ABIN – Angecia Brasiliera de Inteligencia
Bulgarien	NSS – Natsionalja Sluzhba za Sigurnost
	NIS – Natsionalja Informatsionna Sluzhba Pri Minister-kiya S'vet
Chile	ANI – Agencia Nacional de Inteligencia
China	MSS – Guojia Anaquaanbu
	MID – Zhong Chan Er Bu
	3VBA – Zhong Chan San Bu
Dänemark	FE – Forsvarets Efterretningstjeneste
	PET – Politiets Efterretningstjeneste
Deutschland	BND – Bundesnachrichtendienst
	BfV – Bundesamt für Verfassungsschutz
	MAD – Militärischer Abschirmdienst
	BSI – Bundesamt für Sicherheit in der Informationstechnik
	IKTZ der Bundespolizei

Das BKA – Bundeskriminalamt und die LKAs – Landeskriminalämter müsste man in Deutschland eigentlich schon mit zu den Diensten zählen. Da unsere verfassungsrechtliche Lage immer stärker aufgeweicht wird von z.B. Politikern wie Wolfgang Schäuble als Minister des Inneren a.D., der das Trennungsgebot von Polizei und Diensten zu umgehen versucht, sehen Kritiker in den Reformen des BKA-Gesetzes eine Aufweichung dieses Grundsatzes, da polizeiliche Maßnahmen zur Extremismus- und Gefahrenabwehr im Vorfeld exekutiver Maßnahmen immer stärker den präventiven Beobachtungsauftrag der Verfassungsschutzbehörden berühren. Hier kann sich das Legalitätsprinzip der Polizeibehörden teilweise in Richtung des Opportunitätsprinzips der Verfassungsschutzbehörden verschieben.

Estland	KAPO – Kaitsepolitsei
Finnland	SUPO – Suojelupoliisi
Frankreich	SN – Surete Nationale
	RG – Renseignements Generaux
	DST – Direction de la Surveillance du Territoire
	DPSD – Direction de la Protection et de la Securite de la Defense
	DGSE – Direction Generale de la Securite Exterieure
	BRGE – Brigade de Renseignement et de Guerre Electronique
	DRM – Direction du Renseignement Militaire
Griechenland	NIS – National Intelligence Service
Niederlande	MIVD – Militaire Inlichtigen- en Veiligheidsdienst
	AIVD – Algemene Inlichtingen- en Veiligheidsdienst
	NSO – Nationale Sigint Organisatie
Indien	RAW – Research and Analysis Wing
	IB – Intelligence Bureau
	CBI – Central Bureau of Investigation
Israel	Mossad – Ausland
	Shin Bet – Inland
	Agaf ha-Modi in – Militär
Italien	DIS – Dipartimento delle Informazioni per la Sicurezza
	AISE – Agenzia Informatione e Sicurezza Esterna
	AISI – Agenzia Informatione e Sicurezza Interna
	CII – Centro Intelligence Interforze
Japan	Naikaku Joho Chosashitsu – intern
	Koanchosa Cho – intern
	Joho-hombu – intern und extern
	Kokusai Joho Tokatsukan – extern
	Gaiji-Joho-bu – extern
	JETRO – Wirtschaftsspionage
Kanada	CSE – Communications Security Establishment
Libyen	JSO – Anm Al-Jamahiriya
Litauen	Valstybes saugumo departamentas
Luxemburg	SREL – Service des Renseignement de l'Etat
Mexiko	CISEN – Centro de Investigacion y Seguridad Nacional
Namibia	NCIS – Namibia Central Intelligence Service
Neuseeland	GCSB – Government Communications Security Bureau
Norwegen	PST – Pilitiets Sikkerhets Tjeneste

Österreich	Bundesamt für Verfassungsschutz und Terrorismusbekämpfung HNaH – Heeresnachrichtenamt HAA bzw. HAbwA – Abwehramt
Pakistan	ISI – Inter-Service Intelligence IB – Intelligence Bureau MI – Military Intelligence
Polen	ABW – Agencja Bezpieczenstwa Wewnetrznego AW – Agencja Wywiadu
Portugal	SIR – Servico de Informacoes Seguaranca
Rumänien	SIE – Serviciul de Informatii Externe SRI – Serviciul Roman de Informatii
Russland	SWR – Slushba Wneschnej Raswedkij GRU – Glawnoje Raswedywatelnoje Uprawlenije FSB – Federalnaja Slushba Besopasnosti
Saudi-Arabien	GID – Al Mukhabarat Al A'amah As'Saudia
Schweden	SÄPO – Säkerhetspolisen MUST – Militära underrättelse- och säkerhetsjänsten FRAU – Försvarets radioanstalt
Schweiz	NDB – Nachrichtendienst des Bundes MND – Militärischer Nachrichtendienst LWND – Luftwaffennachrichtendienst
Slowakei	SIS – Slovenska informacna sluzba VSS – Vojenska spravodjska sluzba
Spanien	CNI – Centro Nacional de Inteligencia
Syrien	DSS – Indarat Al-Mukhabarat Al-Amma
Südafrika	SANDF – South African National Defence Force
Tschechien	BIS – Bezpecnostni informacni sluzba UZSI – Urad pro zahranicni styky a informace VZ – Vojenske zpravodajstvi
Türkei	MIT – Milli Istihbarat Teskilati
Ungarn	NBH – Nemzetbiztonsagi Hivatal MKIH – Magyar Köztarsasag Informacios Hivatala
UK	SIS – Secret Intelligence Service oder auch MI6 SS – Security Service oder auch MI5 GCHQ – Government Communications Headquarters (ELINT)

USA	CIA – Central Intelligence Agency
	NSA – National Security Agency
	NRO – National Reconnaissance Office
	NGIA – National Geospatial-Intelligence Agency
	DIA – Defense Intelligence Agency
	AI – United States Army Intelligence
	MCIA – Marine Corps Intelligence Activity
	ONI – Official Naval Intelligence
	AIA – Air Intelligence Agency
	United States Coast Guard Intelligence
	INR – Bureau of Intelligence and Research
	IN – Office of Intelligence
	OIA – Office of Intelligence and Analysis
	DEA – Drug Enforcement Administrations
	FBI – Federal Bureau of Investigation
Vietnam	TC2 – Tong cuc 2 tinh bao quan doi

Es gibt weiterhin nachrichtendienstliche Allianzen, wie die UKUSA, deren auch andere Länder als die USA und UK angehören. Diese haben sich hauptsächlich durch ECHELON gruppiert.

Anhang B. Ergänzungen zu Kapitel 5

B.1   Aufbau einer SWIFT-MT-Nachricht

Eine SWIFT-MT-Standard-Nachricht (siehe dazu auch Abschnitt 5.1.1) ist folgendermaßen aufgebaut [44], [88] und [89]:

- {1: Basic Header Block}
- {2: Application Header Block}
- {3: User Header Block}
- {4: Text Block or body}
- {5: Trailer Block}

Im Folgenden werden die Blöcke näher erläutert.

Basic Header Block

Format des Basic Header Blocks:

{1:	F	01	BANKBEBB	2222	123456}
(a)	(b)	(c)	(d)	(e)	(f)

a) Block ID

    immer „1:"

b) Application ID

    F = FIN

    A = GPA (General Purpose Application)

    L = GPA (z.B. Logins)

c) Service ID

    01 = FIN/GPA

    21 = ACK/NAK

d) Logical Terminal address[64]

    12 Zeichen, darf kein 'X' an Position 9 enthalten

e) Session number

f) Sequence number

---

[64] Es handelt sich um einen ähnlichen Aufbau wie beim BIC-Code. An Position 9 wird
zusätzlich der Logical Terminal Code eingefügt. Siehe dazu auch [88 S. 4].

Application Header Block

Der Application Header Block hat zwei verschiedene Formate, abhängig davon, ob es sich um eine Nachricht handelt, die zu oder von SWIFT geschickt wird. Die Input-Nachricht (zu SWIFT) hat folgende Struktur:

{2:	I	103	BANKDEFFXXXX	U	3	003}
(a)	(b)	(c)	(d)	(e)	(f)	(g)

a. Block ID

  o immer '2:'

b. Art der Nachricht

  o I = Input

c. Message Type
d. Empfängeradresse

  o An Position 9 steht ein X. Wird keine Branch benötigt wird mit X aufgefüllt.

e. Priorität der Nachricht

  o S = System
  o N = Normal
  o U = Urgent

f. Delivery monitoring field (Empfangsüberwachung)

  o Bei Priorität U ist gültig:

g. 1 = Non-Delivery Warning
h. 3 = Non-Delivery Warning and Delivery Notification

  o Bei Priorität N ist gültig:

i. 2 = Delivery Notification
j. Nicht inkludiert
k. Dauer bis eine Nachricht über die Unzustellbarkeit generiert wird (Nur gültig wenn Delivery-Monitoring-Feld vorhanden ist.)

  o Bei Priorität U = 003 (15 Minuten)
  o Bei Priorität N = 020 (100 Minuten)

Die Output-Nachricht (von SWIFT) hat folgende Struktur:

{2:	O	103	1200	970103BANKBEBBAXXX2222123456
(a)	(b)	(c)	(d)	(e)

970103	1201	N}

(f)	(g)	(h)

a.   Block ID

  o   immer '2:'

b.   Art der Nachricht

  o   O = Output

c.   Message Type
d.   Input Time (Zeitangabe mittels lokaler Zeit des Senders)
e.   Message Input Reference (MIR)

  o   28 Zeichen
  o   eindeutige Referenznummer mit Bezug auf die Input-Nachricht
  o   Folgende Angaben werden aus einer Input-Nachricht abgeleitet:

f.   Datum, an dem der Sender die Nachricht an SWIFT gesendet hat
g.   Logical Terminal address
h.   Session number
i.   Sequence number
j.   Output Date (Datumsangabe in Hinblick auf den Empfänger)
k.   Output Time (Zeitangabe in Hinblick auf den Empfänger (lokale Zeit des Empfängers))
l.   Priorität der Nachricht

  o   S = System
  o   N = Normal
  o   U = Urgent

User Header Block

Der User Header Block ist ein optionaler Block und hat folgende Struktur:

{3:	113:xxxx	108:abcdefgh12345678}
(a)	(b)	(c)

a.   Block ID

  o   immer '3:'

b.   Optionaler Prioritätscode

  o   Wird auch zur Angabe der Version des Standards genutzt, nach dem die Nachricht aufgebaut wurde [89 S. 10]

c.   Message User Reference (MUR)

  o   Wird von Anwendungen zum Abgleich von Bestätigungen (ACK) benutzt

Text Block oder Body

Dieser Block wird im Abschnitt 5.1.1 erläutert und enthält die tatsächliche MT-Nachricht. Alle Nachrichtentexte in diesem Block beginnen mit einem „carriage return and line feed (CrLf)"-Steuerzeichen[65] und enden mit einem CrLf. Das letzte Zeichen in diesem Block ist ein Trennstrich (-).

Trailer Block

Die Nachrichten enden immer mit einem Trailer Block. Dieser dient der Steuerung und Kontrolle, z.B. eine spezielle Behandlung der Nachricht. Es können auch zusätzliche Informationen von Anwendern oder Systemen enthalten sein. Ein Trailer Block mit Authentication-Trailer und Checksummen-Trailer und hat folgendes Format:

{5:	{MAC:12345678}	{CHK:123456789ABC}}
(a)	(b)	(c)

d. Block ID

  o immer '5:'

e. MAC

  o Message Authentication Code (Wird über den gesamten Inhalt der Nachricht berechnet. Es wird ein vorher ausgetauschter Schlüssel benutzt.)

f. CHK

  o Checksum (Checksumme, die für alle Nachrichten berechnet wird)

Weitere mögliche Trailer:

* PDE
* Possible Duplicate Emission (Wird hinzugefügt, wenn ein Anwender der Meinung ist, die Nachricht könnte zuvor schon einmal gesendet worden sein.)
* PDM
* Possible Duplicate Message (Wird durch SWIFT hinzugefügt, wenn SWIFT der Meinung ist, die Nachricht könnte zuvor schon einmal übertragen worden sein.)
* DLM
* Delayed Message (Wird durch SWIFT benutzt, um anzuzeigen, dass eine Nachricht nicht innerhalb einer definierten Zeitspanne zugestellt werden konnte. (Urgent innerhalb 15 Minuten, Normal innerhalb 100 Minuten)).

Beispiel einer kompletten SWIFT-Nachricht

Im Listing B-1 wird eine komplette SWIFT-Nachricht (eine MT-103-Nachricht) aufgeführt.

---

65 Das (CrLf)-Symbol ist ein Steuerzeichen und stellt 0D0A in ASCII hex, 0D25 in EBCDIC hex dar.

Listing B-1   Darstellung einer kompletten MT-Nachricht [90 S. 6].

```
{1:F01GENODE51RGGX0000000000}{2:I103GENODEF1DCAXN}{3:{103:RTP}{113:LINN}}{4:
:20:REF00010402
:23B:CRED
:32A:080121EUR10100,44
:33B:EUR10100,44
:50K:/1234567890
NIKOLAUS MUSTERMANN
:59:/9876543210
MALEREI PINSEL UND KLECKS G
MBH
:70:RECHNUNG 1111 VOM 13.1.2003
RECHNUNG 1112 VOM 14.1.2003
RECHNUNG 1113 VOM 15.1.2003
:71A:SHA
:72:/REC/DTAC/000000000000051000
-}
```

B.2   Mögliche Angaben in einer MT-103-Nachricht

Die Format-Angaben in Tabelle B-1 haben folgende Bedeutung [44]:

:nna: ist das Format der Feldkennzeichner.

Es werden dabei folgende Angaben zugrunde gelegt:

- **nn Zahlen**

- **a Optionaler Buchstabe**

Beispiele:

```
:20:  Transaction Reference Number
:58A: Beneficiary Bank
```

Die Längenangaben der Felder werden definiert mit:

- **nn** Maximale Länge

- **nn!** Fixe Länge

- **nn-nn** Minimale und maximale Länge

- **nn*nn** Maximale Anzahl an Zeilen mal maximale Zeilenlänge

Das Format der Daten wird definiert mit:

- **n** Ziffern

- **d** Ziffern mit Dezimalkomma

- **h** Hexadezimal großgeschrieben

- **a** Großbuchstaben

- **c** Alphanumerisch großgeschrieben

- **e** Leerzeichen

- **x** SWIFT-Zeichensatz[66]

- **y** Level-A-ISO-9735-Zeichen großgeschrieben

- **z** SWIFT-Zeichensatz erweitert

- **/,word** Zeichen, wie vorgegeben

- **[]** Optionales Element

Beispiele:

```
4!c[/30x]   Vier großgeschriebene, alphanumerische Zeichen,
            optional gefolgt von einem Schrägstrich und
            bis zu 30 Zeichen des SWIFT-Zeichensatzes
ISIN1!e12!c Codewort gefolgt von einem Leerzeichen und 12
            großgeschriebenen alphanumerischen Zeichen
```

Einige Felder sind als optional definiert. Leere Felder sind nicht erlaubt, deshalb dürfen optionale Felder in einer Nachricht nur aufscheinen, wenn diese benötigt werden. Manche Felder haben ein unterschiedliches Format, abhängig davon, welche Option gewählt wurde. Die gewählte Option wird anhand eines Buchstaben nach der Kennung angezeigt.

Beispiele:

```
:32A:000718GBP1000000,00   Valutadatum, ISO-Währung und Betrag
:32B:GBP1000000,00         ISO-Währung und Betrag
```

Die Angabe des Betrages erfolgt dabei ohne Trennzeichen der Tausenderstellen und mittels Komma zur Trennung der Dezimalstellen.

Die Befüllungsregeln einer MT 103 Nachricht sind nun laut [47] wie in Tabelle B-1 angegeben:

Tabelle B-1:   Befüllungsregeln MT 103 – Einzelne Kundenüberweisung.

Feld	Beschreibung	St	Format
20	Referenz Absender	M	16x
23B	Bank Operation Code	M	4!c
23E	Instruction Code	O	4!c[/30x]
26T	Transaction Type Code	O	3!a
32A	Valutadatum/Währung/Betrag	M	6!n3!a15d
33B	Currency/Instructed amount	M	3!a15d
50a Optionen:	Auftragsgebender Kunde	M	
A	Kontonummer		[/34x]
	Business Entity Identifier (BEI)		4!a2!a2!c[3!c]

---

[66] Informationen zu den verwendeten Zeichensätzen sind unter [103] zu finden.

K	Kontonummer		[/34x]
	Name & Adresse		4*35x
52a Optionen:	Auftragsgebende Bank	O	
A	Kontonummer		[/1!a] [/34x]
	Bank Identifier Code (BIC)		4!a2!a2!c[3!c]
D	Kontonummer oder //AT5!n BLZ		[/1!a] [/34x] oder
	Textzeile		[//AT5!n]
			4*35x
53a Optionen:	Bankverrechnung Absender	O	
A	Kontonummer		[/1!a] [/34x]
	BIC		4!a2!a2!c[3!c]
B	Kontonummer oder //AT5!n BLZ		[/1!a] /34x
	Textzeile		[35x]
56a Optionen:	Zwischenbank Empfänger	O	
A	Kontonummer		[/1!a] [/34x]
	BIC		4!a2!a2!c[3!c]
C	Kontonummer oder //AT5!n BLZ		/34x oder //AT5!n
D	Kontonummer oder //AT5!n BLZ		[/1!a] [/34x] oder
	Textzeile		[//AT5!n] 4*35x
57a Optionen	Kontoführende Bank Empfänger	O/M	
A	Kontonummer		[/1!a] [/34x]
	BIC		4!a2!a2!c[3!c]
C	Kontonummer oder //AT5!n BLZ		/34x oder //AT5!n
D	Kontonummer oder //AT5!n BLZ		[/1!a] [/34x] oder
	Textzeile		[//AT5!n] 4*35x
59 Optionen:	Empfänger, Begünstigter	M	
Ohne	Kontonummer		[/1!a]/34x
	Name & Adresse		4*35x
A	Kontonummer		[/1!a][/34x]
	Business Entity Identifier (BEI)		4!a2!a2!c[3!c]
70	Remittance Information	O	4*35x
71A	Gebühren	M	3!a
71F	Sender's Charges	O	3!a15d
71G	Receiver's Charges	O	3!a15d
72	Sender-Empfänger-Info	O	6*35x
77B	Regulatory Reporting	O	3*35x

B.3   Begriffsbestimmungen im Sinne der Richtlinie 2006/24/EG

Im Sinne dieser Richtlinie bezeichnet der Ausdruck

- **Daten** Verkehrsdaten und Standortdaten sowie alle damit in Zusammenhang stehende Daten, die zur Feststellung des Teilnehmers oder Benutzers erforderlich sind
- **Benutzer** jede juristische oder natürliche Person, die einen öffentlich zugänglichen elektronischen Kommunikationsdienst für private oder geschäftliche Zwecke nutzt, ohne diesen Dienst notwendigerweise abonniert zu haben
- **Telefondienst** Anrufe (einschließlich Sprachtelefonie, Sprachspeicherdienst, Konferenzschaltungen und Datenabrufungen), Zusatzdienste (einschließlich Rufweiterleitung und Rufumleitung) und Mitteilungsdienste und Multimediadienste (einschließlich Kurznachrichtendienste (SMS), erweiterte Nachrichtendienste (EMS) und Multimediadienste (MMS))
- **Benutzerkennung** eine eindeutige Kennung, die Personen zugewiesen wird, wenn diese sich bei einem Internetanbieter oder einem Internet-Kommunikationsdienst registrieren lassen oder ein Abonnement abschließen
- **Standortkennung** die Kennung der Funkzelle, von der aus eine Mobilfunkverbindung hergestellt wird bzw. in der sie endet
- **erfolgloser Anrufversuch** einen Telefonanruf, bei dem die Verbindung erfolgreich aufgebaut wurde, der aber unbeantwortet bleibt oder bei dem das Netzwerkmanagement eingegriffen hat

B.4   Beispielhafte Darstellung eines einfach gehaltenen SABRE PNR

Ein einfach gehaltener PNR für zwei Personen, der von einem Reisebüro erstellt wurde. Die Kontaktdaten sind die des Reisebüros.

Listing B-2   Einfacher Beispiel-PNR von Edward Hasbrouck [75].

```
1.1HASBROUCK/EDWARD MR  2.1FOO/BAR MR
 1 CO1234Q 12APR 6 SFOLHR HK2  1630  1030   1350
         /ABCO*123ABC /E
OPERATED BY VIRGIN ATLANTIC
 2 CO4321Q 21APR 1 LHRSFO HK2  1100  1350
/ABCO*123ABC /E
OPERATED BY VIRGIN ATLANTIC
TKT/TIME LIMIT
1.T-13FEB-1B2D*A69
PHONES
1.SFO415-365-1698-A AIRTREKS
2.SFO415-365-1645-A FAX
```

```
INVOICED
ADDRESS
     AIRTREKS.COM
     442 POST STREET 4TH FLOOR
     SAN FRANCISCO CA 94102 USA
FARE - PRICE RETAINED/HISTORY
GENERAL FACTS
1.SSR TKNA CO HK1 SFOLHR1234Q12APR/00512345678901
2.SSR TKNA CO HK1 LHRSFO4321Q21APR/00512345678901
3.SSR TKNA CO HK1 SFOLHR1234Q12APR/00512345678914
4.SSR TKNA CO HK1 LHRSFO4321Q21APR/00512345678914
REMARKS
  1./AIRTREKS.COM
2./442 POST STREET 4TH FLOOR
3./SAN FRANCISCO CA 94102 USA
  4.-*CC1234567890123456+12/06
5.H-XXAUTH/012345/CC1234567890123456/CO/
     USD902.40/13FEB/M
ACCOUNTING DATA
  1.   CO+1234567890/    .00/    356.00/    95.20/
       ONE/CCVI1234567890123456
       1.1HASBROUCK EDWARD MR/1/F
  2.   CO+1234567891/    .00/    356.00/    95.20/
       ONE/CCVI1234567890123456
       2.1FOO BAR MR/1/F
RECEIVED FROM - EH
1B2D.1B2D*A69 1824/29JAN03 ZXYVUT H
```

B.5   Beispielhafte Darstellung eines aufwendigeren Galileo PNR

PNRs können mehr Informationen enthalten als in Listing B-2 dargestellt wird. Werden beispielsweise Hotelbuchungen, Leihwagenbuchungen oder „special service requests" angefordert, enthält ein PNR viele zusätzliche Informationen. Auch enthält ein vom Reisebüro erstellter PNR oftmals das gesamte, dem Reisebüro bekannten, Kundenprofil des Reisenden [75]. Der folgende Beispiel-PNR aus dem Galileo-System bezieht sich auf die Person Mr. Road Warrior und besteht aus drei Teilen. Der erste Teil ist der PNR von Mr. Road Warrior und der zweite Teil dessen persönliches Profil. Der dritte Teil des PNR ist das Profil des Unternehmens für das die Person arbeitet.

Listing B-3   Galileo PNR (Beispiel) der Person Mr. Road Warrior [91].

```
ABC123/1S  AG 01234567 23JUL
 1.1WARRIOR/ROAD*1234
 1 UA 123F 10AUG SFOJFK HK1   0815A  0515P *         WE   E
 2 HHL GR HK1 JFK 10AUG-12MAR  2NT 98765  GRAND HOTEL NEW YORK
1234ABCD -1/RG-USD215.00/AGT01234567/G-DC12345678910123EXP0904/SI
-NON SMKG KING CD-GLOBALCON/NM-WARRIOR ROAD/CF-87654321 *
 3 DL1234F 12AUG JFKSFO HK1   1125A  0210P *         FR   E
 4 OTH ZO BK1  SFO 15MAY-**THANK YOU FOR CALLING ABC TRAVEL**
*** PROFILE ASSOCIATIONS EXIST *** >*PA
```

```
*** SEAT DATA EXISTS *** >9D
*** FREQUENT FLYER DATA EXISTS *** >*MP
*** ITINERARY REMARKS EXIST   *** >RM*
FONE-SFOAS/415-555-1111 ABC TRAVEL 01234567-JANE
   2 SFOR/415-555-2222-RES
3 SFOB/925-555-3333-MARY SMITH
4 SFOB/415-555-4444-PAX
5 SFOF/925-555-5555-FAX
6 SFOR/415-555-6666-PAX CELL
7 SFOB/800-555-7777
RUL*PNR
DLVR-ATTN-MARY SMITH[PSGR-MR ROAD WARRIOR[DEL-15MAY[VIP
ADRS-GLOBAL CONGLOMERATE INC[123 MAIN ST[ANYTOWN CA Z/94123
FOP:-DC12345678910123/D0904
TKTG-T/QAB 15MAY0215Z 1X AG **ELECTRONIC DATA EXISTS** >*HTE
*** TIN REMARKS EXIST *** >*T
*** LINEAR FARE DATA EXISTS *** >*LF
ATFQ-OK/-*1A2B
 FQ-USD 784.63/USD 65.37US/USD 10.00XT/USD 860.00 - 15MAY F06
GFAX-OSIYY CTCR SFOR 415-555-2222
   2 OSI1V DLUC1JFKSFO1234F13AUG.NA/RS/ALT SEAT
RMKS-
   1 S/* VIP*
   2 C/ZI/CD-B858100 FIRST CHOICE/// ALWAYS USE RC-BEST
3 C/ZD/CD-ABCD123
   4 C/ZE/CD-DEFG456
   5 C/ET/CD-78HI9JK
   6 C/AL/CD-0123456
7 H/HI/CD-859990 SFO
8 H/RA/CD-1234560001
9 H/RZ/CD-789012
  10 H/SI/CD-01234AB
11 H/HJ/CD-C12345
12 H/HY/CD-67890
13 H/RD/CD-1P1234
14 H/ST/CD-5678
15 H/DI/CD-123450000678
TRMK-CA ACCT-1AB[ABC1234
   2 CC NO-CDC12345678910123
3 PCC-A1B2
ACKN-UA 1A2B3C   25APR 2134
    2 DL 7GHI89   25APR 2134
    3 DL 7GHI89   25APR 2134
    4 DL 7GHI89   25APR 2135
    5 DL 7GHI89   26APR 0047
    6 DL 7GHI89   26APR 0048
    7 UA 1A2B3C   04MAY 2320
    8 DL 7GHI89   04MAY 2320
    9 DL 7GHI89   05MAY 0051
```

```
   10 DL 7GHI89    05MAY 0051
   11 DL 7GHI89    10MAY 1704
   12 DL 7GHI89    10MAY 1704
   13 DL 7GHI89    10MAY 1915
   14 DL 7GHI89    10MAY 1915
15 DL 7GHI89   10MAY 1915
```

Listing B-4   Das Profil von Mr. Warrior aus dem Galileo PNR von Listing 9–3 [91].

```
1A2B/GLOB-WARRIOR                              PREF-P  15AUG99
PERSONAL FILE
  1N/ROAD WARRIOR     SR VICE PRES INTL SALES     * VIP *
  2N/ CAR >S*R.C  HTL>S*R.H  MPI >S*R.M  BPS >S*R.S
  3YN/N:1WARRIOR/ROAD*1234
  4YP/P:SFOR/415-555-1111-RES UNLISTED
  4YP/P:SFOR/415-555-2222-CELL
  5YP/P:SFOB/925-555-3333-JANE SMITH ASST
  6YP/P:SFOB/415-555-4444-PAX
  7YP/P:SFOF/925-555-5555-FAX
  8OD/D-VIP-CHECK
       GLOBAL CONGLOMERATE INC
       123 MAIN ST 99TH FLR
       ANYTOWN CA 94123
  9OD/D-13 COUNTRY CLUB DR UNIT 2A
       SUBURBIA CA Z/94456
 10N/.
 11NH/HTL: G-DC12345678901234EXP1104/SI-NSRM KING
 12NF/ALT FOP FIELDS
 13NF/F-DC12345678901234/D1104
 14NM/MP*UA00123456789*
 15NM/  US123456789*
 16NM/  DL1234567890*
 17NM/  AA87654321*
 18NM/  NW2345678901*
 19YP/[:30SI YY CTCR SFOR 415-555-1111
 20NE/EMERGENCY CTCT MARGARET BLACK 650-555-8888 CELL
END OF DISPLAY
```

Listing B-5   Beispielhafte Darstellung des Company Profiles der Global Conglomerate, Inc aus dem Galileo PNR von Listing 9–3 [91].

```
1A2B/ABC TRAVEL/GLOB                    PREF-B  18APR98
BUSINESS FILE
  1N/GLOBAL CONGLOMERATE INC           FOP: INDV
  2N/REP: RICHARD ROE           CTC: JANE SMITH
  3N/.
  4N/ BKG >S*R.B       CAR >S*R.C      HTL  >S*R.H
  5N/ DEL >S*R.D       MGR >S*R.M      VIP  >S*R.V
6N/......
7N/..ALL DL RECORDS ADD IT   >T:
8N/..SEE >S*R.B  FOR UA AND AA DISCOUNT
 12YP/P:SFOB/925-555-1111
 13YP/P:SFOB/800-555-2222
 15YW/W-GLOBAL CONGLOMERATE INC
```

```
        123 MAIN ST
        ANYTOWN CA Z/94123
 16NF/F-DC12345678901234/D1004  DO NOT USE W/O WRITTEN AUTH
 17NF/NN PRETRIP AUTH FORM TO USE ABOVE ANY QUES TO JOHN DOE
 18NF/F-DC12345678901234/D0405 * MARY WHITE CONTRACTOR ONLY**
 19NC/SEE >S*GLOB-CARS
 20YC/[:5C/ZI /CD-ABC1234    FIRST CHOICE /// ALWAYS USE RC-BEST
 21YC/[:5C/ZD /CD-5678DEF
 22YC/[:5C/ZE /CD-9012345
 23YC/[:5C/ET /CD-67G8901
 24YC/[:5C/AL /CD-234567/ID-GLOB
 25NH/FOR PREFERRED HOTEL LOCATIONS >S*GLOB-HTLS
 26NH/HTL ABC: INDV..NEVER USE HOTEL NY 1234 FOR FRANK JONES
 27YH/[:5H/HI/CD-123456 SFO
 28YH/[:5H/RA/CD-7890123456
29YH/[:5H/RZ/CD-78901
 30YH/[:5H/SI/CD-23456AB
 31YH/[:5H/HJ/CD-C789012
 32YH/[:5H/HY/CD-34567
33YH/[:5H/RD/CD-1P12345
 34YH/[:5H/ST/CD-6789
 35YH/[:5H/DI/CD-0123456789012
 36ND/ALTERNATE COMPANY ADDRESSES
 37ND/DEL INFO - OVRNGHT:DHL    ACCT NUMBER: 123456
 38ND/2ND DEL INFO -OVRNGHT: FEDX ACCT NBR 1234 5678 9
 39NB/AUTHORIZED TRAVEL PLANNERS
 40NB/NAME FIELD RMKS: N:SMITH/JOHN*9999.JACKSON
 41NB/NAME RMKS DESC:  4 DIGIT COST CENTER.LAST NAME OF MGR
 42NV/FOR AUTHORIZED COSTS CTRS AND MGRS SEE >S*GLOB-MGRS
 43NB/.
 44NB/AIR CONTRACTS: UA PERKS PLUS/AA BUSINESS EXTRAA
 45NB/TRAVEL POLICY:
 46NB/ ONLY THE BOARD OF DIRECTORS ARE ALLOWED FIRST/BUSINESS
47NB/ FOR FTLS MORE THAN 2HRS ONE WAY. ALL OTHER TRVLRS MUST
 48NB/ HAVE APPRVL FROM A (SVP) OR ABOVE
 49NV/FOR VIP INFO SEE >S*GLOB-VIPS
 50NL/LIMO:  NOT AUTH MUST CHARGE PERSONAL CC IF REQ
 51NF/.
END OF DISPLAY
```

B.6   Übersicht der mögliche Angaben in einem Traveller Profile

- Vorname, zweiter Vorname, Nachname (wie im Ausweis angegeben)
- Titel
- Geburtsdatum
- Geschlecht
- Nationalität

- Wohnsitzstaat
- Angaben über Familienmitglieder (z.B. Name der Ehefrau oder der Kinder)
- Berufsbezeichnung
- Telefonnummer, Faxnummer des Büros
- E-Mail-Adressen
- Mobilfunknummer
- Weitere Telefonnummern
- Personalnummer
- Nummer der Kostenstelle
- Verknüpfung mit einen Company Profile und der Angabe der Abteilung
- Abweichende Adressdaten bei Versendung von Dokumenten (z.B. Rechnungsanschrift)
- Angaben, welche Art der Bezahlung jeweils für Unterkunft, Luftverkehr, Autovermietung, Bahnfahrten oder Schifffahrten genutzt werden soll (z.B. Rechnung an das Unternehmen, Belastung der Unternehmenskreditkarte, Belastung der der Passagier-Unternehmenskreditkarte oder der persönlichen Kreditkarte)
- Angaben zur Bezahlung, wie Kreditkarteninformationen und Bankverbindungen
- Angaben zum bevorzugten Sitzplatz (Fenster oder Gang)
- Essenswünsche
- Angaben über weitere Wünsche
- Bevorzugte Fluggesellschaften
- Zu vermeidende Fluggesellschaften
- Angaben aller Bonusprogramme (z.B. für Fluggesellschaften, Hotelbetreiber, Bahnbetreiber oder zur Automiete)
- Angaben über bevorzugte Hotelketten, bevorzugter Raumtyp oder weitere Wünsche, wie Nichtraucherraum
- Angaben über bevorzugte Autovermietungsunternehmen, bevorzugter Autotyp und weitere Wünsche
- Angaben über Vorlieben bei der Bahnreise, wie bevorzugte Klasse, bevorzugter Sitzplatz und weitere Wünsche
- Angaben über Vorlieben bei der Reise mit dem Schiff (wird beispielsweise auch für den Eurotunnel benötigt), wie bevorzugter Betreiber, Angaben zum eigenen Auto (Typ, Model, Farbe, Autokennzeichen) und weitere Wünsche
- Privatadresse
- Private Telefonnummern
- weitere Angaben zum Ausweis, wie Ausweisnummer, Ausstellerstaat, Gültigkeitsdatum
- Angaben zu Visa, wie Ausstellerstaat, Ausstellort, Visatyp, Visanummer, Gültigkeitsdatum

Anhang C: Erklärungen (Statements)

C.1   Bewertung der Thematik

Folgende Aussagen wurden über die behandelte Thematik gemacht:

Siemens AG, Corporate Security Office:

„Täglich werden viele Tera-Byte an Daten erzeugt, gespeichert und rund um die Welt gesendet. Vermutlich ist kein Nachrichtendienst der Welt heute in der Lage, auch nur einen Großteil dieser Daten abzuhören, geschweige denn auszuwerten. Daher erstaunt es nicht, dass Verkehrsflussdaten (Metadaten, aus denen hervorgeht; wer wann mit wem und wie lange kommuniziert hat) an Bedeutung gewinnen. Aber auch eine weitere Tendenz ist erkennbar: Unter „Open Source Intelligence" versteht man, "Informationen aus frei verfügbaren, offenen Quellen zu sammeln und aus der Analyse dieser unterschiedlichen Informationen verwertbare Erkenntnisse zu gewinnen" (Wikipedia). Beide Verfahren bedeuten ein hohes Gefährdungspotential und werden heute insbesondere aus Sicht der Industrie oftmals stark unterschätzt. Know-how-Schutz-Konzepte der Industrie beziehen sich meist vor allem auf den Schutz des Inhalts firmenvertraulicher Informationen (z.B. durch Verschlüsselung). Dass sich auch aus den Meta-Daten sehr sensible Zusammenhänge ableiten lassen, wird dabei oft vernachlässigt. In Kombination mit der gezielten Sammlung und Auswertung frei verfügbarer Informationen bzw. offener Quellen ergibt sich ein hohes Bedrohungspotential für schützenswertes Know how. Siemens trägt diesem Risiko im Rahmen des Know-how-Schutzes Rechnung. Vorliegende Arbeit leistet dabei einen wichtigen Beitrag zum Verständnis der Thematik."

Mag. (FH) Ewald Kager spricht in folgenden Aussagen als Privatperson. Herr Kager ist Mitarbeiter der KPMG Financial Advisory Services GmbH, Abteilung Forensik.

„Werke dieser Art sind wichtig und lassen uns erkennen, welchen Stellenwert Datenschutz und Informationssicherheit im Informationszeitalter haben. Sie machen uns wieder bewusst, dass einerseits die Bekanntgabe von personenbezogenen Daten im Alltagsleben unumgänglich ist und andererseits die Notwendigkeit besteht, diese Datenhalden vor Missbrauch zu schützen. Die Notwendigkeit der Datensammlung, um Abläufe effizienter zu gestalten, ist unumgänglich und aus der heutigen Gesellschaft nicht mehr wegzudenken. Umso mehr muss aber auch das Bewusstsein dafür geschärft werden, wer, was und wofür Daten verarbeitet und in weiterer Folge, dass diese Datensammlungen abgesichert werden. Dieses Buch trägt wesentlich zu dieser Bewusstseinsbildung bei."

Unter der Voraussetzung, dass ein Vollzugriff auf die Datenhalden möglich ist, äußert sich Herr Kager folgendermaßen:

„Ein Vollzugriff auf die erwähnten Datenhalden würde zu einer riesigen Datenmenge führen. Darüber hinaus könnte man nur mit einem permanenten Zugriff auf diese Datenhalden entsprechende Trend- oder Echtzeitanalysen realisieren. Ein Datenbankextrakt stellt lediglich eine Stichpunktbetrachtung dar. Des Weiteren ist eine strukturierte Auswertung bzw. die Korrelation unterschiedlicher Datenbanken meist sehr schwierig umzusetzen, da die Bedeutung oder der Zweck einzelner Datenbankpositionen ohne zugrunde liegendes Datenbank-Schema nicht eindeutig ersichtlich ist. Das Datenformat einzelner Datenhalden basiert nicht zwingend auf Industriestandards. Vielmehr kommen proprietäre Formate, die nur mit speziellen Programmen gelesen werden können zum Einsatz, was die Tauglichkeit dieser Datenhalden in Frage stellt."

Verschaffen sich private Unternehmen illegal Zugang zu den Datenbanken, so äußert sich Herr Kager kritisch dazu:

„In der Vergangenheit hat sich immer wieder gezeigt, dass Unternehmen sich dem Reiz der nicht gesetzeskonformen Beschaffung von Daten bzw. dem nicht gesetzeskonformen Umgang mit unternehmensinternen, personenbezogenen Daten nicht entziehen konnten. Die Skandale der letzten Jahre haben aber auch dargelegt, dass bei einer Veröffentlichung des Datenmissbrauchs von privaten Unternehmen der Reputationsschaden enorm hoch war und mit immensen Folgekosten verbunden war. Das Gute, falls man Datenmissbrauch etwas Gutes abgewinnen kann, war, dass in den betroffenen Unternehmen ein beachtliches Umdenken stattgefunden hat und Compliance strategisch, operativ und organisatorisch umgesetzt wurde, was sich auch auf alle Bereiche der Unternehmen positiv ausgewirkt hat. Bei einem effektiv umgesetzten Risikomanagement in privaten Unternehmen kann die illegale Beschaffung von Daten nur als nicht vertretbares Risiko bewertet werden. Auch ist die unrechtmäßige Beschaffung von Daten mit nicht ganz unerheblichen Kosten verbunden. Im Weiteren ist für die Auswertung solcher Datenmengen ein hoher Personalaufwand von Spezialisten notwendig, wobei die aus der Auswertung gezogenen Schlüsse nicht zwingend ein verwertbares Ergebnis liefern, da zu viele Unsicherheitsfaktoren durch die große Menge an zu analysierenden Daten besteht. Somit muss auch der wirtschaftliche Aspekt der Kosten-Nutzen Rechnung verneint werden."

C.2   Erklärungen (Statements) eines Industrieunternehmens zu den Szenarien

SWIFT- Daten

OLAP: das Lokalisieren lohnenswerter Ziele (Beispiel Patentanwälte) spielt insbesondere für hoch-innovative Unternehmen eine wichtige Rolle.

Data Mining: Szenario ist plausibel. Die Bewertung der wirtschaftlichen Bedeutung derartiger Informationen sowie der monetären Bewertung eines möglichen Schadens ist allerdings sehr schwer.

Echtzeitüberwachung: Szenario und daraus resultierende Erkenntnisse sind plausibel und werden als kritisch eingestuft.

PIERS

Verlust von Marktanteilen: Vorausgesetzt, die Informationen zum Verkauf der Daten stimmen, ist das vorgestellte Szenario sicherlich als kritisch einzustufen, die genaue wirtschaftliche Bedeutung kann aber kaum beurteilt werden.

OLAP:

Rückschlüsse auf Bezugsquellen und Preise: Schadenspotential vorstellbar, monetäre Bewertung der wirtschaftlichen Bedeutung kaum möglich.

Vorratsdatenspeicherung

Zusammenführung des Privat- und Arbeitsleben von Mitarbeitern: Das vorgestellte Szenario ist unter der Annahme, dass sich jemand Zugang zu diesen Vorratsdaten verschaffen kann und diese einer systematischen Auswertung unterzieht, als sehr kritisch zu beurteilen. Insbesondere die Ausspähung von Bewegungsdaten kann z.B. Kompromate schaffen und so Mitarbeiter bzw. Führungskräfte angreifbar machen (z.B. Erpressung).

Aufdeckung von Kommunikationsketten: Kommunikationsstrukturen (wer kommuniziert wann mit wem?) in Unternehmen können Ereignisbedingt Auffälligkeiten aufweisen, aus denen sich bei systematischer Auswertung sehr sensible Sachverhalte ableiten lassen. So weicht die Kommunikation im Krisenfall in der Regel deutlich von der Regel-Kommunikation ab. Daher können aus der Auswertung des Kommunikationsverhaltens im Unternehmen wichtige und oft auch brisante Rückschlüsse gezogen werden.

Identifizierung von funktional wichtigen Personen in Unternehmen: Risikobewertung ist realistisch, insbesondere um Ansatzpunkte für eine gezielte Ansprache der Person zu finden (Abwerbung; Ausspähung etc.).

Nutzung der Standortdaten: Auch in diesem Szenario ist die Möglichkeit, Hintergrundinformationen über eine Person zu gewinnen, als realistische Bedrohung einzustufen. Gewonnene Informationen lassen sich gezielt zur Ausspähung der

Person benutzen, um z.B. informelle Kommunikationsnetze bzw. Strukturen im Unternehmen zu erkennen und zu analysieren.

Reisedaten

Möglichkeit des Profiling durch eindeutige Identifizierbarkeit: Risikobewertung wird geteilt.

Aussagen über die berufliche Tätigkeit und die funktionale Wichtigkeit: Risikobewertung wird geteilt, allerdings wird der Aufwand als ziemlich hoch bewertet.

Erkennung von Beziehungsgeflechten: Auch dieses Szenario beschreibt einen realistischen Ansatz, allerdings ist der zu betreibende Aufwand erheblich.

Erkenntnisse über Vorlieben und Gewohnheiten und das soziale Umfeld: Szenario ist denkbar und wird als kritisch bewertet.

Analyse des Geschäftsalltags: Szenario bietet grundsätzlich Ansatzpunkte für Gefährdungen; Darstellung ist aber eher theoretische und eine genaue Bewertung daher schwer.

Literaturverzeichnis

[1]   **Lux, Christian und Peske, Thorsten.** Competitive Intelligence und Wirtschaftsspionage: Analyse, Praxis, Strategie. Gabler Verlag, 2002. S. 276.

[2]   **Bergmann, Gustav und Daub, Jürgen.** Systemisches Innovations- und Kompetenzmanagement: Grundlagen – Prozesse – Perspektiven. Gabler Verlag, 2006. S. 341.

[3]   **Fink, Andreas, Schneidereit, Gabriele und Voß, Stefan.** Grundlagen der Wirtschaftsinformatik. Birkhäuser, 2005. S. 340.

[4]   **Michaeli, Rainer.** Competitive Intelligence: Strategische Wettbewerbsvorteile erzielen durch systematische Konkurrenz-, Markt- und Technologieanalysen. Springer Verlag, 2006. S. 660.

[5]   **Warner, Michael.** Wanted: A Definition of "Intelligence". [Online] Apr. 2007. [Zitat vom: 01.06.10.] https://www.cia.gov/library/center-for-the-study-of-intelligence/csi-publications/csi-studies/studies/vol46no3/article02.html.

[6]   **DIANE Publishing Company.** Factbook on Intelligence. DIANE Publishing, 1995. S. 39.

[7]   **Central Intelligence Agency.** The Work of the CIA – The Intelligence Cycle. [Online] Sep. 2009. [Zitat vom: 05.06.10.]; https://www.cia.gov/library/publications/additional-publications/the-work-of-a-nation/work-of-the-cia.html.

[8]   —. A Brief History of Basic Intelligence and The World Factbook. [Online] o.J. [Zitat vom: 05.06.10.] https://www.cia.gov/library/publications/the-world-factbook/docs/history.html.

[9]   **Waltz, Edward.** Knowledge Management in the Intelligence Enterprise. Artech House, 2003. S. 384.

[10]   **Brody, Roberta.** Issues in Defining Competitive Intelligence: An Exploration. 3, 2008, Journal of Competitive Intelligence and Management, Bd. 4, S. 3–16.

[11]   **U.S. Department of Defense.** The Dictionary of Military Terms. Skyhorse Publishing Inc., 2009. S. 772.

[12]   **Bundesministerium des Inneren.** Verfassungsschutzbericht 2008. [Online] Mai. 2009. [Zitat vom: 09.06.10.] http://www.verfassungsschutz.de/download / SHOW/vsbericht2008.pdf.

[13]   **Löckinger, Georg.** Terrorismus, Terrorismusabwehr, Terrorismusbekämpfung. [Online] o.J. [Zitat vom: 09.06.10.] http://www.bmlv.gv.at/pdf_pool/publikationen/05_ttt_01_ttt.pdf.

[14]   **Bundesamt für Verfassungsschutz.** Spionage gegen Deutschland – Aktuelle Entwicklungen. [Online] Nov. 2008. [Zitat vom: 19.09.09.] http://www.verfassungsschutz.de/download/SAVE/thema_0811_spionage. pdf.

[15] **Europäisches Parlament.** Bericht über die Existenz eines globalen Abhör-
      systems für private und wirtschaftliche Kommunikation (Abhörsystem
      ECHELON) (2001/2098 (INI)). [Online] Jul. 2001. [Zitat vom: 09.06.10.];
      http://www.europarl.europa.eu/sides/getDoc.do?pubRef=-
      //EP//NONSGML+REPORT+A5-2001-0264+0+DOC+PDF+V0//DE.

[16] **Krekel, Bryan.** Capability of the People's Republic of China to Conduct
      Cyber Warfare and Computer Network Exploitation. [Online] Okt. 2009.
      [Zitat vom: 23.10.09.] http://online.wsj.com/public/resources/documents/
      chinaspy200910 22.pdf.

[17] **Bundesamt für Verfassungsschutz und Terrorismusbekämpfung.** Verfas-
      sungsschutzbericht   2010.   [Online]   2010.   [Zitat   vom: 09.06.10.];
      http://www.bmi.gv.at/cms/BMI_Verfassungsschutz/BVT_VSB_2010_2010040
      1_Onlinefassung.pdf.

[18] **Bundesamt für Verfassungsschutz für die Verfassungsschutzbehörden in
      Bund und Ländern.** Wirtschaftsspionage: Risiko für Ihr Unternehmen.
      [Online] Jun. 2008. [Zitat vom: 09.06.10.]; http://www.verfassungsschutz.de/
      download/SAVE/broschuere_0608_wirtschaftsspionage.pdf.

[19] **Bundesministerium des Inneren.** Verfassungsschutzbericht 2007. [Online]
      Mai. 2008. [Zitat vom: 11.06.10.]; http://www.verfassungsschutz.de/ down-
      load/de/publikationen/verfassungsschutzbericht/vsbericht_2007/vsbe-
      richt_2007.pdf.

[20] **The Wall Street Journal.** Why We Spy on Our Allies. [Online] Mär. 2000.
      [Zitat vom: 30.06.10.] http://cryptome.org/echelon-cia2.htm.

[21] **Leitl, Michael.** Was ist Competitive Intelligence. Mai 2005, Harvard
      Businessmanager, Bd. 05, S. 14. (Auch Online verfügbar unter: http://wis-
      sen.harvardbusinessmanager.de/wissen/fak/dok.pdf?id=40119209.
      Abrufdatum: 14.06.10).

[22] **Porter, Michael E.** Competitive Strategy: Techniques for Analyzing
      Industries and Competitors : With a new Introduction. 71. Free Press, 1998.
      S. 880.

[23] **Müller, Nils.** Vorstellung des Management-Profiling. [Online] o.J. [Zitat
      vom: 20.06.10.]; http://www.prodiction.de/uploads/PRODICTION_COMPA-
      NY_ Management-Profiling.pdf.

[24] **Fama, Eugene F.** Efficient Capital Markets: A Review of Theory and
      Empirical Work. 2, Mai 1970, The Journal of Finance, Bd. 25, S. 383-417.

[25] **Franke, Günter und Hax, Herbert.** Finanzwirtschaft des Unternehmens und
      Kapitalmarkt. Springer Verlag, 2003. S. 678.

[26] **Rudolph, Bernd.** Unternehmensfinanzierung und Kapitalmarkt. Mohr
      Siebeck, 2006. S. 660.

[27]   **thomsonreuters.com.** Thomson ONE Analytics. [Online] 2010. [Zitat vom:
        18.06.10.]   http://thomsonreuters.com/products_services/financial/financial
        _products/investment_management_research/investment_research_analysis
        /thomson_one_analytics?parentKey=551459,573731.

[28]   **Lukas, Andreas.** Unternehmensbewertung und intellektuelles Kapital: Preis-
        findung im Mergers & Acquisitions-Prozess. Erich Schmidt Verlag GmbH,
        2004. S. 260.

[29]   **S.W.I.F.T. SCRL.** Shared Strength – Annual Report 2008. [Online] Mai 2009.
        [Zitat vom: 14.11.09.]; http://www.swift.com/about_swift/publications/annu-
        al_reports/SWIFT_Annual_report_2008.pdf.

[30]   —. SWIFT – Company information. [Online] 2009. [Zitat vom: 14.11.09.];
        http://www.swift.com/about_swift/company_information/index.page?lang=
        en

[31]   **Raiffeisen Bankengruppe Österreich.** Information zum Überweisungsver-
        kehr unter Nutzung des SWIFT-Netzwerkes. [Online] 2009. [Zitat vom:
        15.11.09.]   http://www.rzb.at/eBusiness/rai_template1/1006637000   974-
        1753382   38467103097_420023193994735015-420023193994735015-NA-1-
        NA.html.

[32]   **Unabhängiges Landeszentrum für Datenschutz Schleswig-Holstein.** Aus-
        landsüberweisungen schleswig-holsteinischer Banken unter Einschaltung
        von SWIFT. [Online] Aug. 2006. [Zitat vom: 15.11.09.] https://www.daten-
        schutzzentrum.de/wirtschaft/swift/060825_swift.pdf.

[33]   **ARGE   DATEN   Informationsdienst.** Problemfall   SWIFT: Sicherer
        Datenhafen oder Außenstelle des CIA? [Online] Aug. 2007. [Zitat vom:
        15.11.09.]   http://www2.argedaten.at/php/cms_monitor.php?q=PUB-TEXT-
        ARGEDATEN&s=30743uha.

[34]   **Deutscher Bundestag, PuK 2 – Parlamentskorrespondenz.** Bundesregie-
        rung per E-Mail über Datenweitergabe bei "Swift" informiert. [Online] Sep.
        2006. [Zitat vom: 15.11.09.]; http://www.bundestag.de/presse/hib/2006_09/
        2006_28 1/ 04.html.

[35]   **ORF – Futurezone.** SWIFT: Unabhängige Berater von der CIA. [Online] Okt.
        2006. [Zitat vom: 15. Nov. 2009.]; http://futurezone.orf.at/stories/140944/.

[36]   **Lichtblau, Eric und Risen, James.** Bank Data Is Sifted by U.S. in Secret to
        Block Terror. Jun. 2006, The New York Times.

[37]   **Risen, James.** U.S. Reaches Tentative Deal With Europe on Bank Data. Jun.
        2007, The New York Times.

[38]   **Artikel 29-Datenschutzgruppe.** Stellungnahme 10/2006 zur Verarbeitung
        von personenbezogenen Daten durch die Society for Worldwide Interbank
        Financial Telecommunication (SWIFT). [Online] Okt. 2006. [Zitat vom:
        24.06.10.]   http://ec.europa.eu/justice_home/fsj/privacy/docs/wpdocs/2006/
        wp128_de.pdf

[39] **S.W.I.F.T. SCRL.** SWIFT messaging services. [Online] 2008. [Zitat vom: 23.06.10.]; http://www.swift.com/solutions/factsheet_downloads/SWIFT_ MS_Messaging_Services_200808.pdf.

[40] —. MT-MX Coexistence. [Online] Sep. 2009. [Zitat vom: 24.06.10.]; http://www.swift.com/sibos2009/conference/session_slides/MT-MX_Coexis- tence_Sibos2009_FINAL.pdf.

[41] —. SWIFT IN FIGURES. [Online] Jan. 2010. [Zitat vom: 24.06.10.]; http://www.swift.com/about_swift/company_information/swift_in_figures/ archive/2010/SIF_2010_01.pdf.

[42] **Spiegel Online.** Weitergabe von Bankdaten: EU-Minister sollen US-Schnüf- felbefehl folgen. [Online] Nov. 2009. [Zitat vom: 18.01.10.]; http://www.spie- gel.de/wirtschaft/0,1518,556453,00.html.

[43] **Privacy Commissioner of Canada.** Findings under the Personal Information Protection and Electronic Documents Act (PIPEDA). [Online] Apr. 2007. [Zitat   vom: 23.06.10.];   http://www.priv.gc.ca/cf-dc/2007/ swift_rep_070402_e.cfm#toc.

[44] **Progress Software Corporation.** SWIFT Information. [Online] o.J. [Zitat vom: 24.06.10.]   http://web.progress.com/en/artix-data-services/library_ swift.html.

[45] **S.W.I.F.T. SCRL.** Payments Market – FIN Maintenance for Standards Release   2009.   [Online]   Jun.   2008.   [Zitat   vom: 28.06.10.]; http://www.isitc.org/publish/   showDoc.cfm?contentId=0000004591_001_ 20080811.doc.

[46] —. Customer payments and cash management. [Online] Jun. 2009. [Zitat vom: 28.06.10.];   http://www.swift.com/solutions/standards/business_ transactions/payments/customers_payments_and_cash_management.page.

[47] **Österreichische Nationalbank.** S.W.I.F.T. Befüllungsregeln für MT 103 und MT 202. [Online] Okt. 2006. [Zitat vom: 28.06.10.]; http://www.oenb.at/ de/img/bilaterale_swift-befuellung_final_tcm14-4576.pdf.

[48] **Bartsch, Christian.** SWIFT. [Online] 2003. [Zitat vom: 29.06.10.]; http://www.zahlungsverkehrsfragen.de/swift.html.

[49] **S.W.I.F.T. SCRL.** SWIFT – Aufsichtsrat genehmigt neue Systemarchitektur. [Online] Okt. 2007. [Zitat vom: 15.11.09.]: http://www.swift.com/about_swift /legal/compliance/statements_on_compliance/swift_board_approves_messa ging_re_architecture/aufsichtsrat_ genehmigt_systemarchitektur.page?

[50] **Krempl, Stefan.** SWIFT warnt vor Aushöhlung der Privatsphäre bei Bank- daten-Transfer. Sep. 2009, Heise Security.

[51] **Bundesrat.** Entschließung des Bundesrates zu dem geplanten Abkommen zwischen der EU und den USA über die Verarbeitung von Zahlungsver-kehrsdaten […]. [Online]; http://www.bundesrat.de/cln_090/SharedDocs/ Drucksachen/2009/0701-800/788-09_28B_29,templateId=raw,property=publi-cation File.pdf/788-09(B).pdf.

[52] **Amtsblatt der Europäischen Union.** ABKOMMEN […] über die Verarbei-tung von Zahlungsverkehrsdaten und deren Übermittlung […] für die Zwecke des Programms zum Aufspüren der Finanzierung des Terrorismus. [Online] http://eur-lex.europa.eu/LexUriServ/LexUriServ.do?uri=OJ:L:2010: 008:0011: 0016:DE: PDF.

[53] **Europäisches Parlament.** Grünes Licht für SWIFT II. [Online] 2010 Jul. http://www.europarl.europa.eu/sides/getDoc.do?language=de&type=IMPRE SS&reference=20100707IPR78054.

[54] **Rat der Europäischen Union.** Beschluss des Rates […] über die Verarbei-tung von Zahlungsverkehrsdaten und deren Übermittlung […] für die Zwecke des Programms zum Aufspüren der Finanzierung des Terrorismus. [Online] http://register.consilium.europa.eu/pdf/de/10/st11/st11222-re01. de10. pdf.

[55] **tagesschau.de.** EU fordert Zugang zu US-Bankdaten. [Online] http://www.tagesschau.de/ausland/bankdaten104.html.

[56] **Financial Times Deutschland.** Swift-Vertrag: US-Einblick in europäische Bankdaten unterschätzt. [Online] http://www.ftd.de/politik/international/ :swift-vertrag-us-einblick-in-europaeische-bankdaten-unterschaetzt/60005 765.html.

[57] **Europäische Kommission.** Commission report on the joint review of the implementation of the Agreement b[…] on the processing and transfer of Financial Messaging data […]. [Online]; http://ec.europa.eu/home-affairs/ news/intro/docs/Commission-report-on-the-joint-review-of-the-TFTP.pdf.

[58] **Spiegel Online.** Amerikaner verstoßen gegen Swift-Abkommen. [Online] Mär. 2011. http://www.spiegel.de/politik/ausland/0,1518,754150,00.html.

[59] **IHK Braunschweig.** USA – Bekämpfung des Internationalen Terrorismus (CSI, AMR, C-TPAT). [Online] o.J. [Zitat vom: 16.11.09.] http://www.braun-schweig.ihk.de/international/export/usa_int.terrorismus/ druck.

[60] **UNION OF EUROPEAN CHAMBERS OF COMMERCE AND INDUSTRY.** BULLETIN IV/2006. [Online] Dec. 2006. [Zitat vom: 16.11.09.]; www.uecc.org/ pdf/bulletins/e/bulletin_4_2006.pdf.

[61] **PIERS.** Data Collection. [Online] o.J. [Zitat vom: 14.11.09.]; http://www.piers.com/about/DataCollection/.

[62] **Heise Online.** US-Unternehmen veröffentlicht sensible Daten aus Seefracht-verträgen. [Online] Aug. 2006. [Zitat vom: 14.11.09.]; http://www.heise.de/ newsticker/meldung/US-Unternehmen-veroeffentlicht-sensible-Daten-aus-Seefrachtvertraegen-150351.html.

[63] **PIERS.** About PIERS. [Online] o.J. [Zitat vom: 14.11.09.]; http://www.piers.com/about/.

[64] —. Coffee Bean Import Report. [Online] o.J. [Zitat vom: 16.11.09.]; http://www.piers.com/piersproducts/CoffeeBeansBillofLadingSample.pdf.

[65] —. Trade Profiles Download Report. [Online] o.J. [Zitat vom: 16.11.09.]; http://www.piers.com/piersproducts/PIERSTradeProfilesSample-Dell.pdf.

[66] —. Trade Finance Download Report. [Online] o.J. [Zitat vom: 16.11.09.]; http://www.piers.com/piersproducts/TradeFinanceCompanyProfile-Nike.pdf.

[67] **Amtsblatt der Europäischen Union.** RICHTLINIE 2006/24/EG DES EUROPÄISCHEN PARLAMENTS UND DES RATES. [Online] Apr. 2006. [Zitat vom: 12.01.10.]; http://eur-lex.europa.eu/LexUriServ/LexUriServ.do?uri= OJ:L:2006:105:0054:01:DE: HTML.

[68] **Europäische Union.** Kommission sichert Datenschutzgarantien für Passagiere von Transatlantikflügen. [Online] Mai 2004. [Zitat vom: 05.03.10.]; http://europa.eu/rapid/pressReleasesAction.do?reference=IP/04/650\ &format=HTML\ &aged=0\&language=DE\&guiLanguage=en.

[69] **Europäisches Parlament.** Abkommen über Fluggastdatensätze (PNR) mit den USA. [Online] Jun. 2007. [Zitat vom: 05.03.10.]; http://www.europarl.europa.eu/sides/getDoc.do?pubRef=//EP//TEXT+TA+P6-TA-2007-0347+0+DOC+ XML+V0//DE&language=DE.

[70] **Europäische Union.** ABKOMMEN zwischen der Europäischen Union und den Vereinigten Staaten von Amerika über die Verarbeitung von Fluggastdatensätzen (Passenger Name Records – PNR) und deren Übermittlung durch die Fluggesellschaften an das United States Department of Homeland Security (DHS) (PNR-Abkommen von 2007). [Online] Aug. 2007. [Zitat vom: 05.03.10.] http://eur-lex.europa.eu/LexUriServ/site/de/oj/2007/l_204/l_20420070804de00180025.pdf

[71] **European Union.** AGREEMENT between the European Union and the United States of America on the processing and transfer of Passenger Name Record (PNR) data by air carriers to the United States Department of Homeland Security (DHS) (2007 PNR Agreement). [Online] Aug. 2007. [Zitat vom: 11.03.10.]; http://eur-lex.europa.eu/LexUriServ/site/en/oj/2007/l_204/l_20420070804en00180025. pdf.

[72] **flexibletrips.com.** Advance Passenger Information. [Online] o.J. [Zitat vom: 19.03.10.]; http://www.flexibletrips.com/api/.

[73] **Alavi, Jasir.** The Complete Amadeus Manual. [Online] o.J. [Zitat vom: 01.04.10.]; http://www.air.flyingway.com/books/amadeus/Amadeus_Guide.pdf.

[74] **Amadeus.** Customer Profiles. [Online] Mär. 2010. [Zitat vom: 01.04.10.]; http://www.amadeus.com/at/documents/aco/at/de/CUSTOMER%20PROFI-LES.pdf

[75] **hasbrouck.org.** Sample PNR (Passenger Name Record). [Online] o.J. [Zitat vom: 23.03.10.]; http://www.hasbrouck.org/cfp2003/PNR.html.

[76] **Heise Online.** EU nimmt neuen Anlauf zur Fluggastdaten-Auswertung. [Online] Jan. 2010. [Zitat vom: 19.03.10.]; http://www.heise.de/newsticker/meldung/EU-nimmt-neuen-Anlauf-zur-Fluggastdaten-Auswertung-9119 55.html.

[77] **Council of the European Union.** Proposal for a Council Framework Decision on the use of Passenger Name Record (PNR) for law enforcement purposes. [Online] Jul. 2008. [Zitat vom: 11.03.10.]; http://register.consilium.europa.eu/ pdf/en/08/st11/st11281.en08.pdf.

[78] **Europäische Union.** ABKOMMEN zwischen der Europäischen Gemeinschaft und der Regierung Kanadas über die Verarbeitung von erweiterten Fluggastdaten und Fluggastdatensätzen. [Online] Mär. 2006. [Zitat vom: 19.03.10.]; http://eur-lex.europa.eu/LexUriServ/LexUriServ.do? uri=OJ:L:2006:082:0015: 0019:DE: PDF.

[79] —. ABKOMMEN zwischen der Europäischen Union und Australien über die Verarbeitung von Fluggastdatensätzen (Passenger Name Records – PNR) aus der Europäischen Union und deren Übermittlung durch die Fluggesellschaften an die australische Zollbehörde. [Online] Aug. 2008. [Zitat vom: 19.03.10.]; http://eur-lex.europa.eu/LexUriServ/LexUriServ.do? uri=OJ:L:2008:213:0049:0057:DE: PDF.

[80] **Heise Online.** Nachbesserungen beim Flugdaten-Abkommen mit den USA gefordert. [Online] Mär. 2010. [Zitat vom: 15.03.10.]; http://www.heise.de/newsticker/meldung/Nachbesserungen-beim-Flugdaten-Abkommen-mit-den-USA-gefordert-954762.html.

[81] **Europäische Kommission.** Mitteilung der Kommission über das sektorüber-greifende Konzept für die Übermittlung von Fluggastdatensätzen (PNR) an Drittländer. [Online] Sep. 2010. [Zitat vom: 23.06.11.]; http://ec.europa.eu/commission_2010-2014/malmstrom/archive/COMM_NATIVE_COM_2010_0492_F_DE_COMMUNICATION.pdf.

[82] **Stieler, Wolfgang.** Der Fährtenleser im Handynetz. Nov. 2009, Technology Review, Bd. 11, S. 50-52.

[83] **Heuer, Steffan.** Immer im Visier. Mai 2009, Technology Review, Bd. 05, S. 43–50.

[84] **Balzli, Beat und others.** Projekt "Clipper". Mai 2008, Bd. 22, S. 88–91.

[85] **Focus Online.** Spitzelskandal: Telekom soll Bewegungsprofile erstellt haben. [Online] Mai 2008. [Zitat vom: 12.01.10.]; http://www.focus.de/finanzen/boerse/aktien/telekom/spitzelskandal-telekom-soll-bewegungsprofile-erstellt-haben_aid_305067.html.

[86] **Spiegel Online.** Spitzelaffäre: Massive neue Vorwürfe belasten Telekom. [Online] Mai 2008. [Zitat vom: 18.01.10.]; http://www.spiegel.de/wirtschaft/ 0,1518,556453,00.html.

[87] **WirtschaftsWoche.** Die brisantesten Dokumente aus dem Telekom-Prüfbericht. [Online] Jun. 2008. [Zitat vom: 18.01.10.]; http://www.wiwo.de/ unternehmen-maerkte/die-brisantesten-dokumente-aus-dem-telekom-pruef-bericht-399962/print/.

[88] **International Securities Association.** Batch Transmission Guide. [Online] Okt. 2007. [Zitat vom: 29.06.10.]; http://www.isitc.org/publish/showDoc.cfm? contentId=0000004658_001_20080905.doc.

[89] —. SWIFT Message Structure. [Online] o.J. [Zitat vom: 30.06.10.]; http://www.isitc.org/publish/showDoc.cfm?contentId=2msgsfnl.doc.

[90] **Bundesverband deutscher Banken.** XML im Überblick. [Online] Feb. 2007. [Zitat vom: 29.06.10.] http://www.bankenverband.de/downloads/042007 /xml-ueberblick.pdf.

[91] **dontspyonus.com.** What is in a PNR? [Online] o.J. [Zitat vom: 11.03.10.]; http://web.archive.org/web/20041208090933/www.dontspyonus.com/pnr.ht ml

[92] **Tsolkas, Alexander.** S.W.I.F.T: Spioniere. Wirtschaftsdaten. International. Faktisch. Täglich. [Online] Sep. 2009. [Zitat vom: 02.07.10.]; http://www.com-puterwoche.de/security-expertenrat/2009/09/15/swift-%E2 %80 %93-spionie-rewirtschaftsdateninternationalfaktischtaglich/.

[93] **Schlich, R. und Axhausen, K. W.** Habitual travel behaviour: Evidence from a six-week travel diary. Feb. 2003, Transportation, Bd. 30, S. 13–36. DOI: 10.1023/A:1021230507071.

[94] **North, Klaus.** Wissensorientierte Unternehmensführung: Wertschöpfung durch Wissen. Gabler Verlag, 2005. S. 372.

[95] **Liebowitz, Jay.** Strategic Intelligence: Business Intelligence, Competitive Intelligence, and Knowledge Management. {CRC} Press, 2006. S. 244.

[96] **Gonzalez, Marta, Hidalgo, Cesar und Barabasi, Albert-Laszlo.** Understanding individual human mobility patterns. 7196, Jun. 2008, Nature, Bd. 453, S. 779–782. ISSN: 0028-0836 DOI: 10.1038/nature06958.

[97] **Gonzalez, Marta und Barabasi, Albert-Laszlo.** Complex networks: from data to models. 2007, Nature Physics, Bd. 3, S. 224–225. DOI: 10.1038/nphys581.

[98] **Frahm, Gabriel.** Ermittlung des Value-at-Risk von Finanzportefeuilles mit Methoden der Extremwerttheorie. [Online] o.J. [Zitat vom: 10. Jul. 2010.]; http://www.wisostat.uni-koeln.de/Forschung/Papers/Diplomarbeit.pdf.

[99] **Bayazit, Cem.** Mobilkommunikative Einzelhandelsräume- Analysen zur Nachfrageadaption von LBS-Anwendungen im M-Commerce des stationären Einzelhandels. GRIN Verlag, 2008. S. 441.

[100] **Sueddeutsche.de.** USA Gewinne mit Sanktionen. [Online] Apr. 2009. [Zitat vom: 28.03.10.]; http://www.sueddeutsche.de/politik/437/465030/text/.

[101] —. USA ermitteln gegen europäische Banken. [Online] Jan. 2009. [Zitat vom: 28.03.10.]; http://www.sueddeutsche.de/finanzen/511/454195/text/.

[102] **S.W.I.F.T. SCRL.** List of MT Messages. [Online] Jul. 2009. [Zitat vom: 29.06.10.]; http://www.swift.com/solutions/standards/more_information/606 23/ListOfMTMessagesJuly2009.pdf.

[103] —. Frequently Asked Questions on character sets and languages in MT and MX free format fields. [Online] Feb. 2008. [Zitat vom: 29.06.10.]; http://www.swift.com/solutions/standards/more_information/60623/MX_ and_MT_Character_Set_and_Language_FAQ.pdf.

[104] **wikileaks.org.** EU draft council decision on sharing of banking data with the US and restructuring of SWIFT. [Online] Nov. 2009. [Zitat vom: 15.11.09.]; http://wikileaks.org/leak/swift-draft.pdf.

[105] **Heise Online.** Deutschland will Abkommen zur Weitergabe von Bankdaten nicht zustimmen. [Online] Nov. 2009. [Zitat vom: 15.11.09.]; http://www.hei-se.de/newsticker/meldung/Bericht-Deutschland-will-Abkommen-zur-Wei-tergabe-von-Bankdaten-nicht-zustimmen-859134.html.

[106] **Eagle, Nathan und Pentland, Alex.** Reality mining: sensing complex social systems. Springer Verlag, 2006, Personal Ubiquitous Comput., Bd. 10, S. 255– 268. Auch abrufbar unter: http://reality.media.mit.edu/. ISSN: 1617-4909 DOI: http://dx.doi.org/10.1007/s00779-005-0046-3.

[107] **Förster, Andreas,** Maulwürfe in Nadelstreifen: Wirtschaftsspionage: Der neue Job der Geheimdienste. Leipzig: Henschel Verlag 1997

[108] **www.staatsfeind.net** . Veröffentlichte Fälle von Wirtschafts- bzw. Konkur-renzspionage. DGSE 1993 [Online] http://www.staatsfeind.net/ECHELON/Wirtschaftsspionage.PDF

[109] **Ulfkotte, Udo.** Wirtschaftsspionage: Wie deutsche Unternehmen von aus-ländischen Geheimdiensten ausgeplündert und ruiniert werden. Goldmann, 2001

[110] **Wirtschaftswoche Nr. 43/16.** Nicht gerade zimperlich. Oktober 1992

[111] **Schütze, Arno.** Wirtschaftsspionage: Was macht eigentlich die Konkurrenz? von, 1/98, Duncan Campbell in STOA 2/5 von 1999 unter Berufung auf die Financial Post, Kanada vom 28.2. 1998

[112] **Landesamt für Verfassungsschutz Baden-Württemberg.** Wirtschaftsspio-nage: Die gewerbliche Wirtschaft im Visier fremder Nachrichtendienste, Stuttgart, Stand: 1998 [Online] http://www.referate10.com/referate/Politik/ 5/Wirtschaftsspionage---Die-gewerbliche-Wirtschaft-im-Visier-fremder-Nachrichtendienste--reon.php

[113] **Wirtschaftswoche Nr. 25**. Auf Schritt und Tritt, 11.6.1998

[114] **Süddeutsche Zeitung Nr. 30**. Anmerkung zur Sicherheitslage der deutschen Wirtschaft, ASW: Bonn 2001, Haftstrafe wegen Spionage für Russland,. Mai 2000

[115] **Wirtschaftswoche Nr. 46/ 9**. Antennen gedreht, November 2000

[116] **www.china-intern.de**. Schwerer Fall von Wirtschaftsspionage bei Autozu-lieferern 2005 [Online] http://www.china-intern.de/page/wirtschaft/ 1115198982.html

[117] **www.greenpeace.de.** Französischer Energiekonzern spionierte offenbar Greenpeace aus 1.4. 2009 [Online] http://www.greenpeace.de/themen/ atom-kraft/nachrichten/artikel/franzoesischer_energiekonzern_spionierte_offenba r_greenpeace_aus/

[118] **Petri, Schnier, Bellers.** Handbuch der transitorischen Systeme, Diktaturen und autoritären Regime der Gegenwart. Berlin: Lit Verlag, 2006116

[119] **Schwartau, Winn.** Information Warfare: Cyberterrorism: Protecting your Personal Security in the Electronic Age. New York: Thunder's Mouth Press, 1996

[120] **Kossakowski, Peter.** Information Technology Incident Response Capabilities. Libri Books on Demand, 2000

[121] **Bundeskriminalamt.** Wirtschaftskriminalität und Globalisierung - die Poli-zei vor neuen Herausforderungen Band: 20, 2008 (83 Seiten) [Online]; https://www.bka.de/nn_196810/sid_BD0CCBE83C11E0DFDA11E94BCF615C E8/SharedDocs/Downloads/DE/Publikationen/Publikationsreihen/08CodLite raturreihe/8__20__wirtschaftskriminalitaetundGlobalisierung.html?__nnn=tr ue

[122] **Bundeskriminalamt**. Bundeskriminalamt informiert Wirtschaft über Wirtschaftsspionage - Pressemitteilung [Online]; https://www.bka.de/ nn_196810/SharedDocs/Downloads/DE/Presse/Pressearchiv/Presse__2009/p m090428__wirtschaftsspionage.html?__nnn=true

[123] **Ministerium für Inneres und Kommunales des Landes Norderhein-Westfalen.** Spionage in meinem Unternehmen? 2008 [Online]; http://www.mik.nrw.de/verfassungsschutz/spionageabwehr/abwehr-von-wirtschaftsspionage/sicherheitspartnerschaft/wirtschaftspionage.html

[124] **PricewaterhouseCoopers.** Studie zur Wirtschaftskriminalität 2011: Kommissar Zufall deckt am meisten auf 2011 [Online]; http://www.pwc.de/de/risiko-management/studie-zur-wirtschafts kriminalitaet-2011-kommissar-zufall-deckt-am-meisten-auf.jhtml

[125] **BITKOM.** Herausforderungen für den Mittelstand: Gefahren erkennen – Schutzmaßnahmen entwickeln 2009 Berlin [Online]; http://www.pwc.de /de/risiko-management/studie-zur-wirtschaftskriminalitaet-2011-kommissar-zufall-deckt-am-meisten-auf.jhtml

[126] **Die Landesregierung Nordrhein Westfalen.** Wirtschaftsspionage und Konkurrenzausspähung: So schützen Firmenchefs ihr Unternehmen: 2008 [Online]; https://www.sicher-im-netz.de/files

[127] **De.Clearhamony.net** Verborgene Geschichte: Chinesische Schülervereine werden als Spione für die KPCh angeheuert 2007 [Online]; http://de.clearharmony.net/articles/200709/39551.html

[128] **www.spiegelkritik.de** Chinesische Akademiker erstatten Anzeige gegen Spiegel-Autoren 2007 [Online] http://spiegelkritik.de/2007/11/23/chinesische-akademiker-erstatten-anzeige-gegen-spiegel-autoren/

[129] **www.china-intern.de** Schwerer Fall von Wirtschaftsspionage bei Autozulieferern 2005 [Online]; http://www.china-intern.de/page/wirtschaft/1115198982.html

[130] **Dr. W. Böhmer** Warum Cloud Computing und Grundfschutz nur schwer vereinbar sind 2010 [Online]; http://www.searchsecurity.de/specials/security_corner/management/articles/248654/index3

[131] **Naomi Klein** Die Schock-Strategie: Der Aufstieg des Katastrophen-Kapitalismus Fischer Frankfurt 2007 ISBN-10 3100396111

[132] **n.runs** Method for detecting the state of a code 2009 [Online] http://www.sumobrain.com/patents/wipo/Method-detecting-state-code/WO2009049570.html

[133] **Robert Vattig**. Fachhochschule Lausitz. April 2011 [Online] https://www.bsi.bund.de/SharedDocs/Downloads/DE/BSI/Grundschutz/Hilfsmittel/Extern/Diplomarbeiten/Robert_Vattig_pdf.pdf?__blob=publicationFile

[134] **Fils Aktienblog** – Wie Hedgefonds gegen Staaten spekulieren und die Rolle der Banken Juli 2011 [Online] http://www.fils.at/2011/07/15/wie-hedge-fonds-gegen-staaten-spekulieren-und-die-rolle-der-banken/

[135] **Martens, Heiko.** Angriff aus dem All, Mär. 1999, Spiegel, Nr. 13/1999 S.94ff.

[136] **CERT**. Vulnerability Discovery. 2006 [Online] http://www.cert.org/archive/pdf/CERTCC_Vulnerability_Discovery.pdf

Index